民國歷史與文化研究

十九編

第 **4** 冊

中外關係視角下的黃泛區賑災研究（1938～1948）

孫小蕾 著

花木蘭文化事業有限公司

國家圖書館出版品預行編目資料

中外關係視角下的黃泛區賑災研究（1938～1948）／孫小蕾 著
-- 初版 -- 新北市：花木蘭文化事業有限公司，2024〔民113〕
目 4+214 面；19×26 公分
（民國歷史與文化研究 十九編；第 4 冊）
ISBN 978-626-344-789-9（精裝）
1.CST：賑災 2.CST：水災 3.CST：國民政府
4.CST：中國外交 5.CST：黃河
628.08   113009358

ISBN-978-626-344-789-9

9 786263 447899

民國歷史與文化研究
十九編 第四冊   ISBN：978-626-344-789-9

中外關係視角下的黃泛區賑災研究（1938～1948）

作　　者　孫小蕾
總 編 輯　杜潔祥
副總編輯　楊嘉樂
編輯主任　許郁翎
編　　輯　潘玟靜、蔡正宣　美術編輯　陳逸婷
出　　版　花木蘭文化事業有限公司
發 行 人　高小娟
聯絡地址　235　新北市中和區中安街七二號十三樓
　　　　　電話：02-2923-1455／傳真：02-2923-1452
網　　址　http://www.huamulan.tw 信箱 service@huamulans.com
印　　刷　普羅文化出版廣告事業
初　　版　2024 年 9 月
定　　價　十九編 6 冊（精裝）新台幣 16,000 元　　版權所有·請勿翻印

中外關係視角下的黃泛區賑災研究（1938～1948）

孫小蕾　著

作者簡介

孫小蕾，女，現為北京師範大學歷史學院博士後，2022 年畢業於中國人民大學歷史學院，獲歷史學博士學位。主要研究近現代災荒史、中外關係史和思想文化史。在《國際漢學》《自然辯證法通訊》等核心期刊發表論文，主持國家社會科學基金青年項目、中國博士後科學基金特別資助等省部級以上課題若干項。

提　　要

　　本書選擇研究區域是黃泛區，1938 年 6 月 9 日，國民政府為阻止日軍西進，掘開黃河花園口河堤，「以水代兵」，淹沒豫東、皖北和蘇北三省，形成黃泛區，並造成災害擴大，形成衍生災害。戰後，國際和國內形勢轉變，各方決定災後重建。本書從中外關係的視角，以黃泛區災害救助作為論證核心，系統考察多方力量介入災害產生、災害應對、災後重建階段的動態過程。

　　本書認為，國民政府在黃泛區賑災的動態過程中扮演非常重要的主體作用，是國民政府面對日本侵略和長期佔領以及中日戰爭結束後的政治格局，採取一系列措施攪動整個中外救災互動方式發生變化。另一方面，國際合作是其突出的特徵，國民政府努力追求在國際賑災合作中的主導地位，國際和國內各方力量也積極關注，參與賑災實踐，呈現出不同的形式。

　　本書的研究不僅在於探求歷史上圍繞黃泛區賑災所發生的中國與世界的關聯，而且在於總結和審視國民政府和中國共產黨在中國社會重建中看待中西關係及解決民生的方式，為當今防災減災、抗災救災建設及國家的救災外交提供更好的歷史鏡鑒和現實思考。

本書係國家社會科學基金青年項目「民國時期重大災害與國際賑災合作研究」（23CZS070）

中國博士後科學基金特別資助（2023T160059）

國家社會科學基金重大項目「中國近代災害治理的歷史經驗與知識體系研究」（23&ZD254）的階段性成果

目

次

引　言

　　本書研究選取的區域是黃泛區，1938 年 6 月 9 日，國民政府為阻止日軍西進，掘開黃河花園口河堤，「以水代兵」，淹沒豫東、皖北和蘇北三省，形成黃泛區。花園口決堤造成新黃河下游各水系紊亂和平原地帶的淤荒，黃泛區逐漸喪失抵禦旱災的自然能力。日本侵華戰爭加劇了災荒，軍事衝突擾亂了糧食流通，軍隊徵兵拉夫、汲取和壓榨勞動民眾的物資，這都嚴重破壞農業生產。更重要的是，民眾災難不止於此，水、疫、旱、蝗等花園口決堤的衍生災害接踵而至，飢饉連綿。戰後，國際和國內形勢轉變，各方決定災後治理和重建。目前學界對此已有相當研究，內容以軍事戰略、國民政府振濟委員會和地方政府救災機構的賑災措施為主，多從軍事史、環境史、現代化等視角論述。

　　與以上視角不同，本書從中外關係的視角，以黃泛區災害救助作為論證核心，系統考察災害產生、災害應對、災後重建三個階段的動態過程。

　　在災害產生階段，除學界常常關注的軍事決口之時宣傳的策略，從一定意義上來說，這是一場中外信息戰，是作為捲入進來的各種不同政治力量圍繞日本的軍事侵略在信息上的一場博弈。國民政府在災害產生中如何利用國際輿情將造災之事推給日本，管控和發布假消息？其災害信息國際傳播的主流渠道是什麼？花園口事件發生以後，因災害本身破壞性和影響力，很快引起當時中外媒體的重視，中外關係如何影響英、美、日等國主流媒體選取和刊載災害信息的重心？各方如何看待花園口事件所造成的災害？這一動態的過程尚未形成系統的學理性分析。

　　在災害應對階段，這也是黃泛區形成、災難持續的過程。在災難救助中，

各方救助力量，包括國民政府、日偽、中共、美國及其他國際力量，他們或以政府的形態，或以國際在華社會組織形態，或以中外民間力量自發組織的形態，主要圍繞兩項重要工作採取措施，一種是應急型的築新堤等水利措施，另一種是針對花園口事件造成的水患及其衍生災害的救助措施。在國際戰爭的背景下，國內和國際為最大限度的調動和整合各種救災力量，為黃泛區籌集資金，參與救災實踐。這些國內和國際救災力量何時救濟？如何救濟？各方救災力量圍繞救災產生何種互動？

在災後治理和重建階段，黃河工程是抗戰勝利以後，聯合國善後救濟總署實施的世界範圍內最大的河流入海工程計劃，關係國民政府、中國共產黨、美國的利益。目前學界多探討國民政府和中國共產黨談判黃河工程的內容，而諸如中國共產黨在重建準備時期與美方的交涉、馬歇爾調處與黃河談判的關係、國共在黃河工程上的政策脈絡和矛盾衝突、戰後中美關係、美蘇關係與黃河工程的關聯等問題學界卻少有探討。

黃泛區賑災在其發生發展過程中始終無法脫離國際社會力量的關注和干擾。在上述過程的不同階段，相互作用的救災主體及主體間的關係都各自發生不同的轉換，這一動態的過程便是作者的研究旨趣。隨著民國史料的不斷挖掘，近代中外檔案的數字化和中外報刊的數據庫建設，本書在盡力充分利用中外史料的基礎上，討論中外關係視角下的黃泛區賑災。

第一節　黃泛區研究的主要史料及不足

1949 年以前，時人已對聯合國善後救濟總署（以下簡稱「聯總」）在黃泛區推行救災經過的史料進行調查、搜集和整理。1943 年 11 月 9 日，44 個國家代表在華盛頓簽訂《聯合國善後救濟總署協定》，二戰時期最大的國際政府間救災組織聯總由此誕生。聯總預備二戰結束以後對中國救濟和重建，需要中國方面提供詳細的善後計劃。國民政府編撰《中國善後救濟計劃》，對中國善後救濟各項需要及經費估計和舉要。〔註1〕1945 年初，國民政府專門成立行政院善後救濟總署（以下簡稱「行總」），預備辦理戰後收復區的善後救濟事業。行總第一任署長蔣廷黻發表的《善後救濟總署幹什麼？怎麼幹？》，展望戰後救濟事業，文中以黃泛區工賑為例，認為救濟之根本方法在於寓救

〔註 1〕《中國善後救濟計劃》，南京：行政院善後救濟總署，1944 年。

濟於善後。〔註2〕1947 年 3 月，花園口堵口合龍以後，研究一時興盛。行政院印發各種報告與文件，如《行政院善後救濟總署業務總報告》《黃河堵口工程》《黃河花園口合龍紀念冊》《兩年來的善後救濟》等，為後人研究提供重要參考資料。其中《行政院善後救濟業務總報告》概述了行總在物資儲運、分配、救濟、善後等各項事業具體情況，共計 16 章，資料十分詳實。〔註3〕陳禾章的《中國戰時經濟志》對抗戰時期難民救濟機構、政策及設施加以概述。〔註4〕

　　承辦黃河堵口工程的機構和部門也留下相關期刊，成為詳細概述堵口過程以及資源分配的重要史料。如《黃河堵口復堤工程局月刊》《善後救濟總署河南分署週報》《行總週報》《行政院水利委員會月刊》《水利通訊》等。也有學者從戰後救濟視角來研究聯總在中國善後救濟中發揮的作用。例如，丁文治的《聯總物資與戰後中國救濟》一文中肯定了聯總幫助國民政府節省外匯、抑制通貨膨脹的成績，指出聯總某些政策比較教條，援助項目內容與中國實際所需不符。〔註5〕真正將黃泛區救濟作為獨立研究主題的是 1948 年韓啟桐、南鍾萬編纂的《黃泛區的損害與善後救濟》一書。〔註6〕書分上下兩篇，上篇作者依據大量的調查和校訂，考證黃泛區損害情況，下篇則闡明行總救濟措施的始末。

　　1949 年，共產黨政權取而代之，建國以後，學界有一段時間深受革命史觀影響，對國際在華救災行為多持批判態度，其主流看法是認為其深受中國封建制度的束縛，是帝國主義對華侵略的工具。〔註7〕學界也將黃泛區作為國民黨政府腐敗無能的象徵符號以及抗戰期間人民苦難的縮影。中國的鄉土作家將黃水給人民造成的苦難訴諸筆端，寫下《黃水傳》《黃河東流去》等文學作品。〔註8〕

〔註2〕蔣廷黻：《善後救濟總署幹什麼？怎麼幹？》，南京：行政院善後救濟總署，1945 年，第 14 頁。

〔註3〕《行政院善後救濟總署業務總報告》，上海：行政院善後救濟總署，1948 年。

〔註4〕陳禾章：《中國戰時經濟志》，上海：世界書局，1941 年。

〔註5〕丁文治：《聯總物資與中國戰後經濟》，上海：行政院善後救濟總署，1948 年。

〔註6〕韓啟桐、南鍾萬：《黃泛區的損害與善後救濟》，上海：行政院善後救濟總署，1948 年。

〔註7〕張水良：《第二次國內革命戰爭時期國民黨統治區的災荒問題》，《廈門大學學報》，1964 年第 1 期。

〔註8〕馮金堂：《黃水傳》，鄭州：河南人民出版社，1961 年；李凖著：《黃河東流去》，北京：北京出版社，1979 年。

　　諸多親歷者在國民黨政權遷往臺灣以後，也發表文章追溯決堤堵口的具體情形。例如，張其昀在主編的《抗日戰史》中論述黃河決口之經過。〔註9〕當年親自主持黃河決堤的原國民黨第20集團軍總司令部參謀長魏汝霖多次發文澄清1938年6月4日至6月9日黃河決堤之經過。〔註10〕時任黃河堵口復堤工程局局長朱光彩多次發文講述堵口的方法、與聯總工程師顧問塔德（O. J. Todd）的齟齬、抗日戰爭勝利以後河南泛區的水利建設。〔註11〕

　　中華人民共和國成立以後，救災史料的整理也稍有起色。1959年，周恩來號召政協設立文史資料研究委員會，計劃、組織和推動各地文史資料的徵集和撰寫。因此，關於中國救災的文史資料開始大量出版。〔註12〕例如，《鄭州文史資料》第2輯為黃河花園口決、堵專輯，全書選入決、堵口的原始資料、文件以及當事人的回憶錄共118篇，不乏國、共、美圍繞黃河談判的記錄。

　　就國外學界而言，二戰期間，西方著名水土研究工作者艾格尼斯·羅馬（Agnes Roman）就預言黃河回歸故道的可能性即小，很可能會釀成大型災難。〔註13〕1945年，艾格尼斯·羅馬在概述了聯總在中國即將實行的援助內容，簡要提及黃泛區的恢復與救濟。〔註14〕1946年，露絲·帕迪（Ruth E. Pardee）描述了聯總在黃泛區的預備工作。〔註15〕1947年，聯總遠東分署署長富蘭克林·雷（J. Franklin Ray）撰寫研究報告，闡述救濟計劃的審定、聯總與中國政府的合作、財政預算和公平分配問題。〔註16〕1948年，《聯總第53號

〔註9〕張其昀主編：《抗日戰史》，臺北：新亞出版社，1966年，第72～73頁。

〔註10〕魏汝霖：《抗戰期間黃河決口紀實》，《中原文獻》，1972年第3期；《抗戰期間黃河決口經過紀實》，《中原文獻》，1976年第7期。

〔註11〕朱光彩：《黃河花園口堵口工程》，《中原文獻》，1970年第2期；《黃河花園口堵口工程重要記述》，《中原文獻》，1976年第7期；《黃河花園口堵口有關文獻》，1977年第1期；《與美國人交往的小事》，《中原文獻》，1979年第4期；《抗戰期間至勝利後河南水利建設簡述》，1979年第2期；《黃河花園口堵口部分有關文獻補述》，1979年第10期。

〔註12〕夏明方：《文明的「雙相」：災害與歷史的纏繞》，桂林：廣西師範大學出版社，2020年，第119頁。

〔註13〕Agnes Roman. (1938). China's Vast Flood Threatens to Unite Hwang Ho and Yangtze. *The Science News Letter*, 34 (1), 5~6.

〔註14〕Agnes Roman. (1945). UNRRA in China, *Far Eastern Survey*. 14 (22), 320~324.

〔註15〕Ruth E. Pardee. (1946). First Aid for China. *Pacific Affairs*, VOL.19, 1946, 75.

〔註16〕Ray. J. Franklin. (1947). *A case study of the interplay of interests in a program of international aid to an undeveloped country*. New York: International Secretariat, Institute of Pacific Relations.

業務分析報告》詳細闡述聯總在華業務，概述黃泛區的災後重建工作。〔註17〕
1980 年，上述兩份報告均被馬若孟（Ramon H. Myers）資料彙編《現代中國經濟》（The Modern Chinese Economy）收錄出版。〔註18〕1956 年，阿諾德‧湯因比等主編《歐洲的重組》第 2 章、第 3 章詳細概述聯總歷史。聯總派遣塔德（O. J. Todd）來中國擔任黃河工程顧問，他從黃河的概況、工程材料、交通運輸、泛區開墾等方面介紹黃河治理經驗。〔註19〕

　　此外，這一時期國內相繼出版不少西方人士的回憶錄，對中國的受災群體高度關注和同情。例如，貝克（Graham Peck）的《一個美國人看舊中國》〔註20〕，王安娜（Anna Wang）的《中國——我的第二故鄉》〔註21〕，白修德（Theodore Harold White）關於抗戰的回憶〔註22〕和《中國的驚雷》〔註23〕，埃謝里克（Esherick, J. W.）編著的《在中國失掉的機會：美國前駐華外交官約翰‧S‧謝偉思第二次世界大戰時期的報告》〔註24〕等為黃泛區災害和應對研究提供一扇國外透視之窗。

　　1980 年以後，抗日戰爭史研究逐漸興盛，社會史研究逐漸發展，國內關於黃泛區賑災的資料整理也取得長足的進步，出現許多新的成果，成果主要體現在以下方面：

　　首先，關於黃泛區災害救助的史料出版。1985 年，中國人民大學李文海教授率先成立近代中國災荒研究團隊，陸續編著《近代中國災荒紀年續編》《中國近代十大災荒》等，成為民國時期災害研究重要災荒史研究著作，特別是《中國近代十大災荒》首次將「花園口事件」與「中原大饑荒」作為「事

〔註17〕王德春：《聯合國善後救濟總署與中國（1945～1947）》，北京：人民出版社，2004 年，第 5 頁。

〔註18〕Ramon H. Myers. (1980). *The Modern Chinese Economy*, New York: Garland Publishing.

〔註19〕O. J. Todd. (1949). The Yellow River Reharnessed. *Geographical Review*, 39 (1), 38~56.

〔註20〕格蘭姆‧貝克：《一個美國人看舊中國》，朱啟明、趙叔翼譯，北京：生活‧讀書‧新知三聯書店，1987 年。

〔註21〕王安娜：《中國——我的第二故鄉》，李良健、李布賢校譯，北京：生活‧讀書‧新知三聯書店，1980 年。

〔註22〕白修德：《中國抗戰秘聞——白修德回憶錄》，崔陳譯，鄭州：河南人民出版社，1988 年。

〔註23〕白修德、賈安娜：《中國的驚雷》，端納譯，北京：新華出版社，1988 年。

〔註24〕埃謝里克：《在中國失掉的機會：美國前駐華外交官約翰‧S‧謝偉思第二次世界大戰時期的報告》，羅清，趙仲強譯，北京：國際文化出版公司，1989 年。

件」看待。中央檔案館、中國第二歷史檔案館等合編的《日本帝國主義侵華檔
案資料選編》《抗日戰爭時期國民黨軍機密作戰日記》，章伯鋒、莊建平主編
的《中國近代史資料叢刊》，臺灣地區秦孝儀主編的《中華民國重要史料初
編》，第二歷史檔案館主編的《中華民國史檔案資料彙編》等綜合性的民國史
史料集，都編排了黃泛區災害與救濟的相關內容。值得注意的是，國家圖書
館出版社近年陸續出版各類大型善後救濟史料，例如，殷夢霞、李強選編的
《民國善後救濟史料彙編》，夏明方選編的《民國災賑史料三編》，齊午月主
編的《民國時期社會救濟資料彙編》，也為黃泛區的災害及救濟提供了重要的
史料支撐。

其次，學界出版了一些圍繞黃泛區救災為中心的專題史料，特別是文史資
料，較為豐富，拓展了黃泛區災害救助研究的渠道。〔註25〕《黃河歸故鬥爭資
料選》《山東革命歷史檔案資料選編》《周恩來年譜》《上海周公館——中共代
表團在滬活動史料》《中國解放區救濟總會在上海》等史料為研究 1946 年至
1947 年聯總在中共解放區的救濟提供重要的史料支撐。其他如《民國黃河大
事記》《黃河水利史述要》《歷代治黃文選》《中共中央文件選集》《豫皖蘇抗日
根據地》《淮北抗日根據地史料選輯》《豫皖蘇邊文獻資料選編》《睢杞太地區
史料選》《日軍禍豫資料選編》等資料也有相關的內容。一些地方志中也存有
不少黃泛區救災與重建的史料。

再者，部分學者陸續利用南京第二歷史檔案館館藏檔案、河南鄭州市黃
河水利委員檔案、地方市縣檔案館進行更為細緻的研究。與檔案開放、資料出
版相適應，學界對黃泛區災害也突破置於單純通史研究的狹隘範疇，取得一
系列新的研究成果。

目前，學界所運用的史料皆以中文資料為主，隨著近年來民國數據庫建
設和應用，數量龐大的外文原始檔案不斷被出版或數字化，具有獨特史料價
值的中外報刊和檔案也不斷以數據庫等形式得到整理。本書研究採用的史料

〔註25〕涉及黃泛區賑災的文史資料包括：《河南文史資料》第 3 輯、第 4 輯、第 8 輯、
　　　　第 32 輯、第 36 輯、第 38 輯、第 45 輯、第 54 輯、第 55 輯；《鄭州文史資料》
　　　　第 2 輯、第 6 輯、第 7 輯、第 19 輯；《河北文史資料》第 23 輯；《新城文史
　　　　資料》第 3 輯、第 5 輯《太康文史資料》第 1 輯；《江蘇文史資料》第 2 輯、
　　　　第 13 輯，《中牟文史資料》第 3 輯、第 4 輯、第 5 輯；《周口文史資料》第 3
　　　　輯、第 9 輯；《開封文史資料》第 5 輯；《扶溝文史資料》第 7 輯《尉氏文史
　　　　資料》第 5 輯；《杞縣文史資料》第 3 輯等。

包括：

其一為中外文報刊史料。英國外文本土報刊有以下幾種：《泰晤士報》（The Times）、《阿伯丁雜誌》（Aberdeen Journal）、《格羅斯特郡的回聲》（Gloucestershire Echo）、《西部日報》（Western Daily Press）、《敦提信使報》（Dundee Courier）、《笨拙》（Punch）、《每日郵報》（Hull Daily Mail）等。

美國外文本土報刊有《紐約時報》（The New York Times）、《華盛頓郵報》（The Washington Post）、《基督教科學箴言報》（The Christian Science Monitor）、《美國援華救濟聯合會新聞》（News of United China Relief）等。

其他外文報刊有國聯的出版物《國際聯盟官方期刊》（League of Nations Official Journal）、《國際聯盟月報》（The Monthly Summary of the League of Nations）、中國在美國所辦的英文報刊《戰時中國》（China at War）等。

西方在華創辦的外文報刊有《南華早報》（South China Morning Post）、《中國評論週報》（The China Critic）、《密勒氏評論報》（The China Weekly Review）、《教務雜誌》（The Chinese Recorder and Education Review）、《大陸報》（The China press）、《北華捷報》（The North-China Herald and Supreme Court Cousular Gazette）等。

中文報刊有《申報》《大公報》《東方雜誌》《新河南日報》《新華日報》《解放日報》《中央日報》《人民日報》《晶報》《新聞報》《中國紅十字會月刊》《河南善救分署週報》《行總週報》等。

其二為中外檔案。包括：中國第二歷史檔案館館藏檔案、中國臺北「國史館」館藏數字化檔案、英國外交部解密檔案 Foreign Office（FO）檔案、美國外交駐地檔案、美國戰略情報局和美國國務院情報和研究報告檔案、美國軍事情報報告檔案、聯合國檔案館檔案、日本亞洲資料中心所藏日文檔案等。

第二節　黃泛區救災研究再審視

革命史範式以階級鬥爭理論為基礎。20 世紀 80 年代以後，學界最初在該範式下研究黃泛區的戰後災害治理。馮文綱等認為國民黨反動派策劃，將黃河作為戰爭工具，突出周恩來直接領導談判鬥爭的政治意義。〔註26〕蔣曉濤探討

〔註26〕馮文綱、王宗虞：《堅定的革命立場，靈活的鬥爭藝術——周恩來同志領導的反對黃河「堵口復故」陰謀的鬥爭》，《中州學刊》，1981 年第 2 期。

了中共針對蔣介石水淹黃河的政治鬥爭。〔註 27〕王延榮介紹中共在黃河歸故
鬥爭中的策略。〔註 28〕

　　20 世紀 90 年代，1942 至 1943 年中原大饑荒與救災首先引發學界關注。
陳傳海總結此次災荒發生的原因。〔註 29〕孫子文分析考察了國民政府和河南
省當局在這次災荒中的施賑，包括籌集糧款、疏遣災民、舉辦工賑、設立粥廠
等措施，作者認為其收效甚微。〔註 30〕夏明方指出國統區和日偽應對災荒的效
果微乎其微，而共產黨真正妥善安置災民，引導災民實現生產自救，特別是國
共雙方的救災實踐奠定了中國政治的戰後走向。〔註 31〕

　　一些災荒史的專題研究著作也對黃泛區災害應對有所探討，孫豔魁概述
了抗戰時期難民的流動路徑、類型特徵並介紹了各界救濟難民的措施，其中
涉及黃泛區。〔註 32〕抗戰時期的難民也成為社會史研究者關注的對象。學界
大致從難民災情、遷移路徑、救災措施等方面查究。夏明方指出花園口決口
不僅引發黃泛區村民從中原向西北地區流動的西遷浪潮，也出現災民從敵佔
區、游擊區、國統區向抗日邊區輻聚的現象。〔註 33〕夏明方在其著作《民國時
期自然災害與鄉村社會》中以災荒與鄉村社會的互動為研究對象，闡述災荒
與人口變動、經濟變遷、社會動盪、環境異常的關係，涉及河南災荒對人民
的影響。〔註 34〕蘇新留選取河南鄉村地區作為案例，探討民國時期河南鄉村
人口、民生、經濟與水旱災害的關係。〔註 35〕

　　之後，李風華研究河南難民流動的方向和特點。〔註 36〕日本學者石島紀之

〔註 27〕 蔣曉濤：《解放戰爭初期關於黃河堵口復堤的鬥爭情況》，《歷史教學》，1986
　　　　 年第 6 期。
〔註 28〕 王延榮：《試析中共在黃河歸故鬥爭中的策略》，《華北水利水電學院學報》，
　　　　 1994 年第 1 期。
〔註 29〕 陳傳海、楊自然：《1942 和 1943 年的河南嚴重災荒》，《鄭州大學學報》，1991
　　　　 年第 1 期。
〔註 30〕 孫子文：《1942～1943 年國民黨政府救濟豫災述評》，《許昌師專學報》，1993
　　　　 年第 2 期。
〔註 31〕 夏明方：《1942～1943 年的中原大饑荒》，《縱橫》，1998 年第 5 期。
〔註 32〕 孫豔魁：《苦難的人流——抗戰時期的難民》，桂林：廣西師範大學出版社，
　　　　 1994 年。
〔註 33〕 夏明方：《抗戰時期中國的災荒與人口遷移》，《抗日戰爭研究》，2000 年第 2 期。
〔註 34〕 夏明方：《民國時期自然災害與鄉村社會》，北京：中華書局，2000 年。
〔註 35〕 蘇新留：《民國時期河南水旱災害與鄉村社會》，鄭州：黃河水利出版社，2004
　　　　 年。
〔註 36〕 李風華：《民國時期河南災民考察》，《中州學刊》，2012 年第 3 期。

將中國民眾置於研究的中心，以浙江和河南兩省難民的對比，清晰地再現戰時民眾的日常生活心態，民眾並非「鐵板一塊」地積極參與抗日鬥爭。〔註37〕

　　學界對國統區的救災舉措目前仍有爭議。江沛重新梳理國民政府在中原大饑荒中的救災工作，發現國民政府、軍人及地方所表現的積極努力與革命史觀主導下指責蔣介石缺失人性、救災無能的書寫具有差異。〔註38〕與江沛不同，孔祥成認為國民政府在中原大饑荒中，傾向於「防民勝於防災」的維穩思路，未能正確處理內戰、救災和抗戰的關係，陷入政治合法性的危機。〔註39〕艾志端認為 1942 至 1943 年河南大饑荒在中國的歷史進程和國際形象變化的轉折作用，國民政府優先考慮河南駐軍而非百姓的食糧需求，使國民黨失去河南大部分農民的支持。〔註40〕盧徐明等針對學界關於國民政府在 1942 年至 1943 年河南大災荒中行動的敘述差異，從陝西鄰省糧食接濟的角度，說明河南省政府救災態度十分積極。只是因抗戰時期的特殊客觀條件限制，各省物資嚴重匱乏，致使國民政府糧政運作乏力。〔註41〕也有碩博論文專門研究國民政府地方救災機構的實踐。〔註42〕朱正業在其著作中以中原地區為研究區域，考察國民政府的臨災救濟。〔註43〕

　　高冬梅勾勒抗日根據地救災工作的基本情形。〔註44〕朱琳琳、苑書聳等的碩士論文研究華北抗日根據地的災荒救濟，著眼晉察冀根據地、晉冀魯豫的太行區、晉綏邊區等。〔註45〕文姚麗說明了中共在不同根據地救災政策的

〔註37〕石島紀之：《抗日戰爭時期的中國民眾：飢餓、社會改革和民族主義》，李秉奎等譯，北京：中國社會科學出版社，2016 年。

〔註38〕江沛：《「哀鳴四野痛災黎」：1942～1943 年河南旱災述論》，《河南大學學報（社會科學版）》，2014 年第 3 期。

〔註39〕孔祥成、劉芳：《災荒視角下的國民政府合法性危機及其應對》，《黨史研究與教學》，2014 年第 6 期。

〔註40〕艾志端：《救國或餓死人民？1942～1943 年河南大饑荒》，周錫瑞、李皓天：《1943 中國在十字路口》，陳驍譯，北京：社會科學文獻出版社，2016 年。

〔註41〕盧徐明、石濤：《戰爭與饑荒交織下的鄰省糧食調劑——以 1942～1943 年河南災荒中陝西對豫為中心》，《歷史教學》，2017 年第 9 期。

〔註42〕胡中升：《國民政府黃河水利委員會研究》，南京大學 2014 年博士學位論文；夏林陽：《河南省振濟會研究（1938～1945）》，鄭州大學 2019 年碩士學位論文。

〔註43〕朱正業：《近代中原地區水患與荒政研究》，北京：科學出版社，2020 年。

〔註44〕高冬梅：《抗日根據地救災工作述論》，《抗日戰爭研究》，2002 年第 3 期。

〔註45〕朱琳琳：《論華北抗日根據地的救災運動》，鄭州大學 2006 年碩士學位論文；苑書聳：《華北抗日根據地的災荒與救濟研究》，山東師範大學 2006 年碩士學位論文。

側重之處。〔註 46〕武豔敏進一步細化了中共在抗日戰爭時期各根據地救災獎懲制度的研究，以反映中共應對災荒危機的能力。〔註 47〕

關於日偽政權對黃泛區的救濟，學界多認為日偽侵略本質決定救災收效甚微。吳應銚（Odoric Y. K. Wou）考察日偽政權面對黃泛區饑荒的反應，認為佔領城市的日偽不得不在城市和農村之間建立連鎖的糧食供應機構，1942 年走向暴力搶糧。〔註 48〕王興飛分析了日偽南北偽政權圍繞治理黃河展開的長期爭論。〔註 49〕

上述研究也出現一些問題，第一，學界只關注國民政府的對內救災，對國民政府的救災外交關注不夠。〔註 50〕第二，對日偽政權對黃泛區災害的利用考察不夠。〔註 51〕第三，未能比較和說明抗戰時期中國共產黨在黃泛區開展敵後游擊戰爭中的災害應對舉措。

發端於七十至八十年代西方中國學研究的有關中國歷史時期之「市民社會」與「公共區域」影響了民國救災和慈善事業研究。國家和社會的關係往往被設計成一種空間對立狀態下相互自主的結構形式，諸多學者將國際在華組織救災表現出一種「西方」融入中國「社會」，並與「國家」層面開展一種類似於「你退我進」的合作關係，也就是說諸多國際在華組織更多作為「社會」中一個內在而同時被拒絕的部分。諸多學者在國家與社會框架下，以災害為場域，從事學術研究。蔡勤禹認為華洋義賑會可以通過邊緣替代，實現對「國家」公共事務的參與和管理，凸顯民間組織的角色和地位及其在「公」的領域變遷。〔註 52〕但

〔註 46〕文姚麗：《中國共產黨在民主革命時期的救災政策及其實踐》，《華中師範大學學報》，2012 年第 2 期。

〔註 47〕武豔敏、洪文傑、楊吉濤：《抗日戰爭時期中國共產黨救災獎懲制度的歷史考察》，《鄭州大學學報》，2019 年第 2 期。

〔註 48〕Odoric Y. K. Wou. (2007). Food Shortage and Japanese Grain extraction in Henan. In Stephen R. Mackinnon, Diana Lary & Ezra F. Vogel (Eds.), *China at war: Regions of China, 1937~1945*. California: Stanford University Press, pp.175~206.

〔註 49〕王興飛：《政治還是民生？——偽政權黃河堵口研究（1938～1945）》，南京大學 2012 年碩士學位論文。

〔註 50〕鮑夢隱：《阻敵與救災：黃河掘堤之後國民政府的應對》，《抗日戰爭研究》，2021 年第 4 期；張岩：《戰時國民政府治黃體制的運行及其困境——以黃泛區治黃工程為中心》，《近代史研究》，2023 年第 2 期。

〔註 51〕曾磊磊：《抗戰時期日偽對黃河決堤的政治因應和軍事利用》，《軍事歷史研究》，2021 年第 2 期；謝曉鵬等：《日偽對河南淪陷區的統治》，南京：江蘇人民出版社，2021 年。

〔註 52〕蔡勤禹：《民間組織與災荒救治——民國華洋義賑會研究》，北京：商務印書館，2005 年。

是，蔡勤禹對抗戰時期華洋義賑會與國民政府在黃泛區合作救濟、華洋義賑會與其他國際對華救災組織的關係都著墨較少。郭常英等研究了民間團體在河南特大災荒時期的義演籌款活動，成為輔助政府賑災的重要手段。〔註53〕

　　現代化理論的興起促使不少中國學者將此運用到中國救災史研究中。鮑夢隱認為國民政府在黃泛區開展的堵口復堤工程，從施工技術、工程管理、信息保存等方面來看，是一項現代化意義上的高水平工程。〔註54〕與大陸相比，海外學者更為關注推動中國救災近代化中的技術要素。美國學者戴維‧艾倫‧佩茲（David A. Pietz）先後以淮河和黃河治理兩個案例，從國家治理、工程師的專業化以及技術對國家現代化的形塑等視角提出自己的見解。〔註55〕他在《黃河之水》中以「技術綜合方案」這一概念分析民國時期中國治理黃河工程的繼承與革新。所謂「技術綜合方案」是指為達到目的而採取的一套特別措施，包括行政組織、技術形式、文化建構等。

　　但是，社會史視角下的黃泛區救濟仍存在以下不足，其一，學者常常限於梳理國統區、根據地、淪陷區實施賑災的過程，對三方政權在救災與政權合法性構建的競爭上缺乏探討和對比，更沒有體現三方政權的救災互動。其二，學者對抗戰時期國民政府與國際組織關於黃泛區的救災聯絡與宣傳的問題少有論述。其三，國民政府與民國時期傳統的國際性救災組織和公教組織的合作賑災也少有談論。

　　當然，學者也從軍事史領域，以花園口決口為對象進行梳理、總結和反思。林觀海、張殿興剖析花園口決口建議由誰提出並追蹤決堤的經過。前者以第二歷史檔案館資料為依據，後者以文史資料為基礎。〔註56〕花園口決口的軍事意義主要存在兩種聲音，一種以陳傳海、易勞逸為代表認為花園口決口是國民政府保家衛國、抵禦日本侵略的特殊手段，它成功改變了日軍兩路合擊武

〔註53〕郭常英、賈萌萌：《1942～1943 年河南特大災荒時期的賑災義演》，《中州學刊》，2021 年第 7 期。

〔註54〕鮑夢隱：《抗戰勝利後黃河堵口工程中的現代化因素》，《史學月刊》，2012 年第 1 期。

〔註55〕戴維‧艾倫‧佩茲：《工程國家：民國時期的淮河治理及國家建設（1927～1937）》，姜智芹譯，南京：江蘇人民出版社，2011 年；戴維‧艾倫‧佩茲：《黃河之水——蜿蜒中的現代中國》，姜智芹譯，北京：中國政法大學出版社，2017 年。

〔註56〕林觀海：《1938 年黃河決口的真相》，《鄭州大學學報》，1989 年第 3 期；張殿興：《黃河花園口掘堤事件》，《歷史教學》，1996 年第 4 期。

漢的路線，使黃河成為天然分界線，進入持久抗戰階段。易勞逸在《劍橋中華民國史》中盛讚國民政府決口的壯舉，認為這是表現出淞滬會戰、臺兒莊戰役一樣的決心。〔註57〕一種以田照林、馬仲廉等為代表，否認黃河花園口決口事件對日本原定軍事計劃的影響，認為是戰爭形勢、日軍作戰計劃及兵力不足造成日本推遲進攻武漢。〔註58〕

花園口事件是造成黃泛區災害的直接原因。渠長根是國內第一位從軍事史視角將花園口事件作為個案分析的學者，他系統梳理花園口事件與抗戰形勢之間的關聯，具有開拓性的意義。〔註59〕突出體現便是他實地調查與史料爬梳相結合的方式，深入考證國民政府決堤的手段、決策過程等諸多史實。〔註60〕其率先探討國民政府決口以後的救濟措施，觀點新穎。渠長根認為花園口決口帶來的新黃河具有軍事價值。

但是，李春霞再次否定渠長根的觀點，認為國民政府掘花園口未能阻止日軍南下與西進的目標，是其軍事戰略上的無能之舉。〔註61〕艾志端發現，1946年和1947年，為改變黃河歸道路線、控制、戰略利用或渡過黃河而進行的激烈鬥爭成為國共兩黨欲控制中國的重要隱喻。〔註62〕史行洋認為1938年南岸大堤決口處除了花園口和趙口以外，還有中牟楊橋。〔註63〕

以上學者仍存在不足之處，第一，限於當時條件，其對中、外文史料挖掘不夠深入。第二，學界在探討花園口事件對中國抗戰的意義時，值得商榷。目前學界從軍事史視角對花園口事件給予肯定的價值評判有待進一步檢驗。

〔註57〕陳傳海、丁福利：《花園口掘堤事件再評價》，《商丘師專學報》，1987 年第 4 期；費正清、費維愷：《劍橋中華民國史 1912～1949 年》下，劉敬坤等譯，北京：中國社會科學出版社，1993 年，第 632～633 頁。

〔註58〕田照林：《正面戰場作戰史料的選用——兼論花園口決堤對抗日戰爭的影響》，《軍事歷史研究》，1998 年第 1 期；馬仲廉：《花園口決堤的軍事意義》，《抗日戰爭研究》，1999 年第 4 期。

〔註59〕渠長根：《功罪千秋——花園口事件研究》，華東師範大學 2003 年博士學位論文。

〔註60〕渠長根：《炸堤還是決堤——1938 年決堤史實考》，《歷史教學問題》，2003 年第 3 期。

〔註61〕李春霞：《花園口掘堤事件與南京國民政府黃泛區方略再認識》，《鄭州大學學報》，2016 年第 1 期。

〔註62〕Edgerton-Tarpley, K. A. (2017). A River Runs through it: The Yellow River and The Chinese Civil War, 1946~1947. *Social Science History*, 41 (2), 141~173.

〔註63〕史行洋：《1938 年黃河南岸大堤決口新探》，《中國歷史地理論叢》，2021 年第 2 期。

　　不少學者也將黃泛區的生態環境作為研究對象，從環境史的視角考察由花園口決口所致的脆弱生態。徐有禮、朱蘭蘭等詳細的論述了花園口決口給豫東黃泛區環境帶來的破壞，包括沙土的堆積，土壤的破壞、地貌地形特徵的改觀以及由此直接引發的自然災害。〔註 64〕奚慶慶〔註 65〕、蘇新留〔註 66〕皆認為花園口決口導致豫東泛區農業生態系統的崩潰。汪志國從耕地、水利、生態災害、人口等方面闡述了黃河南泛對皖北地區生態環境的破壞。〔註 67〕曾磊磊的博士論文主要研究黃泛區的環境變遷和政治、民生的關係。〔註 68〕美國學者穆盛博（Micah S. Muscolino）在《洪水與饑荒》中以「新陳代謝」為概念模型，以「能量流動」為分析工具，研究 1938 年黃河決堤和 1942 至 1943 年河南饑荒中戰爭與環境的關係。〔註 69〕肖倩倩從河流湖泊、沉積土質、地表植被三種生態環境要素考察黃泛區災害對民眾生產活動的影響。〔註 70〕

　　學界也有從新聞史視角考察戰時災荒與報刊之間的關係。張威等以花園口決口當月國內新聞媒體的報導作一個案研究。〔註 71〕李卓鈞等鈎沉大公報與 1942 年河南大災的關係。〔註 72〕蘇新留進一步分析了河南南陽地方小報《前鋒報》、重慶《大公報》以及美國《時代週刊》三種媒體對中原大饑荒災情的擴散作用。〔註 73〕王鑫宏、朱葉等考察了中共利用《新華日報》《解放日

〔註 64〕徐有禮、朱蘭蘭：《略論花園口決堤與泛區生態環境的惡化》，《抗日戰爭研究》，2005 年第 2 期。

〔註 65〕奚慶慶：《抗戰時期黃河南泛與豫東黃泛區生態環境的變遷》，《河南大學學報》，2011 年第 2 期。

〔註 66〕蘇新留：《抗戰時期黃河花園口決堤對河南鄉村生態環境影響研究》，《中州學刊》，2012 年第 4 期。

〔註 67〕汪志國：《抗戰時期花園口決堤對皖北黃泛區生態環境的影響》，《安徽史學》，2013 年第 3 期。

〔註 68〕曾磊磊：《黃泛區的政治、環境與民生研究（1938～1947）》，南京大學 2013 年博士學位論文；曾磊磊：《試論 1938～1947 年黃泛區災民的生產活動》，《蘭州學刊》，2018 年第 12 期。

〔註 69〕穆盛博：《洪水與饑荒——1938 至 1950 年河南黃泛區的戰爭與生態》，亓民帥、林炫羽譯，北京：九州出版社，2021 年。

〔註 70〕肖倩倩：《花園口黃河決堤對黃泛區生態環境的影響》，《中國歷史地理論叢》，2023 年第 4 期。

〔註 71〕張威、文飛：《媒體的尷尬——花園口決堤虛假報導 68 週年回眸》，《國際新聞界》，2006 年第 6 期。

〔註 72〕李卓鈞、李國平：《1942 年河南大災中的〈大公報〉》，《新聞與傳播評論》，2007 年第 1 輯。

〔註 73〕蘇新留：《報刊與 1942 年河南大旱荒》，《史學月刊》，2009 年第 10 期。

報》在河南中原大災荒的輿論動員過程。〔註74〕但是，上述學者依據的報刊都以中文為主，且類型單一，缺乏與中外檔案的互證研究。

第三節　從中外關係視角研究黃泛區的災害治理

國外學者歐文・巴內特（Irving Barnett）的博士論文率先以聯總在華農業項目為重點，專門討論美國對華援助。〔註75〕中美關係在 1970 年代以後得到緩解，一定程度上促使在華工作過的外國人物成為西方學界關注的焦點。例如，米歇爾・斯拉維奇・費舍爾（Michele Slavich Fisher）的博士論文對在華治水事業有突出貢獻的水利工程師塔德作過個案研究。〔註76〕

近代中美關係研究中涉及中國救災的問題要從 1972 年出版的《美中關係史論》說起，此書是當時美國前沿學者對近代中美關係按階段所做的整體回顧和評述。美籍日裔學者入江昭（Akira Iriye）在此書中認為，「美中關係歸根結蒂是美國人和中國人個人之間的直接關係和間接關係的總和」。〔註77〕當時，即由學者討論了這個問題，例如，史景遷（Jonathan Spence）的研究勾畫了 16 位在中國的美國人利用特長對中國社會問題所做的貢獻，包括塔德、白求恩等。〔註78〕但這一研究仍然引出更多問題，這些人為什麼選擇來中國而不是其他地方，他們對中國的經歷有什麼印象，外國人怎樣幫助中國而不對中國人的生活和思想起微妙或者公開的政治影響和經濟影響？正如入江昭所提倡：美國與東亞的關係不僅是簡單的外交史，而應當是外交的、思想的、心理的歷史。

如若提到中美關係通論，有必要從入江昭和史景遷二人的老師費正清

〔註74〕王鑫宏：《全面抗戰時期中國共產黨的輿論救災動員——以〈新華日報（重慶版）〉對 1942～1943 年河南災荒的宣傳為中心》，《農業考古》，2021 年第 3 期；朱葉、劉星：《1942 年「豫災」報導中的中國共產黨救災宣傳動員研究——以《解放日報》《新華日報》為中心的考察》，《新聞春秋》，2021 年第 4 期。

〔註75〕Lrving Barnett. (1955). *UNRRA in China: A Case Study in Financial Assistance for Economic Development with Emphasis on Agricultural Programs*. New York: Columbia University.

〔註76〕Michele Slavich Fisher. (1977). Service to China: *The Career of the American Engineer, O. J. Todd*. Washington: Georgetown University.

〔註77〕歐內斯特・梅，小詹姆斯・湯姆遜：《美中關係史論——兼論美國與亞洲其他國家的關係》，齊文穎等譯，北京：中國社會科學出版社，1991 年，第 230 頁。

〔註78〕史景遷：《改變中國：在中國的西方顧問》，溫洽溢譯，桂林：廣西師範大學出版社，2014 年。

（John King Fairbank）所著的《美國與中國》說起。該書後半部分探討西方衝擊下美國與近代中國的關係。費正清陳述美國對華政策的善意和特殊性。舉例而言，其認為美國對華援助已成為美國的一種私人企業，由傳教團體，賑濟災荒和水災的公共機關，對於發展教育和醫學有興趣的洛克菲勒基金之類的機構以及一些團體和個人經手辦理。其同樣認為，隨著二戰爆發，官方對華援助成為美國援助的主要方式，但是國民政府由於內部問題而虛弱到外國刺激不能起反應的程度。美國試圖援助它而捲入它的衰落和崩潰之中。〔註79〕費正清並非西方中心論的完全倡導者，其於1975年已經提出中美交互作用的影響。但是多數美國學者不能跳脫出美國中心的研究路徑，這在研究美國在華救濟組織時就尤為突出。

　　不過，也有不少外國學者注意到中國內部因素在外國組織救災中的消極作用。求彼得（Marilla Bliss Guptil）的博士論文便深受費氏的影響，指出「國民政府配套資金的匱乏、國民政府的腐敗以及國共之間的軍事行動是美國與聯總在華救濟項目的缺陷根源」。〔註80〕戴維德・梅爾斯（David Mayers）指出，聯總中最大的援助流向了中國。美國以共和黨為代表財政保守主義勢力對聯總的批評最為激烈，影響了聯總在海外的活動。〔註81〕英國學者拉納・米特（Mitter Rana）將中國對聯總重建的重視作為中國參與和創建新型亞洲戰後國家的嘗試，提到行總署長蔣廷黻的善後救濟思想具有集權性和跨國性特點。〔註82〕

　　西方學者也常常將聯總置於這樣一個標準框架敘述中：國際主義在第一次世界大戰之後崛起，隨後在1930年代激烈的民族主義和保護主義的氛圍中驚人的失敗，然後在1940年代初和第二次大戰後最終取得勝利。換句話說，1919年錯誤的國際新秩序的建立，被1945年成功的第二次嘗試所糾正，而聯總被看作是其第二次全新的跨國和國際的糾正努力。

〔註79〕費正清：《美國與中國》，孫瑞芹，陳澤憲譯，北京：商務印書館，1971年，第257～259頁。

〔註80〕Marilla Bliss Guptil. (1995). The United States and Foreign Relief: UNRRA in China, 1942~1947, Virginia: University of Virginia.

〔註81〕David Mayersl. (2016). Destruction Repaired and Destruction Anticipated: United Nations Relief and Rehabilitation Administration (UNRRA), the Atomic Bomb, and U. S. Policy 1944~1946, *The International History Review*, 961~983.

〔註82〕Rana Mitter. (2019). State-Building after Disaster: Jiang Ting fu and the Reconstruction of Post-World War II China, 1943~1949, *Comparative Studies in Society & History*, 61 (1), 176~206.

　　以上學者更多將美國救災和美國政府援華結合，作為美國門戶開放政策的延伸。1984 年，柯文（Paul A. Cohen）的《在中國發現歷史》中強調歷史學家應注意「內部取向」，即「中國中心觀」，力求擺脫「殖民地史」的框架，從社會內部按照社會的自身的觀點探索其發展，反對把非西方社會的歷史觀作為西方歷史的延續。〔註83〕但是，柯文卻無法解釋民國救災模式嬗變過程中的中西關係問題。

　　20 世紀 80 年代，整個西方興起的語言學轉向和新文化史對外交史研究構成新的衝擊，他們批判傳統外交史：其一，過分強調國家對權力和利益的追求，絕大多數學者忽視了文化的力量，特別是沒有意識到語言、文本和敘事結構在事實創造中的作用。其二，對於後現代主義者和新文化史家而言，傳統的外交史沒有意識到歷史文獻都是文化建構的產物。〔註84〕美國外交學界開始持續反省中國史研究，開啟對外交史學的改造，最突出的便是轉向對文化因素的重視。

　　克里斯托弗‧傑斯普森（T. Christopher Jespersen）在其經典著作《美國的中國形象（1931～1949）》中對抗日戰爭時期美國援華救濟聯合會（United China relief）作一深層解讀。〔註85〕異國形象有言說「他者」和言說「自我」的雙重功能。美國在這一時期對華政策很大程度上建立在美國援華救濟聯合會及其創辦者亨利‧魯斯對蔣介石政府及其政策的美化上，導致美國對外關係中運用「恩撫主義」支配美國對中國的援助。這也進一步導致在二戰後，美國人看到中國的實際情形與宣傳大相徑庭時，引起美國人的激烈反彈，致使麥卡錫主義盛行，走向冷戰。而中國學者王立新則更進一步指出，這屬於「外部他者」的第三種類型，即「可控制的他者」，美國對中國的一系列救濟與想像來自於美國帝國身份的建構。〔註86〕

　　受克里斯托弗‧傑斯普影響，大陸學者羅宣、臺灣學者吳昆財，皆以亨利‧魯斯與中國關係的視角，探討了亨利‧魯斯運用《時代》週刊為援助中國

〔註83〕柯文：《在中國發現歷史——中國中心觀在美國的興起》，林同奇譯，北京：社會科學文獻出版社，2017 年。

〔註84〕王立新：《試析全球化背景下美國外交史研究的國際化與文化轉向》，《美國研究》，2008 年第 1 期。

〔註85〕克里斯托弗‧傑斯普森：《美國的中國形象（1931～1949）》，姜智芹譯，南京：江蘇人民出版社，2010 年。

〔註86〕王立新：《在龍的映襯下：對中國的想像與美國國家身份的建構》，《中國社會科學》，2008 年第 3 期。

宣傳，成立美國援華救濟聯合會的過程。〔註87〕

　　趙剛印是國內學界較早對行總善後救濟活動做初步概述和評析的研究者，他在文章中提到黃河堵口工程的工賑。〔註88〕21世紀以後，國內學者將中外文檔案文獻結合，全面把握聯總與中國交往的總體過程，最具開拓性的要屬王德春的著作《聯合國善後救濟總署與中國（1945～1947）》，〔註89〕該書從聯總創立起，追溯聯總在華善後救濟的過程以及與國共發生的糾葛，是一部資料詳實、論證清晰的佳作。同時，作者撰寫多篇聯總對華援助的論文。〔註90〕其後，張志永先後考察行總在解放區和收復區善後救濟的過程及效果。〔註91〕趙慶寺簡評聯總捲入國共的紛爭。〔註92〕不過，他們的研究對黃泛區的災後治理尚未觸及。王春龍的博士論文考察蔣廷黻在聯總中的思想理念及實踐。〔註93〕胡傑呈現了國民政府和中共對聯總不滿的政治原因。〔註94〕也有學者專門研究1946年7月10日「禁運事件」，凸顯聯總和行總在戰後善後救濟設計規劃上的矛盾與摩擦。〔註95〕郗萬富發現河南教會和政府在面對聯總的衛生救濟時存在著博弈。教會通過爭取和充分利用救援物資，擴大了在華醫院衛生事業。而南京國民政府的衛生機構卻因機構人員的「英美派」分配不均以及衛

〔註87〕羅宣：《在夢想與現實之間——魯斯與中國》，北京：人民出版社，2005年；吳昆財：《亨利‧魯斯與「美國援華聯合會」》，《中華人文社會學報》，2007年第6期。

〔註88〕趙剛印：《1945年～1947年行政院善後救濟總署述論》，《黨史研究與教學》，1999年第3期。

〔註89〕王德春：《聯合國善後救濟總署與中國（1945～1947）》，北京：人民出版社，2004年。

〔註90〕王德春：《聯總援助與我國鐵路交通善後》，《史學月刊》，2003年第3期；王德春：《聯總援建的長期項目及其善後安排》，《廣西社會科學》，2004年第12期；王德春：《聯合國善後救濟總署的誕生及其使命》，《世界歷史》，2004年第5期；王德春：《淺析聯總對我國的無償援助及相關非議》，《廣西社會科學》，2005年第1期。

〔註91〕張志永：《抗戰勝利後行總對解放區善後救濟工作述評》，《四川三陝學院學報》，2000年第2期；張志永：《抗戰勝利後國民黨收復區善後救濟工作述評》，《歷史教學問題》，2002年第3期。

〔註92〕趙慶寺：《外援與重建：中國戰後善後救濟簡評》，《史林》，2006年第5期。

〔註93〕王春龍：《蔣廷黻與善後救濟》，復旦大學2010年博士學位論文，第17～50頁。

〔註94〕胡傑：《國共兩黨批評聯總援華活動的政治動因分析——對一種「殊途同歸」現象的再解析》，《民國檔案》，2010年第2期。

〔註95〕趙慶寺：《合作與衝突：聯合國善後救濟總署對華物資禁運述評》，《安徽史學》，2010年第2期。

生處人員的貪污行徑而利益受損。〔註96〕一些碩士學位論文對行總分署在不同轄區內的救濟做了概述性的研究。〔註97〕

目前，國內外學界的聯總在華研究存在兩個問題，第一，學者研究聯總救災成果雖不少，但論文大體多呈現線性「敘事化」傾向，即：災情描述——聯總救濟和善後工作內容——救災成效——不足之處這樣宏觀的敘事框架，未將聯總救災與當時的中美關係作有效說明。第二，史料運用範圍狹窄，目前學界研究這一成果幾乎都以國民政府的出版物為主，較少使用外交史料。

近年來，學界也曾檢視和反思當前災荒史研究的歷程，並指出與中外關係史領域交叉發展的方向。朱滸認為，目前災害史研究存在兩大缺陷，其一，是「跑馬圈地式的粗放型研究」。這在國內黃泛區的研究中的具體表現是，大多學者按照黃泛區的災情、黃泛區給當地造成的影響、國民政府對黃泛區的國內應對這樣的思路，研究史料重複性強，研究方法較為雷同。其二，是研究視野上的失之片面，既有研究基本在現代化範式下展開，長期忽視災害研究的國際化向度。〔註98〕夏明方認為，「災害史敘事就研究空間而言，應當跳出區域史的研究空間，對整個中國災害歷史進行全國性、跨區域乃至全球化的思考。同時，應當採用「大荒政」的視野從防、抗、救的全過程重新整理中國的災害治理歷史，並將其作為觀察社會、政治、文化，進而得出與其他一切觀察視角不一樣的認識。〔註99〕

本書試圖將花園口事件作為中外關係視角下救災研究的微觀典型案例，捕捉歷史的多樣性與偶然性，把握歷史上圍繞花園口事件釀災、救災、治理問題所發生的中國與世界的關聯。

〔註96〕郗萬富、馮秋季：《戰後河南國際善後衛生救濟中的利益博弈》，《中州學刊》，2018 年第 9 期。

〔註97〕潘燕紅：《抗戰勝利後南京國民政府難民善後救濟問題研究》，東北師範大學 2009 年碩士學位論文；張一平：《自然災害、政治鬥爭與蘇北民生——以 1946～1949 年國共救荒為考察中心》，南京師範大學 2004 年碩士學位論文；李思祥：《河南善後救濟分署研究（1946～1947）》，河南大學 2007 年碩士學位論文；燕振：《抗戰勝利後蘇寧地區的善後救濟——以善後救濟總署蘇寧分署的活動為主》，南京師範大學 2014 年碩士學位論文；楊曦：《國民政府行政院善後救濟總署晉察綏分署研究》，山西大學 2018 年碩士學位論文。

〔註98〕朱滸：《中國災害史研究的歷程、取向及走向》，《北京大學學報（哲學社會科學版）》，2018 年第 6 期。

〔註99〕夏明方：《繼往開來：新時代中國災害敘事的範式轉換芻議》，《史學集刊》，2021 年第 2 期。

第一章　災害產生與中外輿情互動

　　1938 年日軍取得徐州會戰勝利以後，即著手實施華中地區的大規模侵略計劃，試圖摧毀武漢，逼迫蔣介石求和。這是日軍預備南下西進、速戰速決的戰爭手段。日軍第 14 師團土肥原賢二部由濮陽經過董口，偷渡黃河成功，隨之沿隴海路西進，進攻開封。1938 年 5 月 23 日，蘭封失守。為保衛開封、鄭州，國民政府軍事委員會決定發動蘭封會戰，先後調集宋希濂、桂永清、余濟時、李漢魂、胡宗南等 30 個師的兵力，並令第一戰區總司令程潛制定作戰計劃，對來犯日軍發動反攻。〔註 1〕然而，駐守歸德的國民黨第 8 軍不戰而退，中原戰局岌岌可危。之後，日軍以兩路西犯：一路沿隴海路西，一路犯河南寧陵、睢縣，形成對開封、蘭封間中國軍隊主力合圍的態勢。〔註 2〕國民政府遂決計實施「以水代兵」策略。本章重點考察國民政府、英國、美國、日本等不同政治力量圍繞花園口事件的信息博弈過程。

第一節　造災信息的內外發布與管控

　　1938 年 6 月 1 日，國民政府軍事委員會批准實施「黃水阻敵」計劃，下令國民黨軍新 8 師師長蔣在珍在河南省中牟縣趙口決堤，因工程失敗，後又建議在該師防區河南省鄭縣花園口另行決口。6 月 9 日上午 8 時，蔣介石令蔣在珍在花園口掘口放水。下面為黃河決口後的形勢圖。〔註 3〕

〔註 1〕 李文海等：《中國近代十大災荒》，上海：上海人民出版社，1994 年，第 240 頁。
〔註 2〕 侯全亮主編：《民國黃河史》，鄭州：黃河水利出版社，2009 年，第 173 頁。
〔註 3〕 武月星主編：《中國抗日戰爭史地圖集 1931～1945》，北京：中國地圖出版社，1995 年，第 121 頁。

圖 1-1　黃河決口後的形勢圖

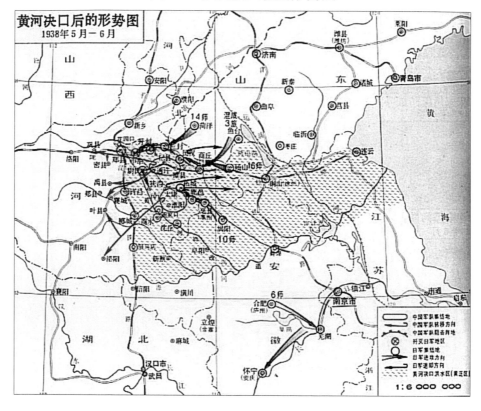

決口當日，第一戰區總司令程潛傳達蔣介石預擬的對外宣傳方案，「敵佔據開封後，繼續西犯，連日在中牟附近血戰，因我軍誓死抵抗且陣地堅固，敵終未得逞，在中牟以北將黃河南岸大堤決口，沖毀我陣地，淹斃我大軍，如泛濫確已成功，當即披露」。〔註4〕6月11日，蔣介石密電指示程潛：「須向民眾宣傳敵飛機炸毀黃河堤」。〔註5〕為防止聲譽受損，國民黨軍第一戰區前敵總司令薛岳電話命令將缺口附近小龍王廟、房屋、大樹都用炸藥包炸倒。〔註6〕6月11日上午9時，國民黨中央通訊社向世界發布日軍決堤的消息。中央電

〔註4〕　《程潛電蔣中正黃河決口情形及預擬宣傳方案》，蔣中正總統文物檔案，臺北「國史館」藏，002000001672A。

〔註5〕　《蔣介石關於黃河決堤後指示須向民眾宣傳敵飛機炸毀黃河堤等情密電》，中國科學院近代史研究所南京史料整理處選編：《蔣介石製造的黃河決口》（油印本），1961年。

〔註6〕　朱振民：《爆破黃河鐵橋及花園口決堤執行記》，中國人民政治協商會議河南省鄭州市委員會文史資料研究委員會：《鄭州文史資料》第2輯，鄭州：中國人民政治協商會議河南省鄭州市委員會文史資料研究委員會，1986年，第75頁。

影製片廠人員被國民黨軍差遣拍攝敵人炸堤和軍民搶堵決口的新聞紀錄片。
〔註7〕軍事委員會政治部部長陳誠專門向外國記者講述日寇炸毀黃河堤岸經過。〔註8〕

　　中央通訊社是抗日戰爭時期輔助國民黨宣傳的重要通訊機關。抗戰前夕，其已完成全國通訊網的建立，擁有 35 個分支機構，向各報提供國內新聞。〔註9〕同時，該社收回在華國際通訊社向中國報紙直接發稿的權力，以交換新聞的方式代發國際新聞。掩飾花園口事件時，中央通訊社已在全國形成信息內傳的絕對優勢，6 月 11 日上午 9 時發布新聞：

　　　　敵軍於 9 日猛攻中牟附近我軍陣地時，因我軍左翼依據黃河，
　　堅強抵抗，敵遂不斷以飛機大炮猛烈轟炸，將該處黃河堤垣轟毀一
　　段，致成決口，水勢泛濫，甚形嚴重。〔註10〕

　　中央通訊社甚至分析日本炸開黃河大堤的緣由，第一，沖毀國民黨軍在中牟、鄭州兩處的堅固陣地；第二，淹沒鄭州開封以南，掩護側背，全力進犯武漢；第三，被豫東民眾強悍所震懾，淹沒武裝民眾，得免後顧之憂。〔註11〕6 月 14 日，6 月 16 日兩日，中央通訊社又強調日軍「二次釀災」，在豫北決口衛河、廣濟河。〔註12〕「遇難民以機槍掃射，敵重轟炸機 3 架，飛往趙口、楊橋等處繼續轟炸。」〔註13〕國內知名媒體《申報》《大公報》《東方雜誌》等受中央通訊社影響，將國民黨軍先後決口都諉過於敵。6 月 16 日，中共《新華日報》也轉載中央通訊社電文。〔註14〕

　　需要說明的是，第一，國民政府極力宣揚日軍「炸」這種方式，意在抓住國際社會干涉日本在華無差別轟炸的連鎖侵略罪行的契機，運用英美之力，解決中日問題，亦延續蔣介石力行將中日戰爭國際化的思想，「解決中倭問題

〔註 7〕熊先煜：《花園口黃河決堤始末紀實》，《文史資料選輯》第 3 輯，重慶：中國
　　　　人民政治協商會議重慶市沙坪壩區委員會，1984 年，第 69 頁。
〔註 8〕《陳誠對外記者講述日寇炸毀黃河堤經過》，陳誠副總統文物檔案，臺北「國
　　　　史館」藏，008000001371A。
〔註 9〕陳玉申：《中央通訊社與戰時新聞傳播》，《杭州師範大學學報》，2015 年第 5
　　　　期。
〔註10〕《鄭州十一日中央社電》，《大公報》（漢口版），1938 年 6 月 12 日，第 2 版。
〔註11〕《鄭州十一日中央社電》，《申報》（漢口版），1938 年 6 月 12 日，第 1 版。
〔註12〕《鄭州十三日中央社電》，《申報》（漢口版），1938 年 6 月 14 日，第 1 版。
〔註13〕《鄭州十四日中央社電》，《申報》（漢口版），1938 年 6 月 15 日，第 1 版。
〔註14〕《黃河決口成災，行政院商討救濟》，《新華日報》，1938 年 6 月 16 日，第 2 版。

惟有引起國際注意與各國干涉」。〔註 15〕醞釀決口時，國民政府宣傳話語即有弦外之音：「日本為要達到速戰速決侵略計劃，採用更甚於慘殺豫東、轟炸廣州的方法，都在所不免」。〔註 16〕

美、英等國明確反對日本在華無差別轟炸，對中國利益有一定程度地考慮。美國最先邁開制日步伐，以譴責日本對中國平民狂轟濫炸為突破口。〔註 17〕美駐日大使格魯（Joseph C. Grew）向日本副外相明確表示：「日本政府應隨時切記美國政府對人道主義利益的深切關心，這是頭等重要的。美國人民對轟炸在哪裏或怎樣進行是關心的」。〔註 18〕英國各界皆主張對日本嚴厲斥責，〔註 19〕已有訓令分送英國駐東京公使，嚴重向日抗議。〔註 20〕美、英兩國不斷嚴詞譴責日本，各國領事也聯合調查中國被日轟炸的慘狀。同時，中、西圍繞反侵略的民間外交活動發展如火如荼，國際反侵略運動總會派遣英法代表考察，籌劃在巴黎召開的國際反對轟炸不設防城市大會。〔註 21〕世界學聯代表團、菲律賓中外記者戰地視察團紛紛來華調查日本在中國濫炸之事。決口後，國民政府外交部向英國駐華大使館發送電報，聲明「日軍炸毀花園口大堤與其在粵行徑相同，是為恐嚇中國民眾」〔註 22〕，以爭取英國關注。

其二，花園口事件的真相掩蓋策略反映了個體生命在蔣介石持久抗戰思想中的邊緣地位。1938 年 6 月 9 日，蔣介石發表聲明，對抗戰以來「以空間換時間」的最高軍事戰略作階段性總結，稱「現在戰局關鍵，不在一城一地能否據守」，而「在於避開敵人企圖，同時逼迫敵人入於我方自動選擇的決戰區域，予以打擊，長期抗戰，此為最大要著」。〔註 23〕

決口以後，蔣介石特留部隊在楊橋、互桃莊等地監視，確保泛濫程度。蔣介石還對香港《士蔑西報》（The Hong Kong Telegraph）記者，發表談話，其

〔註 15〕鄧野：《蔣介石的戰略布局 1939～1941》，北京：社會科學文獻出版社，2019年，第 2 頁。

〔註 16〕《敵之荒謬語調》，《申報》（香港版），1938 年 6 月 3 日，第 2 版。

〔註 17〕陶文釗、楊奎松、王建朗：《抗日戰爭時期的中國對外關係》，北京：中國社會科學出版社，2009 年，第 140 頁。

〔註 18〕美國國務院編：《美國外交文件　日本 1931～1941 年選譯》，張瑋瑛、張友雲、杜繼東選譯，北京：中國社會科學出版社，1998 年，第 247 頁。

〔註 19〕《英議員建議對日抗議》，《大公報》（漢口版），1938 年 6 月 3 日，第 2 版。

〔註 20〕《同情與實力援助》，《申報》（香港版），1938 年 6 月 5 日，第 2 版。

〔註 21〕《美法各界領袖組織援華團體》，《申報》（漢口版），1938 年 6 月 7 日，第 2 版。

〔註 22〕"Alleged bombing of Dykes," *The Times*, June. 16, 1938, p.16.

〔註 23〕《蔣委長談抗戰前途》，《大公報》（漢口版），1938 年 6 月 10 日，第 2 版。

稱：「豫省水災，妨礙中日兩軍作戰，日人亦承認其作戰計劃受水災影響，所受損失必大，中國方面，不甚受水災影響」。〔註24〕「不甚受水災影響」，正可從側面反映出蔣介石漠視水災難民。這實質是通過個體生命的「犧牲」策略，爭取時間，引起國際干涉，促進國際共同制裁日本。

在外傳上，各國通訊社皆以國際社會為主要活動舞臺，成為收集、撰寫和傳遞中國新聞的重要動脈。抗日戰爭時期，國際通信網包括兩大系統，其一是以美國合眾通信社（United Press）為主體的營業組織，依靠該社新聞採集網，是近乎單一組織的通信體系。其二是 1910 年成立的國際通信聯盟（National News Agencies League），由擁有完備通信網國家的通信社，在一國一社的原則下組織國際新聞交換體系，如下表所示：

表 1-1　抗戰時期國際通信聯盟成員表

國　　家	通信社	英　　譯
英國	路透社	Reuter Telegraph Company Ltd
法國	哈瓦斯社	Havas
德國	德意志通訊社	Dellteschaes Nachrichtem Buro
蘇聯	塔斯通訊社	Tass
日本	同盟通訊社	Domei
美國	聯合通信社	Associated Press
意大利	斯蒂芬尼通信社	Agenzia Stefani

上表之中的通訊社在國內都建立新聞採集網和傳佈網，特別是路透社，是國際通訊聯盟最著名成員，「針對英帝國、歐陸、遠東與世界他處，以最高效率為之服務，每日 24 小時所接源源不斷之國內外消息，隨時立即分送倫敦各事務所，轉瞬遍及國內各地」。〔註25〕而國際通信聯盟成員，依據通訊員直接拍電交換和締約通信社相互間拍電交換以外，也接收和依靠路透社的新聞。例如，各國通信社經由倫敦路透本社而間接地接受極為迅速的「路透東京電」，這也是戰時國際新聞界的通行制度。〔註26〕不過，抗日戰爭時期中央通訊社尚未加入國際通信聯盟，「差不多半個中國被倭寇掠有，非依賴外國通信社不行

〔註24〕斛泉：《中國決抗戰到底》，《東方雜誌》，1938 年第 35 卷第 15 期。
〔註25〕任白濤：《國際通訊的機構及其作用》，上海：商務印書館，1939 年，第 8 頁。
〔註26〕任白濤：《國際通訊的機構及其作用》，上海：商務印書館，1939 年，第 37～38 頁。

之勢」。〔註27〕因此，國民政府可以把持大陸媒介的統一口風，卻無法左右國際通訊聯盟成員的選擇。

香港地區便依據英國路透社的消息。6 月 8 日，香港《申報》登載，「漢口一致意見認為，如大水為災，河南西北部與山東西部幾百里內皆為水淹，使日軍機械化部隊施展困難」。〔註28〕可見，英國路透社已提前知曉國民政府的決堤計劃。日本同盟通信社也是重要信息來源。〔註29〕較早播報花園口事件的英國本土報刊《晚間電訊報》（Evening Telegraph）消息即源自日本同盟通信社，指出中國人故意淹沒黃河，阻止日軍向鄭州挺進。〔註30〕

為此，中國海外留學生及學者主持的英文文化刊物《中國評論週報》（The China Critic）用英文撰述為中國釀災辯護。〔註31〕其專門刊發《黃河會為中國而戰嗎？》一文給予黃河決口獨特和全面的評價，強調「以水代兵」在西方其源有自。〔註32〕例如，1573 年，荷蘭抵抗西班牙入侵，水淹阿爾克馬爾城便是信息參照。「現在還能改變一條大河的流向，將再次幫助抗擊入侵者」。此文將造災以「民族尊嚴」話語為修飾，體現海外留學生和知識分子向外表達花園口事件與「抗日禦侮」之間民族主義訴求的自覺。

第二節 持平之論：英國主流媒體及社會反應

晚清時期，黃河被西方人稱為「中國之殤」（China's sorrow）。花園口事件後，《泰晤士報》《阿伯丁雜誌》《格羅斯特郡的回聲》《西部日報》《敦提信使

〔註27〕任白濤：《國際通訊的機構及其作用》，上海：商務印書館，1939 年，第 2 頁。

〔註28〕《敵集全力撲平漢路，分股西犯正激戰中》，《申報》（香港版），1938 年 6 月 8 日，第 2 版。

〔註29〕日本同盟通信社是 1936 年成立，在二戰期間已經發展成為日本政府和軍部統制對外宣傳御用機構。1937 年以後，日本同盟通信社迅速將分支機構擴展在中國的佔領區，並傾盡全力開展對歐美的宣傳。參見：孫繼強：《戰時日本同盟通信社的歷史考察》，《南開日本研究》，2008 年。

〔註30〕"Chinese Creating Flood to Check Advance," *Evening Telegraph*, June. 13, 1938, p.1.

〔註31〕《中國評論週報》創刊於 1928 年，太平洋戰爭爆發後曾一度停刊，1948 年終刊，作者以清華畢業生和留美學生為主。抗日戰爭時期，對日外交問題是該報關注的重點。該報宗旨是協調「民族主義」和「世界主義」，致力於中國與世界的溝通和相互理解。參見：李珊：《九一八事變後中國知識界對日本戰爭宣傳的反擊——以英文撰述為中心》，《抗日戰爭研究》，2012 年第 4 期。

〔註32〕"Will the Yellow River Fight for China?" *The China Critic*, June. 16, 1938, p.149.

報》等紛紛涉足，英媒努力標榜自身的公正立場，經過考慮和修正，闡釋以本
國利益為支撐的「文本」。1938 年，英國政府較為審慎，不做任何無益將來且
激怒曾經盟國日本的事情，以免損害在華利益。〔註33〕歐洲局勢使得英國政府
期望日軍被拖在中國戰場，這一定程度上左右英媒報導的力量分佈在軍情與
日本的東亞計劃。

首先，英媒對花園口事件實施者認定並不完全符合國民政府預設，他們
沒有關切掘堤責任到底該歸哪方，而是以旁觀者冷靜姿態陳述雙方指謫。例
如，6 月 14 日，英國《泰晤士報》登載，「日軍聲稱國民黨軍脅迫農民決口，
但中方稱日軍轟炸造成。〔註34〕6 月 15 日，《泰晤士報》指出，「雙方都聲稱
正努力堵口。中方強調受到日常轟炸的阻礙，日軍則言受到游擊隊的不斷襲
擊。〔註35〕英媒不僅呈現中日雙方圍繞決口責任的相互攻訐，還揭示受災人
口的爭議。《格羅斯特郡的回聲》稱：「尚未證實的中國報導宣稱日軍死亡達
到 12000 人，日本予以否定」。〔註36〕可見，儘管國民政府統一對外宣傳口
徑，英媒對既成事實並不想追溯來源，因為這不是英國最關心的問題。

其次，當日軍推行「南進政策」後，英媒對中日軍事進程演變路線持續
分析，其落腳點是英國在遠東的利益。起初，英國報刊僅輕描淡寫道，「泛濫
之洪水阻礙日軍向隴海線與京漢線交匯的鄭州前進，實際停止一切戰鬥」。
〔註37〕「洪水已沿東南向賈魯河區域流動，朝安徽淮河進發，給大批日軍穿
越安徽中北部向京漢鐵路南段以及漢口前進帶來麻煩。〔註38〕英國著名漫畫
雜誌《笨拙》甚至以花園口事件為主題繪製一幅漫畫，名為《黃河勝過戰神》
（The Yellow River, or Mightier than Mars）。〔註39〕

6 月 18 日，日本大本營下達漢口作戰命令，「大本營於秋初攻佔漢口，華
中派遣軍應於長江及淮河正面逐步向前方佔據陣地，準備以後作戰」。〔註40〕

〔註33〕顧維鈞：《顧維鈞回憶錄》第 3 冊，中國社會科學院近代史所譯，北京：中華
　　　　書局，1985 年，第 220～221 頁。
〔註34〕"Yangtze City Captured," *The Times*, June. 14, 1938, p.16.
〔註35〕"Chinese Flood Disaster," *The Times*, June. 15, 1938, p.14.
〔註36〕"Floods Threaten JAP Advance on 250-Mile Front," *Gloucestershire Echo*, June. 15,
　　　　1938, p.1.
〔註37〕"Drama of Rivers in China War," *Aberdeen Journal*, June. 14, 1938, p.7.
〔註38〕"Chinese Claim 'tide' in Their Favour," *Western Daily Press*, June. 14, 1938, p.12.
〔註39〕"The Yellow River, or Mightier than Mars," *Punch*, July. 6, 1938.
〔註40〕日本防衛廳戰史室編：《日本軍國主義侵華資料長編——大本營陸軍部摘譯》，
　　　　天津市政協編譯委員會譯，成都：四川人民出版社，1987 年，第 441～442 頁。

同日，日軍改變作戰計劃，撤平漢線兵，由安慶、合肥兩路進窺漢口。〔註41〕此時，英媒注意到日本可能繞道安慶繼續向江西行動時，開始關心在華英人生命和財產。「英國在蕪湖與九江上的炮艇應繼續留在長江上游保護英國人士。」〔註42〕「日本政府已派出專家調查英國在長江流域與日軍的摩擦，並願努力達成解決辦法。」〔註43〕此時，英日外交界開啟非正式談話，關切的內容包括：第一，英國輪船在長江享有的通航自由權；第二，日本獨佔東北以後，英國皮貨業商人損失；第三，中國境內日軍佔領區英國的產業保障。〔註44〕

圖1-2　黃河勝過戰神漫畫圖

需要說明，是時，日本政府對待英國較為親善。日本近衛文磨內閣改組後，溫和親英派宇垣一成出任外相，希圖加緊軍事侵略，早日結束戰爭。他多次表示，日本將盡最大努力恢復英日關係，甚至比以前更為親近。〔註45〕英國繼續對華施行綏靖政策，但「英國首相張伯倫的現實政策已偏向日本侵略

〔註41〕《一般資料——呈表匯表（八十）》，蔣中正總統文物檔案，臺北「國史館」藏，002000 001896A。

〔註42〕"Japanese Held Up by Floods," *The Times*, June. 14, 1938, p.16.

〔註43〕"A Tokyo Survey of The War," *The Times*, June. 18, 1938, p.13.

〔註44〕《英日進行非正式談話》，《申報》，1938年7月22日，第1版。

〔註45〕"Flood Victims Eat Bark from Trees," *Dundee Courier*, June. 18, 1938, p.7.

者」。〔註46〕英、日簽署重新分配中國關稅收入的協定，給中國帶來巨大損失，這即可證明英國政府在助長日本侵略。

英日關係親近使英媒在後續報導花園口事件的處理方式和內容有獨特之處。首先，日方十分注重中方救災無作為的輿論，為英國記者提供軍用飛機到達「現場」，渲染日方救助。《泰晤士報》戰地記者從北京飛往河南，看到「成千上萬農田淹沒，夏季莊稼無可挽回」，「中方從決口處西以機關槍掃射，10名日本工程師喪生」。〔註47〕為此，《泰晤士報》專門登載《洪水與戰爭》（Flood and War）社論，強調「中國北部與中部降雨異常嚴重，無人能預測災難程度」。〔註48〕黃泛區難民情形躍然英媒紙上，「使用手推車和小船逃離家園的中國難民，約有50萬人。民眾因戰爭失去糧食，依靠吃樹皮維生，很多人死於饑荒」。〔註49〕英媒也簡單提及英國在華人士救災行為，「英國、美國、意大利和加拿大傳教士組成委員會在開封照顧13000名難民，並試圖防治霍亂和天花傳播」。〔註50〕國民政府的應急措施被英媒無視，未見報導。不過，英媒也敏銳釐清花園口事件與日本對華「親善」目標的背離，指責日本東亞政策。英媒評論，「日軍間接性導致國民政府為控制黃河的建設性工作遭到毀滅，足見其以「大東亞共榮圈」名義，聲稱拯救中國人民的廣告也很糟糕」。〔註51〕

其次，英國記者得以接觸日方高層要人，日本對花園口事件的深層焦慮在英媒有更為清晰的呈現。6月21日，日本外相宇垣一成接受英國《泰晤士報》記者專訪，其就花園口事件與日本對華政策答覆，透露出日本在侵華戰爭中所遇到的困難。一方面，花園口事件影響了日軍預計在當年秋末完成的長江中游軍事任務。英國記者寫道，「宇垣一成指出，即使武漢陷落，國民政府亦如同穿山甲不會解體，可能變成局部的地方政權……到目前為止，兩個恒定因素存留在這場戰爭，日軍總是達到目標，除南京外，實現目標總晚於預期，這種時間差令侵略者惱火」。〔註52〕另一方面，英國記者認為「日人意

〔註46〕安徽大學蘇聯問題研究所編：《蘇聯〈真理報〉有關中國革命的文獻資料選編1937年7月～1949年》，成都：四川社會科學院出版社，1988年，第346頁。

〔註47〕"Thousands of Farms Engulfed," *The Times*, June. 18, 1938, p.14.

〔註48〕"Flood and War," *The Times*, June. 16, 1938, p.17.

〔註49〕"China Floods Swallow," *Hull Daily Mail*, June. 18, 1938, p.3.

〔註50〕"Thousands of Farms Engulfed," *The Times*, June. 18, 1938, p.14.

〔註51〕"Flood and War," *The Times*, June. 16, 1938, p.17.

〔註52〕"Prospects in China," *The Times*, June. 21, 1938, p.16.

識到一年多來的戰爭，與西方因在華利益時有摩擦，且國、共正在武裝人民反抗」。〔註53〕

第三節　親蔣之言：美國主流媒體及社會反應

　　花園口事件吸引了美媒《紐約時報》和《華盛頓郵報》的關注。《紐約時報》信息大多源自派遣記者或旅華個人的特殊電報，為隔天或當天報導，具有較強時效性，《華盛頓郵報》多轉載美聯社信息。《紐約時報》刊載內容與英媒不同，引發中西互動。

　　第一，美國在花園口事件之前已明確傳遞真相。早在6月7日，美國在華著名報刊《大陸報》駐開封觀察員就揣測國民政府出於絕望，很可能採取炸毀花園口這一壯舉。〔註54〕而較早向美國民眾披露真相的是《紐約時報》駐華首席記者哈雷特・阿班（Hallett E. Abend），是致力向美國社會塑造危機重重的中國形象，代表30年代美國主流新聞行業常態化國際新聞生產方式的新聞人。〔註55〕6月8日，哈雷特・阿班向《紐約時報》發回特殊電報，聲稱「黃河堤岸已被炸開，但是水流太小，不能形成嚴重阻礙」。〔註56〕這是指國民黨軍在趙口決口失敗一事。與英媒不同，哈雷特・阿班的報導奠定了美國本土報刊闡述花園口事件的基調，即「國民黨軍炸毀堤壩」。

　　其他美國在華人士對國民政府釀災的軍事效果持肯定立場。例如，美國著名在華探險家哈里森・福爾曼（Harrison Forman）是第一位進入徐州拍攝黃洪實況的外國攝影者。他認為，「在華日軍將遭受至少3個月的挫折，是中國軍事戰略的巨大成就。不過，從人道主義視角看，中國人付出巨大的代價」。〔註57〕中國精英也在《紐約時報》上強硬地發出中國聲音，解釋中國釀災。1938年，民國社會學家陳翰笙向該報「讀者來信」欄目投書，對國際社會表達黃泛背後的民族主義內涵。陳翰笙在文中駁斥了《紐約時報》6月17日登

〔註53〕"Prospects in China," *The Times*, June. 21, 1938, p.16.

〔註54〕"Main Chinese Units to Avoid Decisive Clash on Honan Plains," *The China Press*, June. 7, 1938, p.1.

〔註55〕李莉：《哈雷特・阿班：挑戰中國幻象的美國職業新聞人》，《西北大學學報》（哲學社會科學版），2015年第2期。

〔註56〕Hallett E. Abend, "Cheng Chow's Fall is Expected Soon," *New York Times*, June. 8, 1938, p.8.

〔註57〕"Explorer Praises Chinese for River Trap; Forman Sees Vast Damage in a Bigger Flood," *New York Times*, July. 11, 1938, p.7.

載的一篇文章《中國人屈從於水災犧牲以遏制侵略者》。此文作者認為,「面對洪水給華北平原帶來的廣泛苦難和死亡,沒有一個中國人感到不安。」〔註58〕陳翰笙批駁:「大規模救助不能立即實施,並不意味著中國政府和人民對此漠不關心,是日本侵略耽誤了救災工作」。〔註59〕可能是陳瀚笙的指責起作用,該報對國民政府的救災情況也有所論及。「國民政府振濟委員會在河南地方政府和教會的協助下,減輕災民痛苦」。〔註60〕

　　第二,美國國務院駐華外交官向本國發回情報時,以美國駐華記者報導為本,輔以各國報導,對日本消息嗤之以鼻。「日本人竟稱已營救10多萬中國人。據可靠消息,中國人員傷亡很小,經濟損失巨大,因為黃泛區域所有莊稼皆被毀壞。據日本同盟通訊社稱,如果天氣好,日本能在1個月之內使黃河回歸故道。但根據其他報導,到明年秋天修繕堤壩都不可能,今年必發生洪災」。〔註61〕

　　值得注意的是,花園口事件也一定程度上迫使美國將中國抗戰與維繫美國利益相承接,加速援華制日傾向,這源於花園口事件以後中國的求援努力、美國的國家利益以及日美關係變化。早在1937年,美國政府上層已有部分人士覺察日本侵略者一旦在太平洋亞洲一側佔據地位,就會使用廉價中國勞動力去生產商品,再用廉價的日本船隻運輸,「在美國市場向我們發起挑戰」,認為應明確表態不支持日軍行動。〔註62〕但1937年10月到1938年6月,蔣介石多次致電羅斯福給予中國財政貸款,均遭美方婉言拒絕。〔註63〕與英國一樣,美國密切注視花園口事件以後日本軍事動向。美國在華公使索爾茲伯里(Salisbury)認為黃洪延長中日戰爭態勢,日本下一步軍事計劃仍在進行。〔註64〕6月28日,索爾茲伯里表示,「放棄對鄭州進攻的日軍開始東進,南下

〔註58〕 "Chinese Resigned to Flood Sacrifice to Check Invaders," *New York Times*, June. 17, 1938, p.1.

〔註59〕 "Floods in China," *New York Times*, June. 23, 1938, p.20.

〔註60〕 "Yellow river Flood Now Helps Invaders," *New York Times*, June. 28, 1938, p.6.

〔註61〕 Chinese military and political data, U. S. Military Intelligence Reports, 1911~1944, National Archives, Washington. D. C. Folder: 002825-010-0694.

〔註62〕 韓永利:《二戰時美國對中國抗戰地位的認知軌跡考察》,《武漢大學學報(人文科學版)》,2012年第1期。

〔註63〕 任東來:《爭吵不休的夥伴——美援與中美抗日同盟》,桂林:廣西師範大學出版社,1995年,第4頁。

〔註64〕 The first Secretary of Embassy in China (Salisbury) to the Secretary of State. June. 15, 1938, *FRUS*, 1938, The Far East, p.197.

南京，併入向長江進發的部隊」。〔註65〕此時，美國不再完全奉行孤立主義，邁開制日援華步伐。7月1日，國務院軍品管制司司長格林（Joseph C. Green）向美國飛機製造商和出口商發出信件，強調：「美國政府強烈反對並極不樂意簽發任何授權直接或間接向軍事攻擊平民百姓的國家出口飛機及其部件的許可證」。〔註66〕7月5日，美國遠東司《中日備忘錄》稱，目前從香港轉運到中國的軍事物資與中國現有儲備，足以維持國民黨軍隊的大規模防禦行動。「至少有4個月的基本軍事物資準備運往中國」。〔註67〕國民政府在抗戰初期最盼望西方政府採取的措施已初步實現，即以貸款和軍火支持中國的具體計劃和拒絕向日本提供任何貸款或軍火的明確方案。〔註68〕

美國政府也關心花園口事件所發揮的保衛武漢、屏障西北國際交通線、掣肘日本的作用。7月19日，美國駐華大使納爾遜·約翰遜（Johnson）表示，「中國人掘開黃堤使日軍欲在北平、上海、漢口地區形成三角包圍圈暫歸無效。黃洪阻止敵軍向鄭州前進，確保國民黨軍與西北廣大地區保持聯繫，保衛中國從蘇聯—蘭州—蘭考航線的國際援助，這裡一直是日軍師團右翼的持續威脅」。〔註69〕花園口事件後，國民政府已調整戰時外交方針，把外交重點放在美國，7月1日，負責赴莫斯科為國民政府求取蘇聯軍事援助的孫科回到巴黎，他向美駐法大使威廉·蒲立德（William Bullitt）說道，「由於黃河泛濫，日本對漢口的攻勢將持續數月之久」，孫科重申中國政府將繼續戰鬥到底。〔註70〕正如美媒尋找到花園口事件和美國的聯繫，「如果黃河幫助中國驅散敵人，我們旁觀的世界可能在這場災難中得到一絲安慰」。〔註71〕7月23日，美國國務院遠東事務部外交官約翰·卡特·范宣德（John Garter Vincent）稱：「中

〔註65〕The first Secretary of Embassy in China (Salisbury) to the Secretary of State. June. 28, 1938, *FRUS*, 1938, The Far East, p.205.

〔註66〕陶文釗、楊奎松、王建朗：《抗日戰爭時期中國對外關係》，北京：中國社會科學出版社，2009年，第137頁。

〔註67〕Memorandum on Military Supplies Entering China, July. 5, 1938, *FRUS*, 1938, The Far East, pp.214~215.

〔註68〕顧維鈞：《顧維鈞回憶錄》第3冊，中國社會科學院近代史所譯，北京：中華書局，1985年，第3頁。

〔註69〕The Ambassador in China (Johnson) to the Secretary of State. July. 19, 1938, *FRUS*, 1938, The Far East, p.230.

〔註70〕The Ambassador in France (Bullitt) to the Secretary of State, July. 1, 1938, *FRUS*, 1938, The Far East, p.210.

〔註71〕"The Yellow River Rises," *New York Times*, June. 17, 1938, p.20.

國抵抗力不會崩潰對我們民主國家至關重要」。〔註72〕范宣德強調，美國不應忽視任何機會增強中國抵抗意願和能力，使日本企圖征服中國感到尷尬，「應當徹底探討向中國提供財政援助的可能性，也應仔細檢查美、日貿易，限制對日進出口貿易」。〔註73〕

　　1938年10月以後，日本對美外交趨於強硬，日本認為美國政府在最近20年來的一貫之思想主張及實際政策為保持東亞和平、抑制日本、強化中國在東亞的發展。日本主張廢除九國公約，10月12日，日軍在大亞灣登陸，為策應武漢會戰，切斷中國海上國際聯絡，擬犯廣州。11月3日，日本近衛內閣發表第二次對華聲明，宣稱消滅國民政府，建設「東亞新秩序」。最終，1938年12月15日，羅斯福批准第一次對華貸款計劃，史稱「桐油借款」。

　　可以說，從1937年冬到1938年12月，種種因素促使美國對華態度發生變化。這些因素如果單獨出現，不足以扭轉美國袖手旁觀的傾向。如果它們結合在一起，就有了巨大影響。〔註74〕在美國政府眼裏，花園口事件反映了中國為戰爭付出的「壯士斷腕」決心。花園口事件後，日本的軍事計劃及排斥美國在遠東利益的對美政策反映了日本謀求控制整個亞洲和太平洋的決心，美國政府也意識到援助中國的利害關係，越來越擔心中國抗戰的可能崩潰。考慮到美國在華既得和未來經濟利益與中國遏制日本侵略擴張的戰略價值，明確把中國視為阻止日本進一步擴張的重要防線。

　　相應地，美媒也為美國民間援華救災活動聲援。在決口第二天，哈雷特·阿班即撰寫美國華災協濟會（The American advisory committee for China famine relief）〔註75〕救濟中國災民的新聞，其認為「黃河決口必將使中國救災更加複雜化」。〔註76〕隨之，《紐約時報》為該會舉行的「一碗飯」運動發起輿論動員。「一碗飯」運動是由美國前已故總統之子西奧德·羅斯福（Colonel Theodore

---

〔註72〕Mr. John Garter Vincent of the Division of Far Easter Affairs to the Adviser on Political Relations (Hornbeck), July. 23, 1938, *FRUS*, 1938, The Far East, p.236.

〔註73〕Mr. John Garter Vincent of the Division of Far Easter Affairs to the Adviser on Political Relations (Hornbeck), July. 23, 1938, *FRUS*, 1938, The Far East, p.236.

〔註74〕邁克爾·沙勒：《美國十字軍在中國1938～1945年》，郭濟祖譯，北京：商務印書館，1982年，第21頁。

〔註75〕美國華災協濟會成立於1928年，總部設在紐約，專為救濟中國災荒而設立。該會在1928年華北大災荒中，曾通過華洋義賑會向中國撥助賑款。1930年1月15日，美國華災協濟會在上海設立駐滬委員會，華洋義賑會所獲得的美國賑款，皆由該委員會經手轉付。

〔註76〕"Vast Relief Needs Predicted in China," *New York Times*, June. 11, 1938, p.5.

Roosevelt, Jr）領導，是美國華災協濟會救濟中國難民的重要運動。宋美齡對此運動頗為留心，寫信講述日軍罪行，稱：「日軍決口的另一目的是將難民消滅殆盡，使日人移民於華。日人已強佔我國各地農田，有如蝙蝠等害蟲之就食。現有千萬難童，自被災各區，齊集武漢及內地各省」。〔註77〕6月17日，西奧德‧羅斯福在「一碗飯」運動募捐晚宴上專門宣讀宋美齡信文，並決定在唐人街舉辦活動，美國聲望人物均將至中國餐館用膳，每碟菜食售價6元，以所得捐助中國饑民。此次運動頗有果效，全美48州中共有20個城市舉行，共募得4.4萬美元。

第三，《紐約時報》多次專文登載美國工程師對黃泛區水災治理看法，這源於美國從19世紀以來形成的堅定信念，即是用現代水利科學和工程技術的無上威力減輕中國苦難。〔註78〕在中國從事19年治水工作的塔德（O. J. Todd）便是其中一位。

塔德，原為國民政府黃河水利委員會外籍顧問工程師。因中日戰爭爆發，其在華工作終止。塔德多次通過《紐約時報》發表見解。一方面，塔德對戰時治河持保守態度，緣由有三：一是交通困難。「中國只有土路，新建適宜的公路和橋樑，再運送工程物資穿越黃泛區並不現實」。二是戰時環境和黃河汛期限制。〔註79〕三是泛區居民對治河現代性技術難以接受，塔德舉證黃河周邊盛行的操蛇禳災儀式。〔註80〕另一方面，塔德也抓住利用美國治水「現代性」方法馴服黃河的機遇，付諸尋求國民政府外交部交涉的努力。塔德為美國陸軍工程師，參與美國內政部、戰爭部各類調查研究。1944年6月11日，塔德向國民政府外交部亞西司司長徐淑希提交一份黃河防洪工程意見。〔註81〕

6月15日，徐淑希轉呈宋子文並極力舉薦塔德，強調其治理黃河的權威性，建議宋子文將黃河防洪作為戰後推動的第一個重建工程。早在1937年初，

〔註77〕《偉大之同情，美二千城市居民絕食援助我難胞》，《申報》（漢口版），1938年6月18日，第1版。

〔註78〕戴維‧艾倫‧佩茲：《黃河之水：蜿蜒中的現代中國》，姜智芹譯，北京：中國政法大學出版社，2017年，第72頁。

〔註79〕"River bursts in the path of the Japanese," *New York Times*, June. 19, 1938, p.5.

〔註80〕"Yellow River Dragons Stir: But this time they aid the Chinese Against an Invader Yellow River Dragon Stir——Against Japan," *New York Times*, June. 26, 1938, p.100.

〔註81〕《Shuhsi Hsu 向宋子文函陳治理黃河必須得到美財力技術支持之意見》，黃河水利委員會檔案，中國第二歷史檔案館藏，28-228。

徐淑希在成為國民政府外交部顧問及國際問題委員會主任委員後不久，曾制定一份外交計劃。徐淑希認為，在美國財政和技術援助下，黃河治理工程最佳選擇，可讓中國利益在日本侵略浪潮中轉為實際用途。「首先，美國不會干涉中日關係，除非以間接方式參與經濟項目；第二，黃河工程最能吸引美國公眾，帶來良好的經濟效應」。〔註82〕是時，塔德向徐淑希提交黃河防洪計劃，還沒來得及落實，中日戰爭就正式爆發了。

花園口事件再次為塔德提供了與國民政府外交部聯絡的機會。塔德首先陳述中國向美國政府申請黃泛區物資救助需要的準備。「中國必須提交標準報告，對泛濫區全面分析，盡可能呈報泛區土地分類及作物價值。」塔德甚至催促國民政府應在歐洲之前提交重建計劃。塔德也極力闡釋個人優勢，自薦成為主導戰後黃泛區水利技術援助的工程師。塔德自詡為中國華洋義賑救災總會主要成員，與中國工程師已建立良好人際網絡，著手從美國各大圖書館獲取黃泛區資料。塔德的積極付出終有結果，徐淑希提交信件之時，國民政府行政院正在起草向聯合國善後救濟總署申請救濟的計劃，黃泛區被列為重點。1945年，塔德也被聯合國善後救濟總署批准成為黃河水利外籍顧問。〔註83〕

第四節　啟釁詭辯：日本軍方及媒體反應

日方反映頗為強烈，立即展開輿論反擊。第一，日方專門召開記者例會辯駁：「鄭州附近堤壩有30至40英尺高，厚度超過600英尺，堤長200米。炸彈無法摧毀，該防禦戰術無疑為中方傑作」。〔註84〕一方面，日方進一步披露國民黨軍在趙口、花園口兩處決口行跡。「從5月起，國民黨軍以大約1個師兵力逼迫農民服役，穩步摧毀開封西北部和鄭州以北堤壩。〔註85〕武漢坊間傳出日本重價收買國民黨高級軍官洩露黃河決口機密情報的消息。〔註86〕另一方面，日媒將決口責任全部歸咎於國民政府，掩蓋對華侵略的惡跡。例如，日

〔註82〕《Shuhsi Hsu 向宋子文函陳治理黃河必須得到美財力技術支持之意見》，黃河水利委員會檔案，中國第二歷史檔案館藏，28-228。

〔註83〕Fisher, Michele Slavich. (1977). *Service to China: The Career of the American Engineer, O. J. Todd*, Washington: Geprgetown University, p.190.

〔註84〕"Dyke Breach Responsibility," *South China Morning Post*, June. 16, 1938, p.15.

〔註85〕"Heavy Flood Toll," *South China Morning Post*, June. 16, 1938, p.15.

〔註86〕《國民黨特務機關關於日寇重價售賣國民黨高級軍官洩露「黃河決口」機密等情報事》，中國科學院近代史研究所南京史料整理處選編：《蔣介石製造的黃河決口》（油印本），南京：中國科學院近代史研究所南京史料整理處，1961年。

本同盟通信社稱：早在 1938 年 6 月 7 日，上海華洋義賑會委員約翰‧厄爾‧貝克博士（John Earl Baker）曾呼籲蔣介石不要造災，未獲採納。〔註87〕《朝日新聞》亦登載國民黨軍決口後殺害 200 名河工的虛假消息。〔註 88〕由於國民黨軍的戰略方針轉為保衛武漢，6 月 18 日，《朝日新聞》又宣傳國民黨軍的「二次陰謀」，稱「宋子文密電空軍待命武漢，欲決潰徐州、南京、蕪湖等地河流，利用降雨，襲擊日軍」。〔註 89〕

　　第二，日媒吹噓日軍的軍事實力。花園口決口後，日軍即宣稱「如若認為此阻礙日本挺進漢口，為時尚早」。〔註 90〕外籍記者在日方新聞發布會上詢問日軍是否被洪水圍困，日方發言人當即否認。又有記者質疑前線部隊是否與日軍大本營失去聯絡，已陷入困難。該發言人表示無消息向外界報告，日軍持有機動設備，可避水害。〔註 91〕隨土肥原賢二參加蘭封會戰的日軍第 14 師團第 27 旅團長豐島房太郎亦稱，「師團已從河南中牟縣向東撤離，正集結擔任治水作業」。〔註 92〕

　　實際上，決口前線日軍的心態較為崩潰。原待命向鄭州進攻的日軍第 16 師團第 20 聯的上等兵東史郎在日記中寫道：「師團到達尉氏城北面一個叫做放曹樓的小村莊……由於在放曹樓被大水圍困，2 天後又轉移到 1 里外的董莊村，在村裏胡亂卸著大件物資，最終逃往開封」。〔註93〕持續的烈日暴曬和飢餓讓日軍心覺「敵人的出格與可恨」，對中國民眾鞭踢洩憤。8 月，東史郎從軍用收音機裏收聽到國民政府播報的瓦解日方斗志的話語，「大野、助川、野田的第 16 師團在向尉氏城方面進攻時，被兵力強大的國民黨軍所擊退，飯剛燒了一半，便丟下車輛、馬匹急忙逃走了。現在日本的第 16 師團正面臨全面滅亡的悲慘命運，國民黨軍以優秀的士兵和武器在追殲」。對此，東史郎表

〔註87〕"Dyke Breach Responsibility," *South China Morning Post*, June. 16, 1938, p.15.

〔註88〕「黃河河工二百を殺し敵敗走」、『東京朝日新聞』1938 年 6 月 17 日、2 頁。

〔註89〕「堤防決潰また新陰謀　宋子文の密電で暴露」、『東京朝日新聞』1938 年 6 月 18 日、2 頁。

〔註90〕「黃河決潰ノ反響」JACAR（アジア歴史資料センター）Ref.A03024086800、各種情報資料‧支那事變二關スル各国新聞論調概要（国立公文書館）。

〔註91〕《豫皖水患嚴重，敵遭極大困難》，《申報》（香港版），1938 年 6 月 18 日，第 2 版。

〔註92〕Fresh Breaches, *South China Morning Post*, July. 5, 1938, p.13.

〔註93〕東史郎：《東史郎日記》，本書翻譯組譯，南京：江蘇教育出版社，1999 年，第 419～423 頁。

示：這種蠱惑宣傳真是荒唐可笑……是顆「臭彈」。〔註94〕

　　第三，回應國際社會的關注，揭露國民政府釀災與爭取國際援助的矛盾，解構國民政府政權的合法性。是時，國際媒介對日軍大規模無差別轟炸廣州的暴行大張撻伐，如前所述，國民政府聲明日軍炸堤與日軍在粵行徑相同。日媒對此高度敏感，陸軍省新聞班認為，中國誇大了日軍空襲「設防城市」廣州的輕微傷亡，而國民政府決堤是自食「焦土戰術」和「堅壁清野」策略的苦果，慘殺中國民眾。〔註95〕6 月 16 日，日偽報刊稱國民政府在玩弄博取世界同情之「苦肉計」。〔註96〕因法國媒介褒揚中國高層不計後果的決堤〔註97〕，日本同盟通信社操縱輿論，宣傳日偽的應急舉措，大致包括：其一，派出隨軍記者，渲染日軍的「救災努力」，如臨時航空兵團空投糧秣、日籍工程師與村民合作堵口等；〔註98〕其二，宣揚開封維持會製作木筏，援救杞縣、開封、尉氏、通許等地難民；〔註99〕其三，借災民的反饋，粉飾侵華行徑，「諸多災民抱怨國民黨軍強迫勞動，日軍使難民吃飽」。〔註100〕

　　就事實而言，1938 年 6 月 19 日，偽華北臨時政府振濟部電令河南省公署及建設總署，派遣濟南水利工程局柳井三郎、八尾孝次、竹上義雄 3 名日籍工程師，前往決堤現場勘探，妥籌賑濟辦法。〔註101〕6 月 27 日至 29 日，柳井三郎等人歷時 3 日，搜集國民政府黃河水利委員會等部門數年測量繪製的圖書資料。〔註102〕至於勘災，柳井三郎僅花半日「赴開封三柳砦口門外，向附近駐軍探詢出水狀況，目測開封市北門外沖毀的道路」。〔註103〕日籍工程師對

〔註94〕東史郎：《東史郎日記》，本書翻譯組譯，南京：江蘇教育出版社，1999 年，第 458～459 頁。

〔註95〕「週報第 88 号」JACAR（アジア歴史資料センター）Ref. A06031025000、週報（国立公文書館）。

〔註96〕《黨軍企獲世人同情》，《膚報》，1938 年 6 月 16 日，第 1 版。

〔註97〕「堤防破壞と佛紙」、『東京朝日新聞』1938 年 6 月 18 日、2 頁。

〔註98〕Japanese Relief, *South China Morning Post*, June. 20, 1938, p.16.

〔註99〕Bitter Denunciation, *South China Morning Post*, June. 16, 1938, p.15.

〔註100〕Chinese Refugees in Honan Return Home, *The North China Herald and Supreme Court*, January. 18, 1939, p.98.

〔註101〕《江朝宗關於黃河潰決籌款振濟提案》（1938 年 6 月），中國第二歷史檔案館藏，黃河水利委員會檔案，2914-224。

〔註102〕《孔祥榕呈黃河詳圖轉移運安全地帶妥慎保存的建議》（1938 年 8 月），中國第二歷史檔案館藏，黃河水利委員會檔案，1-9285。

〔註103〕《日偽查勘國民黨軍黃河決堤災情報告等有關文件》（1938 年～1940 年），中國第二歷史檔案館藏，黃河水利委員會檔案，2020-238。

勘探事宜敷衍了事，而投入精力將係關中國國防的水利材料據為己有。

　　偽中華民國臨時政府振濟部調查專員城口忠八郎在報告中說明，日軍確實派遣工兵作業隊指導當地民眾填塞，城口忠八郎將振款 33000 元交給徐州的日本特務部門。所謂「中國災民與日軍的和諧關係」，即是日軍在佔領區 29 個村強力徵集男女 600 人砍伐柳樹柳枝，勒令每村 1 日須編簸掃 15 個。開封維持會收容罹災難民也是徒有其表。「開封黃河水災救濟委員會成立第一、第二被災難民收容所，現經實地調查無一人，難民入收容所後，因不願在所，隨即前往投親或覓友寄食」。〔註 104〕此外，1938 年 7 月 29 日，偽維新政府照搬日本祭祀的形式，撥助北京佛學研究院資款超渡黃泛區死難的亡魂，謀求民眾對日偽的情感認同。〔註 105〕

　　綜上所述，花園口事件被製造，被言說，被傳播，國民政府在造災信息釋放上採取栽贓嫁禍、吸引同情、塑造行為、獲取援助的策略。國民政府中央通訊社在災害信息內傳上已形成自己的絕對優勢，成為國內媒體虛假報導的源頭，心照不宣的「民族正確」也加深了戰時國內媒體「一致闡釋」的傾向。在外傳上，以通訊社為主的國際通訊網成為花園口事件信息流動的重要渠道和動脈。因抗日戰爭時期中央通訊社尚未加入國際通信聯盟，該聯盟成員國對花園口事件的考量和報導並不為國民政府所左右，英國路透社和日本同盟通信社的消息也成為國際媒體獲取花園口事件信息的重要來源。儘管國民政府注重指導建構輿論，卻未能控制信息傳播的進度和方向。世界大國反響不盡相同，英、美、日等國都對花園口事件關注和討論，這亦反映災害信息傳播與外交的關係。

　　對英國來說，英日關係的短暫回溫和遠東利益使英媒對花園口事件採取綏靖和謹慎的態度，以所謂的「公正無私」呈現中日雙方的災害真相指謫，較為關注日方的態度和措施。

　　在美國政府看來，花園口事件可以視為中國對外宣揚自身抵抗日軍決心，反對日本武力改變和挑戰美國為主導的華盛頓體系秩序的一場造災應對，也是推動美國政府變更對華援助政策的重要一環。因此，美國政府和媒體在報

〔註 104〕《振濟部調查專員城口忠八郎關於 1938 年國民黨黃河決堤河南水災情況的調查報告》（1938 年 8 月～9 月），中國第二歷史檔案館藏，黃河水利委員會檔案，14-2047。

〔註 105〕《北京佛學研究院請維新政府撥助抄撥黃河災區死難亡魂款》（1938 年 8 月），中國第二歷史檔案館藏，黃河水利委員會檔案，106-9295。

導花園口事件時，明顯傾向國民政府。

　　日本作為侵略中國又被栽贓的國家，極力辯護。外務省情報部與日本陸軍省新聞班和同盟通訊社等日方國際宣傳機構配合，同國民政府圍繞花園口事件展開輿論交鋒。日媒以披露事實真相、宣揚日本持久戰爭的能力、揭露蔣介石製造災害與爭取國際援助的矛盾點、強化本土戰爭動員等內容駁斥國民政府。但是，日媒呈現的災情應對內容與事實真相差距甚遠。

第二章　國民政府與國際性組織的救災聯絡與互動

　　花園口事件發生後，淹沒豫東、皖北和蘇北三省區，黃泛區人民在抗戰期間經歷洪水、乾旱、兵災、蝗災等，承受深重苦難。由於戰時的環境、救災資金的匱乏，國民政府試圖以尋求國際援助為策略，以黃泛區救災為交涉內容，展開國際聯絡，這一問題尚未引起學術界足夠關注。

　　本章立足中外檔案以及中英文報刊，從國際賑災合作的角度，釐清國民政府爭取外援協助黃泛區救災的過程，追溯國際組織在黃泛區災害救治中的工作，進而探討抗日戰爭時期中外關係對國際賑災合作的影響。

第一節　技術求援：向國際聯盟申請黃泛區堵口

　　花園口決堤後，造成河南、安徽、江蘇 3 省 44 個縣市大面積受災，89 萬人死亡，千百萬百姓流離失所。僅靠中國國內力量救災，力有不逮，國民政府急需外援，首先向國際聯盟（League of Nations，簡稱「國聯」）提出請求。

　　國聯對中國政府的技術支持始於 1922 年，襄助領域初為衛生事業，後涉及交通改良、水利修治、農村建設等領域。1931 年，長江一帶發生水災，國聯派遣專人收集災情報告，派赴專家協助災情防治，募集藥品和救濟物資。[註1]1934 年，國民政府明令全國經濟委員會統一水利行政機關，中央和地方的水利機構不再各自為政。全國經濟委員會向國聯技術委員會（Technical Organizations Committee）和交通運輸委員會（The Communications and Transit Committee）

〔註 1〕　張力：《國際合作在中國：國際聯盟角色的考察，1919～1946》，臺北：中央研究院近代史研究所專刊（83），1999 年，第 96 頁。

提出啟動中國水利技術合作，聘請英、法、荷、意、波蘭等國專家各一人，在全國經濟委員會內工作，考察中國導淮工程、黃河水利工程和華北水利工程等。〔註2〕國民政府大為獲益。

花園口事件後，國民政府也向國聯提請派人員幫助治理水患及施工堵口。1938年7月12日，經濟部部長翁文灝函請外交部轉發駐法大使顧維鈞的電文：「本年黃災情形特殊，以黃河水災施工堤段為日軍佔據，無法進行修堵，擬請根據技術辦法，在中國臨時召集水利工程人員，所有工程經費由中國完全擔負。國聯所派工程人員應需費用亦可由中國補助」。〔註3〕翁文灝擬請國聯根據以往技術合作辦法，來華主持辦理救濟工程。

隨後，國民政府駐國聯全權代表顧維鈞於7月26日轉電國聯秘書長函請辦理。適值交通運輸顧問委員會將於8月1日在日內瓦召集第21屆常委會，「國聯秘書長將我國提請案發交顧問委員會就技術立場加以研究，提出條件和意見」。〔註4〕同時，國民政府還希望國聯編制和監督黃泛區水利規劃。

8月2日，國聯交通運輸顧問委員會專門組織捷克、比利時、匈牙利三國代表委員會共同研究。委員會審查後認為，國聯若提供技術援助，需要滿足三項條件。第一，中國掌握黃河水文、出流、黃泛區地形等充足技術資料。第二，國聯派遣足數專家就地制定計劃、辦理工程並監督執行。第三，中國政府派遣有經驗的工程師及技術人員協助。〔註5〕9月，交通運輸顧問委員會召開兩次會議，討論技術工程，終未同意國民政府請求。

除此之外，國民政府向國聯請求另派機械工程師和水利專家，國聯也沒有應允。〔註6〕1939年，國民政府只好委任過去國聯特派駐華的水利顧問荷蘭

〔註2〕 《國聯水利專家沃摩迪到平，今日赴綏視察民生渠，月底來津視察後赴豫》，《大公報》（天津版），1934年12月12日，第4版。

〔註3〕 《經濟部提請國聯派員來華辦理黃河水災救濟工程的文書》，黃河水利委員會檔案，中國第二歷史檔案館藏，4-34591。

〔註4〕 《外交部為請派遣水利工程人員來華修堵黃河決堤與駐國聯代表辦事處及經濟部等的來往文書》（1938年7月～1938年8月），黃河水利委員會檔案，中國第二歷史檔案館藏，18-1352。

〔註5〕 《外交部為請派遣水利工程人員來華修堵黃河決堤與駐國聯代表辦事處及經濟部等的來往文書》（1938年7月～1938年8月），黃河水利委員會檔案，中國第二歷史檔案館藏，18-1352。

〔註6〕 Technical Collaboration between the League of Nations and China: Report of the Council Committee on the Programme of Work for 1939, September 17, 1938, FO371/22113, p.132.

人蒲德利（M. F. J. Bourdrez）前往黃泛區視察。〔註7〕奈何，1939年6月，蒲德利考察金沙江時不幸罹難。

國聯之所以未向中國提供技術援助，主要有三方面原因。

首先，日本在國聯影響仍在持續，且國聯不願介入中日爭端。「九一八事變」後，國聯派調查團前往中國並發表報告書，雖然不夠公正，仍觸怒了日本，日本於1933年退出國聯，但仍有代表留在諸如交通運輸顧問委員會等機構中。〔註8〕因此，顧維鈞很早就注意到向國聯申請救災需回避日本。1938年6月28日，國聯中國代表辦事處專門委員胡世澤提出先向國聯交通運輸顧問委員會發表意見，探詢日本代表態度。7月6日，顧維鈞致電孔祥熙指出，「此事不妥，還應由國民政府擬定正式備忘錄和聯絡公函」，強調以更穩妥方式規避日本阻攔。之後，國聯交通運輸顧問委員會組建三國代表會議討論，日本未能實際阻攔。同時期國聯委員會討論在華禁煙問題時，主席一般都會提前宣布「本會所討論之問題，只限於技術性質者，各代表不得討論政治問題。」〔註9〕可見，國聯在處理國際合作時對遠東政治非常敏感。8月2日，美國駐日內瓦領事巴克內爾（Bucknell）致電美國國務卿，「中日都指責對方破壞堤壩，國聯很難承擔此工作，第一便是政治因素」。〔註10〕

其次，國民政府無法提供國聯所要求的水文等技術資料。國民政府掌管黃河水利事業的黃河水利委員會遲至1933年9月才設立。「抗戰前所完成工作只有測竣下游，搜集水文、氣象、地質等各項資料」。〔註11〕而花園口決口以後，黃泛區部分區域被日軍佔領，調查水災等工作更加無從著手。且1938年9月，日本已傳出停止與國聯一切技術合作的半官方消息。〔註12〕即使國聯出面，在日軍佔領區域內也難期合作。國聯所提出的第一項條件中國即無法做到，因此，1938年9月，國聯理事會在討論1939年工作計劃時明確指出：關

〔註7〕《國聯工程顧問蒲德利即由滇飛渝》，《大公報》（重慶版），1939年2月20日，第3版。

〔註8〕《經濟部提請國聯派員來華辦理黃河水災救濟工程的文書》，1938年7月～9月，黃河水利委員會檔案，中國第二歷史檔案館藏，4-34591。

〔註9〕運公：《日本毒化中國》，《東方雜誌》，1938年第35卷第15號。

〔註10〕The Consul at Geneva (Bucknell) to the Secretary of State, August 2, 1938, FRUS, 1938, pp.506~507.

〔註11〕朱墉：《黃河水利事業》，秦孝儀主編：《革命文獻：抗戰前國家建設史料水利建設2第82輯》，臺北：中央文物供應社，1980年，第545～546頁。

〔註12〕《日停止技術合作說，國聯方面保持緘默》，《新華日報》，1938年10月6日，第3版。

於中國黃災，未收到國民政府補充資料之前，無法提任何建議。〔註13〕

再者，國聯 1938 年對華援助重點是醫療防疫，而非水利。國民政府臨時提出對黃泛區施以水利救濟，國聯來不及調整。全面抗戰爆發後，戰爭傷亡和大批難民劇增，中國華中、西南、西北等地傳染性疾病蔓延，中國醫藥、衛生器材短缺，迫切需要醫療援助。1937 年 9 月 21 日，中國駐國聯代表郭泰祺向國聯秘書長轉交信函，明確指出中國戰爭情勢危急的狀態，國聯乃決定調整 1938 年與中國的技術合作計劃，即從 1937 年第 3 季度至 1938 年，技術合作資源全部移至防疫。〔註14〕1938 年，國聯派遣一批防疫專家抵達西安、山西、陝西、河南、甘肅等省。〔註15〕

花園口決堤後，1938 年 9 月 14 日，郭泰祺出席國聯大會接洽下半年 4 項合作計劃要旨，其中「擴充防疫工作」和「續聘合作專家」等項，各國均表示同意。唯獨新增加的「國聯修理黃河決堤」一項，未能獲得各國代表同情，被暫時擱置。〔註16〕

這因為國聯的既定計劃是在華防疫，而國民政府的請求超越了該工作範圍，且與以往技術合作性質不同。〔註17〕國聯認為，「在過去，交通運輸委員會僅派遣專家提供建議；現在要求國聯對計劃擬訂和監督負直接責任，並承擔一切可能後果」，〔註18〕國聯當然不願承擔。

由上可知，正如日本全面侵華後國民政府在外交上將訴諸國聯作為首要任務，在黃泛區救災上，國民政府同樣首先向國聯申請技術援助，這與抗戰初期國民政府奉行依賴國聯的外交政策有著密切關係，反映國民政府無論是受到日本戰爭欺凌還是在救濟災害時皆寄託國聯主持公道並施以援手的願望，亦延續抗戰前中國依賴歐美對抗日本而進行國家建設的國際合作思路。然

〔註13〕 Technical Collaboration between the League of Nations and China: Report of the Council Committee on the Programme of Work for 1939, September 17, 1938, FO371/22113, p.132.

〔註14〕 洪嵐：《1933～1941 年南京政府與國聯技術合作述論》，《廣東社會科學》，2007 年第 6 期。

〔註15〕 《國聯防疫專家，分三團開始工作，在西北華中華南各地，衛生署分別派員協助》，《大公報》（漢口版），1938 年 2 月 10 日，第 3 版。

〔註16〕 張江義：《抗戰期間中國與國聯防疫技術合作相關函電一組》，《民國檔案》，2015 年第 1 期。

〔註17〕 Technical Collaboration between the League of Nation and China: Report by President of the Council, September 17, 1938, FO371/22113, p.133.

〔註18〕 Letter sent to the Secretary-general of the League of Nations by the Representative of China on the Council of the League, July 26, 1938, FO371/22113, p.171.

而，與外交調解一樣，國民政府技術求援也受到國聯冷遇。由於經驗不足和國際政治因素，國聯設詞推諉，拒絕提供技術支持，折射出國聯處理中國技術求援時把握的分寸和處理中日軍事爭端的消極傾向，未能發揮其在遠東事務中的作用。在國聯技術援助無力的情形下，國民政府不得不依靠傳統在華民間國際救災組織襄助。

第二節　義賑延續：委託在華國際性救災組織

中國災賑事業的國際化可追溯至丁戊奇荒，西方在華傳教士廣泛參於華北地區救災，激發中國本土義賑的擴展。20 世紀初，北洋政府救災無措，中西人士合作組建華洋義賑救災總會，積極介入賑災，常被視為中國災賑事業國際化的關鍵行動。1928 年，南京國民政府成立，蔣介石及其他國民政府人士對救災社會化已有充分認識，主張大力發揮社會各界力量致力於災害救助。〔註19〕因此，調動和委託若干在華國際性組織救助恤難也成為國民政府抗戰時期調配社會資源的方式之一。

振濟委員會是國民政府處理黃泛區臨時災賑事宜的核心部門。在決口以後，國民政府便命振濟委員會赴災區辦理急賑、收容、工賑、移墾等。〔註20〕但是戰爭肆虐，災區廣泛，災情往往超越政府應對能力，還有淪陷區域難以關照。因此，國民政府便委託在華國際救災團體推進救濟，大致包括三種不同的類型：第一種為聯繫上海等地國際救災團體跨區域外埠救濟；第二種為牽頭協助中外人士，在黃泛區成立臨時性國際救災團體；第三種是依靠仍然留守黃泛區的國際公教組織賑災。

第一種救濟為上海國際救濟會，其成員上海華洋義賑會出力最多。1937 年 8 月 13 日，日軍進攻上海，給西方在華救濟機構造成破壞。為聯合戰時在華的西方救災力量，中華基督教協進會、上海華洋義賑會、基督教青年會、中國紅十字會、基督教醫院協會等上海各基督教團體成立上海國際救濟會，以「共謀救濟工作，收群策群力之效」。〔註21〕

1938 年 6 月 30 日，上海華洋義賑會會長宋漢章、饒家駒（R. Jaequitnot）

〔註19〕文姚麗：《民國時期救災思想研究》，北京：人民出版社，2014 年，第 217 頁。
〔註20〕鮑夢隱：《黃泛區決、堵口問題研究》，山東大學 2013 年博士學位論文。
〔註21〕孫武、龍鋒：《中國紅十字會上海國際救濟會工作報告》，《民國檔案》，1998 年第 1 期。

即電告行政院探詢災情。國民政府振濟委員會委員長朱慶瀾回覆，「洪水現已遍及鄭縣、中牟、開封、尉氏、扶溝、洧川、鄢陵、西華、淮陽、太康等 10 縣，難民僅中牟 1 縣，已 10 餘萬人，麇集平漢沿線，正在設法收容」。〔註22〕隨後，朱慶瀾委託華洋義賑會憑藉其國際性質，「推友邦人士，攜帶賑款於國民政府所不能之處，設法堵賑」。

國民政府的日常性經費撥助是上海華洋義賑會經費來源的一部分。例如，1939 年 12 月 14 日，振濟委員會即補助上海各救濟團體 20 萬元。〔註23〕對此，上海華洋義賑會表示願意協同國民政府辦理救濟。除登報呼籲募捐外，〔註24〕美國對華救災團體的撥助也是上海華洋義賑會救濟黃泛區的重要資金來源。美國募捐的救濟款主要由美國華災協濟會駐滬顧問委員會（the American Advisory Committee for Civilian Relief in China）來決定如何最有效的使用這些資金。該委員會由美國在上海工商界的領導人和一些美國較大的差會負責人組成，人數相當，與華洋義賑會合作多年，工作富有成效。據司庫卜納德（C. R. Bennett）報告，截止 1938 年 11 月底，美國善團撥款於河南鄭州、安徽宿遷等黃泛片區華幣近 10 萬元。〔註25〕

上海華洋義賑會又組織放賑委員會，成立派賑使團，補充國民政府未能辦理的難民收容事宜。黃泛災情發生後，國民政府共計施放急賑款 20 萬元，集中在黃河北岸隴海線附近鄭州、中牟、尉氏、鄢陵、西華、洧川、太康、淮陽、扶溝等縣，難民 130 萬人，僅救濟 30 萬人，放賑 20 萬元，平均每人發放不足 0.7 元。〔註26〕華洋義賑會賑災區域則範圍更廣，在長垣、鄭州、駐馬店、扶溝、淮陽、開封、確山、商丘、劉河、鹿邑、濮陽、西華、尉氏、殷城等處設立難民營和兒童學校，收容難民。〔註27〕傳教士採用「發票放賑」的方式，先挨家挨戶查賑，調查最需要幫助的難民，製成賑票。難民前往車站領取津貼，

〔註22〕《關於黃河堤防被敵炸毀缺口泛濫成災的函件》，黃河水利委員會檔案，中國第二歷史檔案館藏，2-3043。

〔註23〕《中央振災委員會補助上海各團體》，《晶報》，1939 年 12 月 18 日，第 3 版。

〔註24〕《黃河潰決慘災，華洋義賑會呼籲賑援》，《新聞報》，1938 年 6 月 26 日，第 14 版。

〔註25〕《美國善團募主華災救濟費最近報告》，《中國紅十字會上海國際委員會救濟月刊》，1938 年第 1 卷第 7 期。

〔註26〕鮑夢隱：《阻敵與救災：黃河掘堤之後國民政府的應對》，《抗日戰爭研究》，2021 年第 4 期。

〔註27〕《華洋義賑會在豫西黃泛區實施救濟的有關文件》，黃河水利委員會檔案，中國第二歷史檔案館藏，10-1579。

額度確保到當年小麥收成之時不會餓死。例如，駐馬店難民營最初便開設一所容納 1000 多人的難民營和一所容納 200 名兒童的學校，提供衣物、被褥和醫療援助。駐馬店饑荒委員會 1 萬美元救災金分配使用情況如下。

表 2-1　河南駐馬店饑荒委員會賑災金分配泛區難民情況表〔註 28〕

事　項	為 15610 位難民安家	分配給駐馬店難民營窮人	分配給新教難民營窮人	購買 960 噸大米分配給駐馬店無家可歸的人	救濟票印刷費用	22 名調查和分發救濟票人員的工資	大米運費	鄭州運送大米到駐馬店的安全費用
金　額（美元）	7,805	600	464	461.4	26	66	9.6	104
總計金額	10000							

　　華洋義賑會皖北救濟片區主要為阜陽、太和、潁上、壽州。1939 年，國民政府振濟委員會向其撥款 10 萬元〔註 29〕，美國華災協濟會駐滬顧問委員會協濟 6 萬元，用於食糧賑濟和衣物發放。〔註 30〕

　　不過，黃泛區域作為阻敵西進、與敵對峙的戰略要地，華洋義賑會欲興辦的重建項目被國民黨軍阻擋。例如，華洋義賑會壽州傳教士梅布爾斯・蒂爾瓊斯（Mabel Steele Jones）多次抱怨駐地預防洪水 30000 萬元修補城垣的以工代賑項目因當局軍事摧毀受挫。〔註 31〕

　　第二種是國民政府牽頭，由蘇北士紳與西方人士合組蘇北國際救災會（International relief committee for North Kiangsu），主要源於蘇北災情慘重，地方財力匱乏。1938 年 8 月淞滬會戰發生後，江蘇全省逐步淪為戰區，被兵焚掠，搶殺轟炸。入秋以後，蘇北暴雨傾注，洪澤湖因上承黃河東流之水而益加泛濫，災情慘重，地方財力匱乏。

　　蘇省戰事爆發以後，負責難民收容和輸送工作的組織主要是世界紅卍字會江北監理部，在南京、嘉定、太倉、寶山、松江、上海、鎮江、揚州、江陰

〔註 28〕《華洋義賑會在豫西黃泛區實施救濟的有關文件》，黃河水利委員會檔案，中國第二歷史檔案館藏，10-1579。
〔註 29〕《振委會撥款十萬救濟皖北黃災》，《前線日報》，1939 年 2 月 15 日，第 2 版。
〔註 30〕《華洋義賑總會在皖北黃泛區實施救濟有關文件》，黃河水利委員會檔案，中國第二歷史檔案館藏，4-1576。
〔註 31〕《華洋義賑總會在皖北黃泛區實施救濟有關文件》，黃河水利委員會檔案，中國第二歷史檔案館藏，4-1576。

及外省流寓各地之難民，辦理收容所，計共直接收容 153000 餘人。〔註 32〕花園口事件發生後，流離難民大增，江北地區均不通郵，各地貨幣情形不同，應付尤感為難，該會已「力盡精疲，難以為繼」。〔註 33〕國民政府先後撥款 15 萬元，指定救濟蘇北水災、兵災各 5 萬元、難民資遣及江南急賑 5 萬元，仍不敷分配。〔註 34〕結果卻是災重款少，不敷分配。

在蘇北社會組織與國民政府難以承載救濟的情況下，1938 年 10 月，國民政府指派賑濟委員會委員及江蘇賑濟專員成靜生赴滬聯合旅滬蘇北士紳韓國鈞以及西人，發起組織蘇北國際救濟會，會址設在泰興縣黃橋鎮，並於上海設事務所。〔註 35〕選擇上海，除考慮接受國際救災便利，也因蘇北難民若不賑濟，鏖集沿江一帶的 40 萬人，必會大量遷滬。蘇北又是上海一切農產食品的策源地以及上海市場的唯一供給者，上海的物價也與蘇北生產有莫大關係。可以說，「救濟蘇北，不啻間接救濟上海」。〔註 36〕

組織架構上，該會設立名譽會長 4 人，中外各 2 人，由饒家駒、貝克（J. E. Baker）、顏惠慶、韓國鈞擔任。會長為成靜生，副會長中西參半，中方為黃辟塵，西方為美籍傳教士林嘉美（James. Woods）。而司庫，即負責倉庫管理的賑務、財務人員 2 人，中外各 1 人，中方為沙應清，西方為泰州美籍傳教士何伯葵（T. L. Harnsberger）。上述組織由中外人士構成，成員完全突破地域限制，與華洋義賑救災總會形式十分類似。而成靜生和韓國鈞等士紳因多年積極開辦蘇北慈善事業，具有較高聲望，亦成為連接政府與社會的橋樑和溝通渠道。

國民政府對蘇北國際救災會較為扶持，直接撥款，並寄望該會更好募集海外捐款。〔註 37〕1939 年，中日戰事延長，漸及華中與廣東。美國華災協濟會擬定分區賑濟計劃，黃泛區黃河東段由蘇北國際救濟會負責。〔註 38〕

〔註 32〕《與蘇北國際救濟委員會合作之經過》，《八一三救濟徵信錄》，世界紅卍字會中華東南各會聯合總辦事處，1939 年，第 111 頁。

〔註 33〕《黃河水災救濟》，《八一三救濟徵信錄》，世界紅卍字會中華東南各會聯合總辦事處，1939 年，第 118 頁。

〔註 34〕《災賑一瞥，農民困苦顛連》，《申報》（上海版），1938 年 11 月 9 日，第 6 版。

〔註 35〕《蘇北國際救委會茶話會記》，《申報》（上海版），1938 年 10 月 28 日，第 9 版。

〔註 36〕《蘇北國際救委會茶話會記》，《申報》（上海版），1938 年 10 月 28 日，第 9 版。

〔註 37〕《蘇省府電中央請撥款辦水利》，《申報》（上海版），1939 年 5 月 21 日，第 7 版。

〔註 38〕《美國華災協濟會確定分區賑濟計劃》，《申報》（上海版），1939 年 2 月 25 日，第 10 版。

　　該會還採用特殊籌賑宣傳方式，由主事者韓國鈞、成靜生、黃家璘執筆撰寫《蘇北慘災簡報》寄送中外名流。〔註39〕簡報主體由江蘇省行政區域現狀、蘇北兵災水災情況、蘇北難民救濟工作與難民統計、蘇北工賑和救濟計劃四部分構成，附以全文英文翻譯，配有蘇北慘災情況示意圖，標注中英文地名。簡報文末，特標明通訊地址和收款10家銀行。〔註40〕凡是捐贈者，蘇北國際救災會均填給收據，登報致謝，賑款直接匯予災區。此做法引起社會關注，上海代收賑款約85萬元。該會具體分工是急賑、冬春賑、工賑。

　　急賑時，蘇北國際救濟會一般派查賑長會同地方教會西員，攜帶乾糧、藥品、燃料分給各戶，維持2個月簡單生活為標準。同時，分設婦孺臨時寄養所，收容孤寡，為該區醫院運輸藥品，派定醫師，幫助掩埋。〔註41〕蘇北鹽城、阜寧兩縣災民眾多，旅滬同鄉韋維清等設立鹽阜振務協會協助。〔註42〕1939年1月，蘇北國際救濟會又請中西人士在泰縣、興化、寶應等縣設立分會。〔註43〕辦理冬、春二賑時，該會以寒衣票酌給難民，施予寒衣。春賑時，成人每月1元，孩童5角。〔註44〕共用33萬餘元。〔註45〕豫省大水導致黃淮合流，在工賑時期，蘇北國際救濟會配合國民政府導淮委員會疏濬和宣洩江蘇省裏下河入海水道積水，保全田地。〔註46〕該會安排難民工賑，給以日食之糧，工資3角，〔註47〕這可使水患變為水利，灌溉田疇，防止災荒。〔註48〕

　　第三種是委託國際公教組織，河南開封國際救濟委員會是典型代表。1938年6月，振濟委員會專員曹仲植赴被災各縣急賑，將開封等淪陷區域交託

〔註39〕《蘇北慘災簡報》，世界紅卍字會江北辦事處，1938年，第8頁。

〔註40〕通訊地址江北2處（江蘇省泰興縣黃橋鎮世界紅卍字會江北辦事處，江蘇省寶應縣西城根世界紅卍字會江北辦事處分處），上海1處（法租界巨賴達路同福里四號轉世界紅卍字會江北辦事處）。收款銀行為香港2處（交通銀行、中國銀行），上海8處（中國銀行、金城銀行、交通銀行、大中銀行、鹽業銀行、上海商業銀行、國華銀行、大陸銀行）。

〔註41〕《蘇北慘災簡報》，世界紅卍字會江北辦事處，1938年，第5～6頁。

〔註42〕《鹽阜同鄉設賑務會》，《申報》（上海版），1938年11月26日，第10版。

〔註43〕《蘇北國際救委會組各縣分會》，《申報》（上海版），1939年2月26日，第9版。

〔註44〕《蘇北災況嚴重》，《申報》（上海版），1939年1月6日，第9版。

〔註45〕《蘇北瘡痍滿目》，《申報》（上海版），1939年6月13日，第10版。

〔註46〕《導淮委員會疏濬蘇北積水案》，行政院檔案，臺北「國史館」藏，003000027374A。

〔註47〕《蘇北國際救濟會何伯葵報告》，《申報》（上海版），1938年10月31日，第10版。

〔註48〕《蘇北水災慘重》，《中國紅十字會月刊》第42期，第28～29頁。

教會，〔註49〕即國際救濟委員會。該會由羅馬天主教會（Roman Catholic）、美國浸禮會（Baptists）、中國內地會（China Inland Mission）、中華基督教協進會（The National Christian Council）59 名新教和天主教傳教士聯合協商成立。日本當局也承認該會留駐權力。〔註50〕該會共救濟災民 3 萬餘人。〔註51〕

國民政府之所以委託其救濟，原因在於：

第一，上述教會有強大駐地，掌握一手信息。清代以來，基督新教教會在河南就有醫療傳教和施賑救災的傳統。傳教基本方法是建立據點、膨脹組織、擴大勢力、形成網絡。〔註52〕1901 年，中國內地會即在開封設立教區，之後陸續成立豫東、豫北、豫中、豫西南、豫南 5 個區聯會。1904 年，美國浸禮會也在開封建立教區。這樣的基礎使開封國際救濟委員會能夠承擔河南東部中牟、陳留、杞縣、尉氏、扶溝、西華、周家口和淮陽等 8 縣調查，以確定救災需求。〔註53〕

第二，該會的組織人脈為賑災拓寬渠道。抗戰前，基督教新教在河南發展，比較重視醫療事業，差會先後建立一批醫院，醫務人員技術較高。河南鄭州華美醫院作為鄭州戰時僅存的平民和士兵醫療機構，是其合作者，美國佐治亞州亞特蘭大市（Atlanta）的桑福德·艾爾斯（Sanford Ayers）博士領導、英國志願者唐納德·漢基（Donald Hankey）和新西蘭交叉醫學博士格林（R. B. Grey）為主要成員，醫療救治境內 5000 名開封逃荒難民。〔註54〕該會還聯繫平漢鐵路沿線信陽德國天主教堂和美國路德福音教會（American Evangellcal Lutheran Mission）收容 1000 名戰爭難民。

第三，開封國際救濟委員會募捐力度大。花園口決口後，世界紅卍字會開封分會等原慈善救濟組織多次因交通梗阻、匯兌不通，籌款艱難遲緩。〔註55〕與之不同，開封國際救濟委員會資金籌募更加通便。1939 年 3 月 1 日，該會

〔註49〕《行政院訓令屈映光摺呈辦理黃河水災撫賑轉飭遵照案》，黃河水利委員會檔案，中國第二歷史檔案館藏，2284-13577。

〔註50〕"No Political Complexion," *South China Morning Post*, July. 11, 1938, p.15.

〔註51〕"Missionaries Stay in Kaifeng," *New York Times*, June. 8, 1938, p.8.

〔註52〕董延壽：《基督教新教在河南的傳播與發展研究（1883～1949）》，北京：人民出版社，2014 年，第 71 頁。

〔註53〕"Million people Said Destitute in East Honan," *The China Press*, October. 20, 1938, 4.

〔註54〕"Mission Worker Carry on in Honan," *The China Press*, October. 4, 1938, p.14.

〔註55〕《世界紅十字會中華總會有關籌撥黃河水災賑款案》（1933 年～1939 年），黃河水利委員會檔案，中國第二歷史檔案館藏，257-486。

共籌 154920 美元。其中，53500 美元來自國際紅十字會，7 萬美元來自美國對華協濟會顧問委員會。〔註 56〕美國對華協濟會顧問委員會強調必須撥給美國基督教傳教士監督之處。〔註57〕1938 年 7 月 1 日至 1938 年 12 月 25 日，美國對華協濟會顧問委員會又另向河南開封傳教士哈里斯（H. M. Harris）、艾爾斯（S. E. Ayers）共匯款 4 次，安徽傳教士凱恩（J. H. Kane）匯款 1 次，共達 90000 美元。〔註 58〕

　　當然，開封國際救濟委員會在難民救濟中也開展傳教，為其教會屬性決定。這也適應中華基督教傳播新趨勢，即努力體現新精神，走向合一，完成福音傳播之人無論國家、種族、派別。〔註 59〕美國駐華大使納爾遜・約翰遜（Nelson Johnson）高度評價該會：「在開封水災地區，條件極其危急，天主教和基督教傳教士每天向 20000 人展開 2 次宗教教育」。〔註 60〕

　　由上述史實可以看到，抗戰時期在華國際性救災組織發展呈現多樣化特徵。組織化、制度化、跨國界的上海華洋義賑會為代表的救災主體，具有很強的專業性，延續抗戰前的救災與建設，爭取美國華災協濟會的支持，在河南泛區救災範圍較廣。以蘇北國際救災會為代表的救災主體，由西方人士、士紳和政府人員新組華洋救災機構，依靠長期從事民政、慈善的經驗、同鄉、私人影響力和精英知識，採用《蘇北慘災簡報》等方式籲請國際社會提供援助，突破地域觀念的籌賑束縛，在更大範圍內主動獲取資源，與地方專門救災機構合作，救災較為精準。以河南開封國際救濟委員會為代表的救災主體，在淪陷區域延續基督教新教在河南慈善輔教、借醫傳教和辦學輔教的傳統。此前，內地會在開封以直接佈道為重，浸禮會以創辦聖經學校和婦女學道班為主，河南開封國際救濟委員會的成立，突出體現新教各派與天主教關心民眾生活疾苦，聯合戰地救援的調試。

　　此外，國民政府與這些在華國際救災組織的合作，也表現了近代以來賑

〔註 56〕 "Magnitude of China relief Problem Seen in Reports Reaching Shanghai," *The China Weekly Review*, April. 29, 1939, p.276.

〔註57〕 《華洋義賑總會在皖北黃泛區實施救濟有關文件》，黃河水利委員會檔案，中國第二歷史檔案館藏，4-1576。

〔註 58〕 "Stock Quote 1," *The China Weekly Review*, January. 14, 1939, p.217.

〔註 59〕 "Work and Workers," *The Chinese Record and Educational Review*, January. 1, 1939, p.57.

〔註 60〕 "New School of Christian Art in China," *The Chinese Recorder and Education Review*, December 1, 1939, p.761.

災事業的進一步發展。國際民間賑災組織如華洋義賑會自民國初年成立，在中國近代歷次災荒中也發揮了相當作用，但其與北京政府和南京政府的合作並不緊密，多為民間自發行為，而在抗戰救濟尤其是黃泛區救災上，中國政府能主動聯繫、委託、資助並依靠在華國際救災團體，是對以往官義合作的發展。當然也應看到，國民政府選擇依靠在華民間國際組織賑災，與其求援外交失敗是相伴的。抗戰初期，除蘇聯以外，沒有其他外國政府對華提供經濟和軍事援助，國民政府未能尋求到英美等國的國際援助，在一定程度上只能依靠各種社會力量包括在華外人組織以應付包括救災在內的戰時之需。

國民政府與上述組織的合作，對黃泛區救災起到一定應急作用，也在一定程度上加強了政府與社會的聯繫，增進了中國與國際的互動。但在戰爭情形下，它們的救災活動受資金限制，缺乏持續性，大都屬於臨時救濟。而當國家願望、社會訴求與國際利益達成一致時，新的國際賑災合作方式出現了。

第三節　外示災荒：與美國援華救濟聯合會開展民間外交

中國在經過幾年艱苦抗戰後，戰爭災害嚴重，經濟幾近崩潰，物資極度缺乏，急需要外國經濟援助。中國政府向各國求援，但在中日戰爭初期，除蘇聯外，美英等國皆保持中立，未向中國伸出援手。隨著日本侵略擴張步步加深，主張建立排斥美國的「東亞新秩序」，美國權益受到越來越多侵犯。1940年底，美國政府已經意識到中國牽制日本的重要戰略意義，對華援助刻不容緩。〔註61〕在各類經濟援助中，救災亦是其中之一，不僅可扶持災民在戰時生產，改善經濟困難，也可藉此加強中國抗戰力量。這一時期，美國對華救濟及援助主要通過民間組織進行，而對美進行宣傳，爭取救災籌款，亦成為國民政府重要的民間外交形式，美國援華救濟聯合會是主要交涉對象，它是抗戰時期美國本土最大的民間援華組織。1941年2月7日，美國援華救濟聯合會（United China Relief）（以下簡稱「美聯會」）成立。〔註62〕會址在紐約市，至

〔註61〕楊雨青：《美援為何無效？戰時中國經濟危機與中美應對之策》，北京：人民出版社，2011年，第26頁。

〔註62〕該會又有「全美助華聯合總會」「聯合救濟中國難民協會」之稱。相關研究大致為：鐘聲、高翔宇詳細考察抗戰勝利以後美國援華救濟聯合會在湖南農村的重建工作。見鐘聲，高翔宇：《抗戰勝利後美國援華救濟聯合會與湖南農村重建工作述論》，《廣東社會科學》，2013年第1期。學界對該組織的發起人亨利‧魯

抗戰結束前，美聯會 78 個城市分會已發展到 3000 個以上。〔註 63〕

在此之前，美國各民間援華組織不斷收到中國資金申請，籌款目標難以實現，派遣至中國的救災組織力量也很分散。〔註 64〕美聯會成立後，美國原本分散的、各自獨立的民間對華救災籌款單位，集中於美聯會這一「傘狀式」組織，由該會統籌，呈現整體聯動。前文所述及的美國華災協濟會，也加入該會。〔註 65〕

美聯會的成立，不僅是為了加強對中國的救濟援助，也是藉此推行「美國世紀夢」理想的實踐。在美國《時代》週刊（Time）主創人亨利・魯斯（Henry R. Luce）看來：「美國世紀夢」是想讓世界各國人民全心全意地接受美國作為世界上最強大和最有活力國家的責任和機會，並以適當的方式和手段，向全世界施加美國的影響。〔註 66〕

1941 年 12 月太平洋戰爭爆發後，中美兩國開始並肩對日作戰，日益緊張的國際局勢導致美國需要中國把日本軍力和資源拖在亞洲大陸，美國政府援華政策從有限援華發展為全面援華，美聯會也獲得政府支持。1942 年 7 月 25 日，羅斯福總統成立全美統一賑務處（War Relief Control Board），統籌對外救濟。作為成員，美聯會獲得大額美國戰爭基金（the National War Fund）。〔註 67〕美國財政部明確規定，企業和個人在美聯會捐款納稅時可以抵扣。〔註 68〕

斯（Henry R. Luce）也有研究。見羅宣：《論亨利・魯斯對中國抗日戰爭的報導及其影響》，《南開學報》（哲學社會科學版），2003 年第 6 期；羅宣：《在夢想與現實之間──魯斯與中國》，北京：人民出版社，2005 年，第 232～279 頁。

〔註 63〕 United China Relief Archives, United Nations Archives, S-1267-0000-0346-00002.

〔註 64〕 "letters to the Times," *New York Times*, March. 28, 1940, p.19.

〔註 65〕 1941 年加入美聯會的 8 個獨立機構有：美國華災協濟會、美國醫藥助華會（American Bureau for Medical Aid to China）、美國援華會（The China Aid Council）、美國教會對華救濟會（Church committee for relief in China）、中國戰災難童委員會（The American Committee for Chinese War Orphans）、中國工業合作協會美國委員會（Indusco）、美國公誼服務會（The Friends Ambulance Unit）、中國基督教大學聯合董事會（Associated Boards for Christian Colleges in China）、中國緊急救援委員會（the China Emergency Relief Committee）。1943 年 7 月，美國中國兒童福利和中國兒童基金會兩個長期從事美國對華援助項目的組織加入美聯會。

〔註 66〕 "The American Century," *The Washington Post*, March. 8, 1941, p.8.

〔註 67〕 該基金是由全美統一賑務處與全美 6000 個社區聯合運作，為滿足美國軍事需求相關的國外領域提供救濟。1943 年，全美統一賑務處撥予 125000000 美元給 16 個機構，美聯會是救濟中國的唯一受益組織。

〔註 68〕 United China Relief Archives, United Nations Archives, S-1267-0000-0346-00002.

國民政府與美聯會合作主要是募捐和施賑。美聯會籌款金額根據中國災情而定，且需確保賑款有效利用。美聯會是唯一在援助國政府中設立外勤人員的民間援華機構。〔註 69〕1942 年，國民政府和美聯會專設重慶辦事處撥付與運轉資金，加強督理。前中國華洋義賑會負責人艾德敷（Dwight W. Edwards）擔任主任，設置 4 名全職觀察員，定期考察在華救災項目，反饋美國總部。國民政府成立中美協調委員會（Coordinating Committee），中國駐美大使胡適任名譽委員長，宋子文任委員長。美聯會外匯資金直接由中國銀行紐約分行、國民政府中央銀行輸送至重慶辦事處。〔註 70〕

重慶辦事處在救濟、兒童福利、教育和醫療領域專設中、美專家技術小組委員會。重慶辦事處上報災情，技術小組委員會、中美協調委員會審查，美聯會執行委員會根據報告制定每年籌款目標，再由各分會籌措。

國民政府深諳對外宣傳將帶動國際救助的資源，西方公共輿論所表現的同情可以使國民政府獲得可觀救災收入，便與美聯會合作以報刊、廣播、商業以及中美社會名流演講等四種方式募捐，努力構建救災正面形象。正如中央執行委員會強調：「應多做正面宣傳，爭取主動，以增加國際信譽」。國民政府在外示災荒中儘量塑造正面形象，避免被指責對災民的不幸表現得冷漠。

首先是美國本土報刊宣傳。1937 年 11 月，國民政府設立國際宣傳處，出版《戰時中國》（China at War），這是紐約中國新聞社（China News Service）發行時間最長的英文月刊。國際宣傳處一般會印發單行本 5000 冊分送美國政府議會要員及社會名流，另刊印 8000 份轉送同情中國的美國團體。〔註 71〕《戰時中國》的每一期刊登該會賑災信息和黃泛區籌賑啟事如下（見表 2-2）：

表 2-2 《戰時中國》發布黃泛區賑災及美聯會相關議題表

時間	作　者	議　題
1938 年		China's Sorrow Expiates its Past Sins《中國之觴彌補過去傷痛》
1938 年		Foreign Help for the War Stricken《援助飽受摧殘的國家》

〔註 69〕"UCR establishes two key groups," *News of United China Relief*, September. 5, 1942.

〔註 70〕United China Relief Archives, United Nations Archives, S-1267-0000-0346-00002.

〔註 71〕《董顯光與外籍報刊記者及其他人士聯繫關於對外宣傳事項》，宣傳部檔案，中國第二歷史檔案館藏，9-98。

朱蓉蓉：《國際宣傳處與戰時民間外交》，《社會科學戰線》，2012 年第 1 期。

1939 年		Yellow River As China's Ally《黃河是中國盟友》
1939 年		Solving the Refugees Problem《解決難民問題》
1940 年		North China Flood Relief《中國北部洪水救濟》
1940 年		Anhwei Cooperation《安徽工業合作社》
1941 年		Honan Administration in 1940《1940 年河南行政》
1941 年		C. I. C Supports 200000 People《中國工業合作社幫助 2 萬人民》
1941 年		The National Relief Commission《振濟委員會》
1941 年		Anhwei Cooperatives《安徽工業合作社》
1941 年		Canadian Pastor Support UCR《加拿大牧師支持美國援華救濟聯合會》
1941 年		The National Relief Commission《振濟委員會》
1941 年		Flood Prevention in Anhwei《安徽洪水防治》
1941 年		New Settlement for Refugees《安置難民的新措施》
1941 年		Aid to Refugee Students《幫助難民學生》
1941 年		C. I. C trade School for Poor Boys《為男災童設立的中國工業合作社職業學校》
1942 年		Work of U. C. R《美國援華救濟聯合會的工作》
1942 年	Maurice Votaw〔註72〕	U. S. Dollars Feed Chinese Refugees《美元資助中國難民》
1942 年		U. S Millions for China Relief《美國數百萬元救濟中國》
1942 年	Lewis Smythe〔註73〕	The Chinese Industrial Cooperative Movement《中國工業合作運動》
1943 年		Agricultural Development in Honan《河南農業發展》
1943 年	J. Henry Carpenter〔註74〕	The Chinese Industrial Cooperative《中國工業合作社》
1943 年		Honan famine Relief《河南災荒救濟》
1943 年	Rewi Alley〔註75〕	Loyang: A Front-Line C. I. C Center《洛陽：一個基層的工業合作運動中心》
1943 年		New Irrigation Projects in Honan《河南新建灌溉工程》
1943 年		Funds For Honan Relief《河南賑濟基金》

〔註72〕Maurice Votaw（武道）：上海聖約翰大學新聞系主任，也是美聯會在華通訊人。
〔註73〕Lewis Smythe（劉易斯・斯邁思）：南京安全區國際委員會成員，金陵大學社會學教授。
〔註74〕J. Henry Carpenter（亨利・卡彭特）：美國工業合作社委員會會長。
〔註75〕Rewi Alley（路易・艾黎）：行政院中國工業合作運動技術顧問。

1943 年		Aid For Honan Refugees《援助河南難民》
1943 年		$7560000 For Honan Relief《756 萬美元用於河南救濟》
1943 年		Aid to Refugees Along Yellow River《援助黃河沿岸難民》
1943 年		$20000000 For Honan Relief《2000 萬美元用於河南救濟》
1944 年		More Famine Station For Honan《給河南設置更多災荒救助站》
1944 年		$34600000 for Honan Relief《3460 萬美元用於河南救濟》
1944 年		China's war and Post War Needs《中國戰爭和戰後需要》

　　上表所示議題內容由中國新聞社人員與美聯會在華外籍人士書寫，經嚴格篩選和鑒定後發出。美聯會成立後，對黃泛區救災的宣傳顯著增多，充斥對國民政府賑災溢美之辭。〔註76〕

　　其次是廣播宣傳。國民政府國際廣播電臺、美聯會聯合美國國家廣播公司，增設節目，播報賑災情況及賑金用途。〔註77〕例如，1942 年 10 月 22 日上午 10 點播報：「河南省受災人口幾十萬人，美聯會資金已抵達重慶，專用河南賑災」。〔註78〕1942 年 12 月 12 日上午 11 點播報：「美聯會代表王普霖（Wang Chin Lin）主教在魯山縣與河南省 30 多個基督教傳教士討論工賑辦法，援助遷往陝西的河南難民。」〔註79〕

　　值得注意的是，國民政府一般很少傳遞河南受災損失和人員傷亡信息，只強調政府派員視察災區等內容。「1942 年 10 月 20 日，國民黨元老張繼抵達洛陽視察饑荒，河南省長李培基和蔣鼎文將軍等 22000 人歡迎。當他穿過街道，難民大聲歡呼。洛陽市民向他提交一份饑荒情況報告。」〔註80〕此播報有虛構成分，張繼和張厲生勘災前，中央特地交代彼此意志及對外表示「皆絕對一致」，並提醒兩位大員切實預防「民眾包圍請願」。〔註81〕國民政府這

〔註76〕The National Relief Commission, *China At War*, Vol. VII. No.1, July. 1941, p.37.

〔註77〕《美擴大募捐援華》，《工業合作月刊》，1941 年復刊號第 1 期。

〔註78〕United China Relief to Aid Honan, October. 23, 1942, Daily Report From Radio Broadcasts, FBIS-FRB-42-254.

〔註79〕United China Relief Works in Honan, December. 14, 1942, Daily Report From Radio Broadcasts, FBIS-FRB-42-298.

〔註80〕United China Relief to Aid Honan, October. 23, 1942, Daily Report From Radio Broadcasts, FBIS-FRB-42-254.

〔註81〕《軍事委員會委員長侍從室第二處主任陳佈雷呈委員長蔣中正關於河南省軍糧問題之經過情形與處理辦法》，1942 年 9 月，臺北「國史館」藏，檔號：0010000004790A。

樣做，既是為了維護政府海外形象，也使美國人相信其貢獻改善了中國人的生活狀況。

1943 年 2 月 1 日，《大公報》記者登載河南葉縣真實災情，重慶新聞檢查所勒令該報停刊三天試圖封鎖，引起國際社會一片譁然。在這之後，國民政府國際廣播電臺開始側重宣傳官方配套救濟措施，彌補受損國際形象，維持美聯會撥增賑災款項。例如，1943 年 4 月 7 日上午 11 點，國民政府向北美廣播：「在過去兩個月，政府額外撥款 200 萬元，與美聯會救濟基金相匹配」。〔註 82〕「監察院院長于右任義賣文墨 15 萬元，全部捐助鄭縣、許昌漯河。」〔註 83〕

再次是商業宣傳和名人演講。商業宣傳包括義賣中國產品、放映中國影片等。〔註 84〕名人演講以「中國周」聲勢最為浩大，美聯會對此用心頗多，邀請董事會成員宣講，〔註 85〕澄清資金籌集現狀和緩解中國危難。1941 年、1942 年，活動分別籌款 500 萬美元和 700 萬美元。宋美齡訪美期間，贈予該會一頭熊貓。〔註 86〕

除通過對美宣傳進行廣泛募捐外，國民政府與美聯會還協作開展施賑。合作方式之一為配款。1942 年 10 月，艾德敷向美聯會報告河南重大旱情，稱河南是中國軍事要地，饑荒要到 1943 年 5 月才可緩解。之後，美聯會執行委員會宣布撥款 21 萬美元，援助河南省 800 萬饑荒災民。〔註 87〕國民政府為美聯

〔註 82〕 U. C, R Planning Huge Honan Evacuation, April. 8, 1943, Daily Report From Radio Broadcasts, FBIS-FRB-43-084.

〔註 83〕 U. C, R Planning Huge Honan Evacuation, April. 8, 1943, Daily Report From Radio Broadcasts, FBIS-FRB-43-084.

〔註 84〕 New U. C. R. Movie, Available Soon, Depicts China Life, *News of United China Relief*, February. 5, 1944.

〔註 85〕 董事會成員除小西奧多·羅斯福、亨利·魯斯外，還包括：美國知名女作家賽珍珠（Pearl S. Buck）、前美國駐蘇聯大使蒲立德（William C. Bullitt）、太平洋國際學會（Institute of the Pacific Relations）資助者約翰·洛克菲勒三世（John D. Rockefeller III）、銀行家托馬斯·拉蒙特（Thomas W. Lamont）、著名電影製片人大衛·塞爾茲尼克（David O. Selznick）、加利福尼亞大學校長羅伯特·戈登·斯普羅爾（Robert G. Sproul）、共和黨總統候選人溫德爾·威爾基（Wendell Willkie）、紐約信託公司總裁阿爾特莫斯·蓋茨（Artemus L. Gates）、國際青年基督教協會尤金·巴內特（Eugene. E. Barnett）、以及商業總裁保羅·格雷·霍夫曼（Paul G. Hoffman）。董事會主席為詹姆斯·布萊恩（James G. Blaine），為美國海豐信託公司（Marine Midland Trust Co.）主席，該公司是整個紐約 17 家海豐銀行的控股公司。

〔註 86〕《蔣夫人贈美西康熊貓》，《申報》（上海版），1941 年 9 月 15 日，第 3 版。

〔註 87〕 "$210000 For China Aid: Money Will be Used for Famine Victims in Honan Province", *New York Times*, October. 18, 1942, p.38.

會在華救濟活動提供官方贈款和補貼。〔註88〕雙方協議，「中國政府為 1 美元匹配捐款 50 美分。按照大約 20 比 1 的法定匯率，每 1 美元可以直接兌換 40 元中國貨幣」。〔註89〕

國民政府與美聯會賑災合作方式之二為中國本土救災機構對接美聯會，分災民救助、兒童福利、教育、醫藥四項。

例如，美聯會以中國工業合作協會美國委員會與中國工業合作社合作，參與振濟委員會西部難民安置計劃，幫助逃往陝西 1000 多戶河南難民參與毛棉、皮革製造以及小型輕工業生產。〔註90〕美聯會定期撥款宋美齡主持的戰時兒童保育會和宋慶齡負責的保衛中國同盟，幫助戰災孤兒升學、習藝。1942 年，在美聯會資金扶持下，戰時兒童保育會特設寶雞臨時保育院，專收 498 名豫籍難童。美聯會醫療救助重點是中國醫療技術培訓，利用美國公誼服務會，配合美國紅十字會和行政院衛生署運送醫療用品至黃泛區。

第三種合作方式是重慶辦事處派代表奔赴災區，由地方政府協助，開展急賑、鑿井運動、遷移難民、平糶、冬賑等。

美聯會選定洛陽、鄭州、許昌、臨汝、郾城、魯山等 6 處自由區為急賑地，自 1942 年 10 月起，每月撥發賑款，〔註91〕1942 年第四季度共匯款 620 餘萬元，1943 年第一季度匯款 360 餘萬元，開設粥廠、發放食糧、免費診治災民。〔註92〕1942 年 11 月，重慶辦事處派天主教美籍副主教、前北平輔仁大學校務長韓克禮在魯山成立天主教辦事處，為豫省赤貧農民購買麥種，及時播種。〔註93〕

美聯會重慶辦事處還派代表與河南省政府官員合議救災辦法。1942 年，美籍天主教牧師、視察員王普霖抵達葉縣，與河南省黨部、省政府各廳處、縣政府等機關 20 餘人舉行救災談話會，地方官員逐一答覆王普霖所提以工代

〔註88〕The Ambassador in China (Gauss) to the Secretary of State, January. 23, 1943, *FRUS*, 1943, p.526.

〔註89〕"Chinese Match Gifts", *News of United China Relief*, June. 5, 1943.

〔註90〕"Famine Refugees Aided By New Resettlement Program C. I. C. Work Projects Help Hundreds Who Walked Out", *News of United China Relief*, September. 4, 1943.

〔註91〕《美國聯合援華會匯款救濟豫災》，《河南民國日報》，1942 年 11 月 22 日，第 2 版。

〔註92〕《美聯合援華會救濟豫災捐款》，《河南民國日報》，1943 年 3 月 30 日，第 2 版。

〔註93〕《美國聯合援華會匯款救濟豫災》，《河南民國日報》，1942 年 11 月 22 日，第 2 版。

賑、運糧、急賑等問題，傳達多加撥付救濟款項的盼望。〔註94〕

　　地方也充分利用美聯會代表訪問契機，塑造國民黨軍形象，但更多是粉飾工夫。災民缺糧之際，地方政府卻連日以宴會招待代表。1942 年 12 月 7 日，河南以催繳軍糧、壓迫災民著稱的第一戰區副司令長官湯恩伯特別邀請王普霖參觀軍隊表演射擊，並稱該軍所有官兵每人每月節省麥子 2 斤接濟災黎。據時人回憶：「湯恩伯軍隊仗持勢力，豬、羊、雞、鴨無不儘量搜括，為行車方便，強徵民工翻修洛陽至葉縣的公路，駐地百姓微薄富力被榨取淨盡」。〔註95〕

　　國民政府配套撥款也因政府官員貪婪，難以施展。1942 年，蔣介石撥給河南省救濟款法幣 1.2 億元，河南省政府將此款交給省政府秘書長馬國琳與河南農工銀行行長李漢珍，辦理平糶，解救災荒，但是馬、李兩人竟盜用一部分平糶款，購買美金公債，由洛陽轉到重慶，從中牟利。〔註96〕

　　鑿井是重要的抗旱措施，費時少，省錢，到處都可設置。美聯會與河南省合力推行鑿井運動，「工資由美聯會撥款，工料由河南省當局設法籌措」。〔註97〕美聯會還在陝、甘沿途設立粥廠，供給糧食及 2 個月津貼，平均每人 1100 元，解決災民 60 萬人跨越省界，鑿集隴海鐵路抵達陝西一帶之困難。〔註98〕同時，該會協助地方政府實行糧賑，直接發放糧食給災民。該會在糧食價格較低的陝西購妥 500 萬元雜糧，由地方政府提供人手運輸，緩解糧困。〔註99〕

　　中美合作賑災是美國對華經濟援助的重要方式，作為美國政府和民間支持中國抗戰所作努力的一部分，反映中美關係從有限合作走向全面合作。特別是美聯會輔助黃泛區災民在中國工業合作社生產、醫療技術援助以及災童教育等方面的建設性救災舉措，與美國增強援華力度，從援華初期「輸血」式援助向援華中期「造血」式援助邁進密切關聯，這對戰時中國經濟建設產生積極作用。美聯會在一定程度上幫助中國解決災民問題，其人道主義的善意和精神

〔註94〕《省救災會昨歡迎王普霖》，《河南民國日報》，1942 年 12 月 12 日，第 2 版。
〔註95〕張仲魯：《關於 1942 年河南大災的見聞》，中國人民政治協商會議河南省開封市委員會文史資料研究委員會：《開封文史資料》第 5 輯，1987 年，第 65～66 頁。
〔註96〕梁鑫：《河南農工銀行與李漢珍》，中國人民政治協商會議河南省開封市委員會文史資料研究委員會：《開封文史資料》第 4 輯，1986 年，第 100 頁。
〔註97〕《普遍鑿井原則業經商定工資有美援華會擔任》，《河南民國日報》，1942 年 12 月 12 日，第 2 版。
〔註98〕《豫災急賑，美援會月撥鉅款》，《大公報》（桂林版），1943 年 4 月 8 日，第 2 版。
〔註99〕《美援會代表王普霖昨蒞魯》，《河南民國日報》，1942 年 12 月 10 日，第 2 版。

值得肯定。但是，國民政府在實踐時未能細緻對接，地方政府和軍事長官投機取巧，營私舞弊，使美聯會賑災沒有發揮最大效果。

同時，中美賑災合作也超越人道意義，帶有明確的政治和戰略考慮。中國重視籌賑宣傳，使美國公眾直接瞭解中國戰時經濟、災荒情況，認識到中國為抗戰的付出和犧牲，爭取到更多的美國對華援助。美聯會的宣傳和賑災活動，則帶有加強美國在華影響力，增加中國人對美國的好感，宣傳美國基督教普世價值的意圖，為戰中和戰後推進美國全球戰略作輔助。

中美合作賑災，與戰時中美其他合作一樣，增加和密切了戰時中美關係。當然，美國政府對華遠期目標是中國在戰時和戰後都成為相對穩定而親美的同盟國，為美國提供巨大的市場和原料基地，抵制蘇聯，在國際事務中能堅定支持美國。這也促使美國積極助推中國參與籌建聯合國，並加入聯合國善後救濟總署，商討災後重建事宜，開展更廣泛的全球賑災合作。

第四節　融入國際：向聯總提交黃泛區救災申請

太平洋戰爭爆發和世界反法西斯大同盟的形成，給國際在華救災也帶來新的發展。最突出的表現便是新創建的聯總，成立於 1943 年 11 月 9 日，44個國家代表在華盛頓簽訂《聯合國救濟善後總署協定》，二戰時期最大的國際政府間救災組織由此產生。〔註 100〕此前，全球範圍內國際救災主體一般為宗教團體、志願團體等國際非政府組織，政府只是輔助。聯總的宗旨為：計劃、統籌、執行或設法執行若干辦法，以救濟在聯合國控制下的任何地區內之戰爭受難者，濟以糧食、燃料、衣著、房屋及其他基本必需品，供以醫務及其他重要服務，並於足以供應救濟之必要限度內，在上述區域內促進上述服務與各種必品的運輸。〔註 101〕它的新特點是世界絕大多數國家政府正式派遣代表，群策群力地辦理有理想、有計劃、有系統的世界救濟和善後工作。戰後黃泛區的救災資金和技術主要由聯總提供，這源於國民政府在抗日戰爭時期為黃泛區救助申請所做的準備工作。

首先，聯總尚未成立之前，中國便積極行動，為提交黃泛區救災申請計劃

〔註 100〕　《聯合國救濟善後總署協定》，殷夢霞、李強選編：《民國善後救濟史料彙編》
　　　　　　第 1 冊，北京：國家圖書館出版社，2008 年，第 20 頁。
〔註 101〕　《中華民國政府聯合國救濟善後總署基本協定》，殷夢霞、李強選編：《民國善
　　　　　　後救濟史料彙編》第 1 冊，北京：國家圖書館出版社，2008 年，第 20 頁。

提供有利組織前提。在這其中，美國幫助中國抬升在聯總的地位。

　　對於國民政府來說，如果中國能夠加入聯總中央委員會，將有機會指導國際救災，這就可以保證國際救濟物資不會落入中共手中，更可況此時國民黨軍和人民正面臨嚴重糧食短缺。相對的，戰後亞洲的戰略需求促使美國積極支持中國加入聯合國及其所屬機構。羅斯福認為，戰後國際結構不僅需要締造聯合國組織，還需要中國在經歷改革與轉型後成為美國盟友，作為「四強」之一協助美國維護亞洲秩序，維護全球與穩定，制衡蘇聯和英國〔註102〕。為此，美國力主中國成為聯合國創始國之一，幫助中國抬升在聯合國的地位。聯總成立以後，美國注意吸收中國參與聯總決策，將聯總中央委員會美、英、蘇三大國體制擴展為美、蘇、英、中四大國體制，這使中國爭取到在聯總的發言權。

　　早在1942年7月1日，美國助理國務卿艾奇遜（Dean Gooderham Acheson）專門為中國加入聯總問題與中國駐美大使胡適交涉。據胡適所言，目前未收到國民政府戰後救濟的指示，他更關心美國需要中國提供何種信息才能獲得救濟〔註103〕。7月14日，艾奇遜又令美國駐華大使高斯（Gauss）詢問國民政府戰後規劃意見〔註104〕。據高斯所言，國民政府在太平洋戰爭爆發前已開始討論戰後問題。具體來說，中國希望向美國尋求無附加條件的財政和技術援助，實施戰後重建計劃。

　　美國對中國支持的突出體現，即為主張免除中國作為聯總主創國應當承擔的物資經費供應。在美國財政部官員哈里・懷特（Harry White）的支持下，中國作為一個無需提供物資的國家加入該項目，且免除支付外匯成本。而當英國和挪威代表想要削減對華資金時，懷特為中國辯護，「中國遭受了超乎想像的痛苦，不應該被逼迫削減」。〔註105〕

〔註102〕 Charles W. Sharpe, J. R. (2012). *The Origins of the United Nations Relief and Rehabilitation Administration, 1939~1943*. Philadelphia: University of Pennsylvania, p.487.

〔註103〕 Charles W. Sharpe, J. R. (2012). *The origins of the United Nations Relief and Rehabilitation Administration, 1939~1943*. Philadelphia: University of Pennsylvania, p.494.

〔註104〕 The Ambassador in China (Gauss) to the Secretary of State, August. 3, 1942, *FRUS*, 1942, China, p.736.

〔註105〕 A. F. M. Shamsur Rahman. (1986). *United States economic and military assistance policy toward China during World War II and its immediate aftermath*, Kansas: University of Kansas, pp.296~297.

　　美國的做法也推動國民政府在聯總成立前後階段主動表態和積極響應。對外為聯總成立獻言獻策，例如，外交部長宋子文 1942 年 11 月 24 日向美國傳達中國的 2 條建議，一是聯總幹事在受援國行動需獲當地政府批准；二是以簡單多數票決定事務，避免重蹈國聯覆轍。〔註 106〕對內則為國際在華救災籌謀。

　　一方面，國民政府對於戰後社會救濟的國際合作初步確立原則，為國民政府積極向聯總申請黃泛區救災提供政策前提。1943 年 9 月 8 日，國民黨召開中央執行委員會第五屆十一中全會，強調戰後社會救濟應將國家復員計劃及建設生產計劃配合進行，以減少受救之人的數量，培養其自力更生能力，發揮救濟最高效能。該會議決戰後社會救濟和經濟建設的重要原則，通過戰後社會救濟原則案，社會部部長谷正綱對國民政府應對戰後國際在華救災問題提出以下原則：

　　　　因戰事歸國之僑胞，一俟居留地恢復自由，應即予以種種便利，協助其返鄉實施以救濟。

　　　　戰後社會救濟應與國際救濟機構密切聯繫，必要時得合作舉辦。

　　　　戰後社會救濟應由政府特撥專款，並接受國際救濟款物，發動社會力量積極推行。〔註 107〕

　　在社會救濟方面，全會也強調「國際救災應與國家復興計劃及建設生產計劃配合進行，以減少受救濟人之數量，並培養其自力更勝之能力，以發揮救濟之最高效能」。〔註 108〕

　　上述戰後建設方針奠定了國民政府善後救濟的基本政策。但是，它與聯總的政策精神不同，聯總是偏重直接救濟，恢復戰前原狀為目的和範圍。國民政府則特別注重建設一個現代化中國，借助其技術人才和機器，實現民生主義。

　　蔣介石也為戰後黃泛救濟作通盤考慮。早在 1935 年，時任行政院院長的蔣介石在黃河大水災發生後，就曾專門發文提出疏浚江湖河川、堤口壩閘修築與保護、助成國家水利工程建設等根絕災患辦法〔註 109〕。1943 年，蔣介石

〔註 106〕Sharpe CWJ. (2012). *The origins of the United Nations Relief and Rehabilitation Administration, 1939~1945*. Philadelphia: University of Pennsylvania, p.499.

〔註 107〕《中國國民黨五屆十一中全會會議案（二）》，行政院檔案，臺北「國史館」藏，014000000289A。

〔註 108〕徐義生：《善後救濟工作的行政制度》，殷夢霞、李強選編：《民國善後救濟史料彙編》第 2 冊，北京：國家圖書館出版社，2008 年，第 149 頁。

〔註 109〕蔡勤禹：《民國時期建設救災思想探析》，《雲南社會科學》，2021 年第 1 期。

飭令研究治黃計劃方案。蔣介石認為，這與中國將要簽署的戰後救濟及復興協定相符，可於聯總會議討論戰後復興方案時提出，也可配合中央設計局編擬的戰後國防及經濟建設五年計劃暨復興計劃。於是，行政院會同水利委員會、黃河水利委員會，會同擬具計劃，分為治標和治本兩部分。

治標方案認為應由水利委員會職掌花園口堵口工程，使黃河複循故道入海。政府方面，需要處理河南、安徽、江蘇等三省被淹區域人民歸鄉、復業等問題。〔註110〕

治本方案為整理黃河孟津至海口的河槽整理計劃以及陝州攔洪水庫計劃等。行政院要求水利委員會利用外國水利專家巴賴德（Barrett）等人繼續研究，以求完善。

需要說明的是，巴賴德也是美國國務院中美文化關係項目（Cultural Relations Program）的派遣專家，〔註111〕「此項目旨在加強美國在華文化影響，支持和鼓勵中美文化交流，以為本國利益和現實政策服務為目的」。〔註112〕該項目較為關注黃泛區問題。巴賴德曾在 1924 年至 1935 年期間擔任國民政府水利顧問，由此在中國積累了黃河問題的豐富認知和經驗。1943 年，美國國務院派遣他在中國政府官員和工程師的陪同下考察了河南泛區，以研究防洪灌溉、河道整治和發電等項目，他協助國民政府水利委員會研究黃泛區治本方案。

對於國民政府來說，參與聯總是將中國百萬災民遭受的苦難國際化，同時這也符合民眾憧憬戰後和平的願望。抗戰時期，中國人的國際觀念亦發生變化，參與國際事務的意識顯著增強。一些學人紛紛翻譯、撰文或演講呼應加入聯總，期望利用國際善後救濟物資促使戰後中國建設與發展，為中國提交黃泛區救濟申請提供輿論基礎。〔註113〕另一方面，中國人自覺提醒國民政府應重視黃泛區救濟。《大公報》在 1943 年 12 月 6 日刊發一篇評論文章《由聯

〔註110〕《復員計劃綱要（一）》，國民政府檔案，臺北「國史館」藏，001000004184A。

〔註111〕 The Ambassador in China (Gauss) to the Secretary of State, February 1, 1943, FRUS, 1943, p.732.

〔註112〕 楊雨青：《抗戰時期美國對華「文化外交」——美國國務院中美文化關係項目初探》，《抗日戰爭研究》，2011 年第 4 期。

〔註113〕 羅裱斯著，秉之譯：《戰後救濟初步考驗》，《文匯週報》，1943 年第 1 卷第 15 期；Evans, D. S.任實祥譯：《科學與戰後救濟》，《社會建設（重慶）》，1944 年第 1 卷第 1 期；喬治索羅維齊克著，余風譯：《救濟善後總署》，《西風》，1944 年第 68 期；斐力・加斯浦著，周君簡譯：《聯合國救濟善後總署：世界組織底樣本》，《民治》，1944 年第 1 卷第 2 期等。

合救濟會議談到堵塞黃河決口》。文中稱：

> 倘黃河於戰後不立即堵口，久而久之，改道之勢一成，則不但
> 華北糜爛永無止境，及淮河長江流域各省，亦將永無安枕之日，更
> 談不到農業復興。那時即使救濟善後總署送給我們許多棉籽、家畜、
> 肥料、農具，也都是枉然。因此為農業復興，必須先把黃河安頓好。
> 在我國談救濟善後，切不可忘了黃河堵口這件大事。〔註114〕

由此可見，將泛區救災問題作戰後國際化處理是國民政府和民眾的共同
願望。而聯總成立後，國民政府繼續為黃泛區救濟與聯總交涉。第一，成立中
國善後調查設計委員會；第二，制定黃泛區救濟計劃，提交聯總；第三，利用
美國援華項目培養泛區救災人才。

聯總援助的第一步是審定受益國家所需物資及數量，由受益國家向聯總
提出請求，包括詳細的經濟統計數字及使用物資的具體計劃，聯總中央委員會
負責計劃審定。〔註115〕

中國的善後調查設計委員會是國民政府借鑒歐美接納聯總物資的組織經
驗設立。據該會主任委員蔣廷黻稱：「在聯總召開第一屆大會的前一年，歐西
國家共同在倫敦設立善後救濟調查設計委員會，我當時深佩友邦辦法，建議
在行政院內設立同樣機構，請聯總派遣三位專家協助設計」。〔註116〕國民政
府要求聯總派遣專家需在經濟、農業和公共衛生等學科有所建樹。1944 年 4
月，聯總遣派經濟專家史泰雷（Eugene Staley）、農業專家陶森（Mr. Owen. L.
Lawson）和在印度洛克菲勒基金會工作的公共衛生專家格蘭特（John B. Grant）
三人來華，與中國政府措商戰後救濟事宜，並赴各地收集資料。〔註117〕於是
該委員會聘請章元善、國民政府財政部原外籍顧問阿瑟・恩・楊格（Arthur
Young）以及聯總專家派遣團成員等五人為顧問，負責與聯總溝通、調查統計
善後救濟所需的物資。〔註118〕但是他們無權代表總署決定或允諾任何事項。

〔註114〕《由聯合救濟會議談到堵塞黃河決口》，萬仁元、方慶秋主編：《中華民國史
　　　　史料長編》第 62 冊，南京：南京大學出版社，1993 年，第 746 頁。

〔註115〕陳之邁：《蔣廷黻的志事與平生》，臺北：傳記文學出版社，1985 年，第 49 頁。

〔註116〕蔣廷黻：《善後救濟總署幹什麼？怎麼幹？》，南京：行政院善後救濟總署，
　　　　1945 年，第 5 頁。

〔註117〕Eugene Staley. (1944). Relief and Rehabilitation in China, *Far Eastern Survey*, 10,
　　　　p.183.

〔註118〕《行政院成立善後救濟調查設計會》，萬仁元、方慶秋主編：《中華民國史史
　　　　料長編》第 64 冊，南京：南京大學出版社，1993 年，第 876 頁。

　　聯總特別囑稱派遣專家和國民政府應在 6 個月之內編制估計報告。行政院指派各有關機關，成立九個專門委員會負責調查設計，其組織系統如下圖所示：

圖 2-1　善後救濟調查設計委員會組織系統圖〔註 119〕

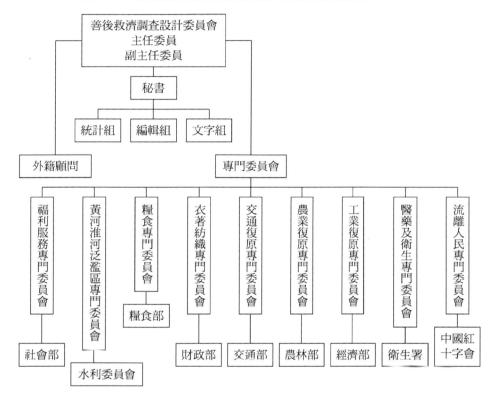

　　由圖可知，該會單獨設立黃河淮河泛濫區專門委員會，其餘 8 個皆與聯總調查設計機構相類似。因為中國黃泛問題比其他國家更加特殊和嚴重。正如史泰雷和陶森在黃泛區調研究以後，認為「讓黃河回歸故道，恢復小麥帶最富有的土地，應為聯總戰後的第一個工程。」〔註 120〕

　　專門委員會工作重點是初步估計各地區所需物資並起草報告交並聯繫各部協調，報告草就後，在外籍專家協助下，由該會委員洪蘭友、章元善、楊錫志負責總其成。專門委員會每兩周開會討論，黃泛區救濟問題曾被多次商

〔註 119〕《行政院善後救濟調查會及委員會會議記錄》，外交部檔案，臺北「國史館」藏，020000002843A。
〔註 120〕 "China's 450 million UNRRA's Biggest Job in Good Neighboring," *The Washington Post*, August. 13, 1944, p.2.

議。〔註 121〕1944 年 9 月，最終編擬成《中國善後救濟計劃》，由聯總專家帶回美國，提交聯總總部。

《中國善後救濟計劃》專有黃泛區章節，詳細闡述黃泛區需求情況。就文本結構而言，一共分為 4 節，第 1 節為決口經過及潰水影響。第 2 節介紹泛濫區域。第 3 節講述泛區人民、耕地面積及經濟價值。第 4 節詳述善後工程計劃。〔註 122〕從內容上看，第 4 節篇幅最大，工程內容包括黃河花園口堵口工程、黃河下段河堤修復工程、黃河下段堤防危險部分改善工程、淮河及其支流河堤修復工程以及河南、安徽泛濫區域排水改善工程，甚至將所需的具體器材都詳細列明。可見，國民政府的目的不僅在於恢復原有江淮河的各自行水系統，而且要與戰後水利復員及治黃導淮計劃互相配合。

需要注意的是，計劃擬定之時戰爭尚未結束，大部分為專家憑藉書面資料估計而成，並未作實地考察，內容不合實際在所不免。「此項計劃及數字，將來或需修正。房屋需要報告，較為草率，須待考慮後修正……中國政府對於各項計劃，仍在繼續研究中」。〔註 123〕而戰爭形勢及戰後的現實與計劃也有出入。1945 年 8 月，中日戰爭突然結束，「救濟不是像計劃的那樣，隨著解放從一個地區緩慢地轉移到另一個地區而零碎地進行」。

其次，國民政府注重水利工程，顯示了其志在工業化的決心，但計劃卻忽視黃泛區災民救濟，僅籠統納入農業善後救濟章節。雖說指望將黃泛區作為農業機械化及社會福利的新建設區域，可基礎性的災民救濟問題的解決方案卻語焉不詳，這使之成為空談。

除此之外，國民政府在申請態度上也急於求成，過分依賴。史泰雷和陶森也認為「儘管宋美齡在美國之行中煞費苦心地消除人們對中國人民永遠淪為乞丐的印象，他們非常讚賞聯總在黃泛區的工程計劃，不過，他們希望有人來幫助他們，而不是告訴他們自己該做什麼」。〔註 124〕

另方面，值得肯定的是，在抗戰後期，國民政府也意識到計劃提交以後，

〔註 121〕 《行政院善後救濟調查會及委員會會議記錄》，外交部檔案，臺北「國史館」藏，020000002843A。

〔註 122〕 《黃河淮河泛濫區善後救濟計劃摘要及有關文書》（1944 年 4 月），黃河水利委員會檔案，中國第二歷史檔案館藏，171-371。

〔註 123〕 《中國善後救濟計劃》，殷夢霞、李強編：《民國善後救濟史料彙編》第 2 冊，北京：國家圖書館出版社，2008 年，第 199 頁。

〔註 124〕 "China's Needs Include Repair Of Trucks and Skilled Staff," *The Christian Science Monitor*, September. 9, 1944, p.11.

應依靠美國政府援華項目，為黃泛區戰後復興和重建訓練人才。

其一，利用美國戰時生產顧問團（American War Production Mission）開展相關人才的培養。1944 年，行政院水利委員在美國租借法案中，選派各類水利人才 20 名赴美實習、考察。黃河水利委員會選派吳以敩參加，農林部選派傅煥光、任承統參加，這是中國第一批派往國外實習、考察水土保持的工作人員。〔註125〕

其二，利用聯總中國專家培訓項目，應聯總之請，派赴專家多人赴美考察。1944 年 9 月，國民政府派遣水利委員會 7 名高級水利專家，其中包括黃河水利委員會委員長張含英等人抵美，與美國的工程隊開展實地學習，為期 5 個月。考察內容包括：密西西比河管理項目（the Mississippi Regulation Project）、俄亥俄河墾殖計劃（the Ohio River Colonization Project）、田納西河項目的開墾與土壤管理、維克斯堡實驗室（the Vicksburg Hydraulic Laboratory）研究。〔註126〕

儘管美國人士對黃泛區的災情較為關注，但在抗戰勝利以前，中國只收到聯總從印度空運來的不到 100 噸的物資，主要是醫療用品和種籽。而在抗日戰爭勝利以後的三個月，由於中國和蘇聯軍隊佔領港口，聯總也沒有向中國提供物資。聯總的黃泛區的重建工作直到 1946 年才付諸實施。

綜上所述，抗戰時期國際組織在華救災呈現應變的總體特徵，反映了中國國際賑災合作的傳承與轉型，且與中國對外關係相輔相成。抗戰初期，國民政府奉行依賴國聯的外交政策，依託國聯興辦黃泛區救濟工程，因申請準備不足加之國聯顧忌日本強權，未能得到技術支持。而在太平洋戰爭爆發前，歐美等國政府對日本採取綏靖政策，不願捲入中日戰爭，致使中國政府的求援外交屢遭挫折。各國很少向中國提供政府援助，因此也沒有外國政府出面介入中國戰時救災。國民政府只得延續官義合作的賑濟辦法，在黃泛區施行三種政府委託型救災模式，由在華國際民間組織開展賑災。此時的中外賑災合作，在繼承近代以來的傳統外，亦表現出國際性組織救災的多樣化、國際化、地域化特徵，顯現出中國國際賑災合作更大的包容度。

〔註125〕黃河水利委員會編：《民國黃河大事記》，鄭州：黃河水利出版社，2004 年，第 184 頁。

〔註126〕China Trade News by China-America Council of Commerce and Industry Box4, American War Production Mission in China, 1944~1945, National Archives, Folder: 100896-004-0477.

　　國際賑災合作的轉型突出表現在國際援華與賑災合作的聯動。太平洋戰爭之後，中國抓住美援擴大與美國本土對華民間救災組織走向聯合的雙重契機，通過美聯會外示災荒，籌募資金，實施賑濟。隨著中國國際地位提升和美國外交支持，中國進而尋求與超越政府層面的全球國際組織「聯總」密切合作，制定黃泛區善後救濟計劃，依靠援華項目，為戰後復興訓練人才。

　　這一過程折射出國民政府尋求國際賑災合作更加積極主動且富有成效，從聯絡國聯時的生澀，逐漸變為與聯總合作時期的成熟；從委派內向性國際組織救災，轉為與外向型國際組織互動救災，同時彰顯國民政府追求水利技術與現代化基礎建設的決心。但不得不說，國民政府對用國外資金、技術、專家解決黃泛區問題存有過度的執念，過於看重水利的現代化以及救災的國際宣傳，卻忽視了難民的有效救濟步驟、國際援助和人民力量的結合、國民政府配套救濟措施等這些災區重建和復興的基礎。可以說，國民政府過度依賴國際援助，也為戰後黃泛區重建工作的失敗埋下種子。

第三章 戰時三方政權危機應對與政治合法性競爭

　　合法性屬於政治學概念，指社會秩序和權威被自覺認可和服從的性質和狀態，也就是哈貝馬斯所說的某種政治秩序被認可的價值，依賴於某種事實上的承認。〔註1〕它與法律沒有直接的關係，有些從法律來看是合法的東西，並不必然具有合法性，只有那些被民眾信任、支持與認同的權威和秩序，才具有政治學中所說的合法性。〔註2〕饑荒之所以在一個群體中發生，是他們沒有能力採取合適措施獲取食物。如果說，一直以來能讓民眾渡過難關的積極應對措施始終不能被採納，這其中一定是出現了斷裂，饑荒源於社會和政治層面的斷裂。〔註3〕因此，政權若要保持自身成為延續性的政治體，不僅不可被動放任災害危機，甚至需要主動在災害應對中彌補或找回合法性的資源。

　　花園口事件發生後，對於政權而言，主要面臨兩種災害應對的任務，其一為災害的救助與責任，其二為秩序的維護與保障。「無論一個政體的意識形態取向如何，我們都必須根據這一政體的政治行為來評估它的合法性，且這種合法性是一個持續的過程，是一個需要不懈地付出努力不斷建構的過程。」〔註4〕

〔註1〕哈貝馬斯：《交往與社會進化》，張博樹譯，重慶：重慶出版社，1989年，第184頁。

〔註2〕蔡勤禹：《民間組織與災荒救治——民國華洋義賑會研究》，北京：商務印書館，2005年，第51頁。

〔註3〕西爾維‧布呂內爾：《饑荒與政治》，王吉會譯，北京：社會科學文獻出版社，2010年，第4頁。

〔註4〕羅伯特‧傑克曼：《不需暴力的權力——民族國家的治理能力》，歐陽景根譯，天津：天津人民出版社，2005年，第140頁。

中日戰爭雖帶來救災資源的枯竭，但是，日偽政權、國民政府以及中國共產黨三方皆需要通過上述任務，特別是圍繞應急型水利與築堤競爭、衍生災害的應對，贏得人民承認、認可與接受，這折射了戰時三方政權統治理念的差異，也可審視其道德意圖和價值追求。

第一節　日偽對黃泛區災害的利用

　　兵要地志調查是一個國家發動侵略的重要組成部分，七七事變前，日軍幾乎連年制定兵要地志調查計劃且付諸實施，黃河一直是日本華北方面軍的重點諜報對象。〔註5〕1938 年 6 月 17 日，日本駐德特命全權大使東鄉茂德聽聞黃河決口後，專電提示外相宇垣一成，「注意參考德國人在慕尼黑研究黃河的試驗，開展水利治理」。〔註6〕7 月，是中日兩軍準備進行大規模武漢會戰的關鍵時刻，一方面，蘇聯在日本全面侵華後物資支持中國，日軍以「北進」策略轉移西方視線，對蘇更為強硬，以攻為守，挑起張鼓峰事件，希望西方能繼續對日本侵華采取綏靖政策。另一方面，日軍為武漢作戰的兵力、資材的集中，要先從國內運來，再從華北轉用。由於黃河決口，淮河也出現泛濫，津浦鐵路據點蚌埠的橋樑被衝垮、道路被水淹，從華北轉用兵力障礙很多。〔註7〕7 月 19 日，日本五相會議提出「從內部指導中國政權的大綱」，要點之三為將經濟、交通與救濟工作整合，不遺餘力完成軍事任務。〔註8〕由此，日本陸軍參謀本

〔註 5〕 許金生：《抗戰時期侵華日軍的諜報活動——以華北方面軍兵要地志調查為考察對象》，《軍事歷史研究》，2017 年第 2 期。

〔註 6〕 「13.独国」JACAR（アジア歴史資料センター）Ref.B04121093700、各国ニ於ケル治水関係雑件（G-2-1-3-1）（外務省外交史料館）。美國學者戴維・艾倫・佩茲（David A. Peitz）認為，綜合治理的水管理是西方 20 世紀發展起來的治水框架，20 世紀 20 至 30 年代，世界頂級土木工程師皆圍繞如何治理黃河論爭。1932 年，德國著名水利工程師赫伯特・恩格斯（Hubert Engels）受國民政府委託，在德國慕尼黑巴伐利亞州奧貝那赫（Obernach）大型水利場進行縮窄黃河堤距的試驗，研究華北平原水利治理。東鄉茂德所指即為赫伯特・恩格斯的試驗。見戴維・艾倫・佩茲：《黃河之水——蜿蜒中的現代中國》，姜智芹譯，北京：中國政法大學出版社，2017 年，第 89～90 頁。

〔註 7〕 《運輸處理和貨幣問題》，日本防衛廳防衛研究所戰史室：《中國事變陸軍作戰史》第 2 卷第 1 分冊，田琪之譯，北京：中華書局，1979 年，第 127 頁。

〔註 8〕 《從內部指導中國政權的大綱》，日本防衛廳防衛研究所戰史室：《中國事變陸軍作戰史》第 2 卷第 1 分冊，田琪之譯，北京：中華書局，1979 年，第 104～105 頁。

部與南滿洲鐵道株式會社（以下簡稱「滿鐵」）成立聯合研究會，專責資料整理與研究。同月，聯合研究會開始查閱黃淮防洪和管理的文本。9 月 21 日，兩機關在華北派遣軍指揮下，航拍新黃河，繪製地圖，召開聯合研究會議，擬定應對新黃河的方針和對策。聯合研究會日本人員名單如下：

表 3-1　新黃河聯合研究會成員名單〔註9〕

部　門	職　位	人　名
參謀部第二課地志班	陸軍步兵中佐	辻村憲吉
參謀部第二課地志班	大尉	佐藤龍雄
陸軍特務機關	兼任	本莊秀一
陸軍特務機關	兼任	立神弘津
陸軍特務機關	建設總局技正	秋草勳
陸軍特務機關	內務技手	土谷菊雄
滿鐵北支事務局	參事	本莊進
滿鐵北支事務局	職員	近藤政光
滿鐵北支事務局	職員	日野鐵夫
滿鐵北支事務局	職員	阪田恒夫
滿鐵北支事務局	助手	東條義治

　　如表所示，聯合研究會參與者，既有辻村憲吉這樣的參謀部高級軍官，也有秋草勳等水利專家，還有滿鐵北支事務局等對華資源開發部門，這延續了20 世紀 20 年代以來日本陸軍對華調查統制的思想。1938 年 9 月，滿鐵北支事務局權力擴大，統一管理華北日占區的鐵路、公路和內河航運，負責制定掠奪華北主要資源的長期計劃。〔註 10〕由於黃河泛濫，津浦沿線的交通網被破壞，滿鐵也與華北派遣軍緊密配合，承擔現地方案的起草任務。

　　聯合研究會從軍事和水利兩個維度闡釋新黃河的雙重影響。其一，新黃河將成為南北方天然軍事分界線，完成徐州作戰以來的繼續「事業」──黃河和長江中間的壓制圈，有效使用主力，除漢口外，不進行擴大戰局的作戰。其二，新黃河流域洪水面積過大，南北交通不便，將在多方面產生不利影響。

〔註 9〕「黃河氾濫対策に関する研究送付の件」JACAR（アジア歴史資料センター）Ref.C04120606000、支受大日記（密）其 5973 冊の内・昭和 13 年自 11 月 1 日至 11 月 8 日（防衛省防衛研究所）。
〔註10〕蘇崇民：《滿鐵史》，北京：中華書局，1990 年，第 748～749 頁。

聯合研究會也確定戰時黃河的一般方針。其一，新黃河入淮易造成損失，有必要整治黃河。其二，爭取佔領鄭州，控制徐州以東隴海線，利用連雲港，佔領西安，推進基本防洪。據此可以說，日軍對中國河流湖沼調查更新十分迅速，方針非常明確，一是鞏固佔領區，二是侵略新地域，反映日軍高度重視黃河水利研究與軍事侵略的配套。聯合研究會也初步擬定具體對策，「自 1938 年秋季起，隨公共秩序恢復和新中央政權勢力的擴大，在可行範圍內整治黃河。若政治和軍事形勢有變，從 1939 年秋季開始，儘量降低汛期洪澇風險。1942 年春季之前完成以下措施：開封附近的防水工程；確保津浦線據點蚌埠等附近鐵路線；預防新黃河對正陽關下游淮河流域的破壞」。[註11]此對策強調保護交通線沿線的開封、蚌埠等重要軍事據點，在日偽財力範圍內興辦水利工程，減少黃河水患。

1939 年 3 月 7 日，日本東亞研究所組織成立第二調查（黃河）委員會，由日本興亞院統署，加強對黃泛區的水利調查。[註12]興亞院受內閣總理大臣直接管轄，是日本實行對華控制的重要官方機構，日方動員和組織眾多技術專家加強對新黃河研究。1939 年 5 月，第二調查委員會部員萩原俊一致信日本東北振興電力株式會社橫山助成和滿鐵董事大藏公望，提請共同研究黃河，因其關係時局。[註13]該委員會得以聯合各方協助。第二調查（黃河）委員會下設內地委員會、北支委員會和蒙委員會，在日本、華北、蒙疆三地同時開展黃河研究。3 個委員會下設 17 個專業部會，委員長為建設總署技監、工學博士三蒲七郎，委員 289 人，均為日本專家，這提升了新黃河研究的專業性和準確性。第二調查委員會設立的組織結構如下：

（一）內地委員會（在日本本國）

第一部會——研究政治、經濟、社會問題。

第二部會——研究防洪及水運。

〔註11〕「黃河氾濫対策に関する研究送付の件」JACAR（アジア歴史資料センター）Ref.C04120606000、支受大日記（密）其 5973 冊の内・昭和 13 年自 11 月 1 日至 11 月 8 日（防衛省防衛研究所）。

〔註12〕「（3）1 第 2（黃河）調査委員会構成案（東亜研究所案）」JACAR（アジア歴史資料センター）Ref.C11110745500、黃河調査委員会北支委員会協議事項案（防衛省防衛研究所）。

〔註13〕「電力　萩原理事東亜研究所第二調査委員会内地委員会部員受諾報告」JACAR（アジア歴史資料センター）Ref.A10111351900、内閣東北局関係文書・両会社人事関係書類・昭和十四年度（国立公文書館）。

第三部會——研究農田水利、森林治水、農產、水產。

第四部分——研究水力發電。

第五部會——研究地質。

第六部會——研究氣象。

（二）華北委員會（在華北）

第一部會——研究社會經濟。

第二部會——研究防洪。

第三部會——研究農田水利。

第四部會——研究電力供給及工業用水。

第五部會——研究交通運輸。

第六部會——研究氣象。

（三）蒙疆委員會（在內蒙及新疆等地）

第一部會——研究防洪。

第二部會——研究農田水水利。

第三部會——研究電力供給及工業用水。

第四部會——研究交通運輸。

第五部會——研究氣象。

　　第二調查委員會自成立起用 3 年時間實地調查黃河中下游，整理文獻彙編、調查報告、設計規劃 193 件。1944 年 6 月，編成《第二調查（黃河）委員會綜合報告書》，約 73 萬字。在編撰過程中，興亞院多次派專人赴華調查，籌謀黃河水利開發。例如，1939 年 12 月，日本內務大臣小原直批准內務技監谷口三郎於 1940 年 1 月 12 日至 31 日赴中國調查黃河。〔註14〕1941 年，內閣總理大臣近衛文麿派遣內務技監高田昭實地考察河南三門峽堰堤地點。〔註 15〕1942 年 9 月 16 日，興亞院擬定兩年計劃，恢復舊河道，修建溢流堤，將部分

〔註14〕「內務技監谷口三郎東亜研究所ノ委囑ヲ受ケ北支那及中支那ヘ旅行認可ノ件」JACAR（アジア歷史資料センター）Ref.A04018563500、公文雜纂・昭和十五年・第四十六卷・內務省・內務省、大藏省・大藏省、陸軍省一・陸軍省一（國立公文書館）。

〔註15〕「興亜院事務囑託高田昭」JACAR（アジア歷史資料センター）Ref.A04018622900、公文雜纂・昭和十六年・第十四卷・內閣・各庁高等官賞与八（樺太庁～手当慰労金）（國立公文書館）。

河水引向新黃河，實施三門峽堰塞湖工程和電力開發工程。〔註16〕至 1945 年日本投降，研究尚未全部完成，日本已做出防洪、水力、航運、灌溉、墾殖、植林、漁業等初步發展計劃。〔註17〕例如，日方設想以黃河為中心的華北內河航運整理計劃，提出建設大的航道 3 條。一是整治黃河下游河道，利用中上游水庫調蓄水量，自孟津至利津通汽船；二是利用衛河和運河，從黃河、沁河補水，自修武、新鄉、臨清、德縣而到達天津，通行 300 噸脫駁；三是整理黃河水道，自花園口經周家口、正陽關、鳳臺、懷遠、蚌埠、洪澤湖、高郵湖與大運河匯合，溝通長江水運，行駛 300 噸拖駁。〔註18〕報告書還提出黃河治本的最重要任務便是大量植樹造林，即「森林治水」計劃。仍需指出，日報告書是日本投入技術人員最多、規模最大的系統研究黃河的成果，背後是掠奪中國資源的殖民野心。

決口初期形成新黃河，將日軍阻隔在黃泛區東面，國民黨軍在黃河西岸據守。1938 年 8 月 22 日，日軍大本營指示華北方面軍不得越過黃河及黃河泛水地區進行作戰。〔註19〕華北派遣軍指導偽華北臨時政府，按照聯合研究會的對策，不使黃河重回故道，維持黃河成為軍事對峙的前線，隨時偵查佈防，發揮屏障洪水的作用。例如，1939 年 2 月 6 日至 7 日，日本華北方面軍參謀部淺谷大尉、地志班佐藤大尉、駐守徐州的鷺津兵團工兵與偽建設總籍顧問聯合偵查決口兩地中牟縣三劉砦的趙口〔註20〕和鄭縣京水鎮的花園口。〔註21〕

1939 年，日偽著重於汴新鐵路的修築，與其相配合，修建相關範圍的堤

〔註16〕「黃河処理対策に関する件」JACAR（アジア歷史資料センター）Ref. C041
23821200、陸支密大日記記第 34 号・昭和 17 年（防衛省防衛研究所）。

〔註17〕黃河水利委員會編：《民國黃河大事記》，鄭州：黃河水利出版社，2004 年，
第 137 頁。

〔註18〕河南黃河河務局編：《河南黃河大事記》，鄭州：黃河水利出版社，2013 年，
第 139 頁。

〔註19〕《大陸指第二百五十號》，日本防衛廳防衛研究所戰史室：《中國事變陸軍作戰
史》第 2 卷第 1 分冊，田琪之譯，中華書局，1979 年，第 139 頁。

〔註20〕1938 年 6 月 4 日上午，國民黨軍先選定趙口挖掘，因磚石堅固，出水僅流丈
餘，決口告於失敗，遂又另在花園口決口。參見沈家五：《1938 年黃河花園口
決堤經過》，《民國檔案》，1986 年第 1 期；史行洋：《1938 年黃河南岸大堤決
口新探》，《中國歷史地理論叢》，2021 年第 2 期。

〔註21〕「黃河決潰口偵察報告送付の件」JACAR（アジア歷史資料センター）Ref.
C04120748100、陸支受大日記（密）第 8 号 2/2・昭和 14 年（防衛省防衛研
究所）。

壩。黃河決堤將隴海鐵路沖斷，直接影響黃河南北、黃泛區東西之間的交通聯繫。1939 年新年過後，日軍華北鐵道兵團與偽河南省建設廳強徵大量民工，由河南開封東南越黃河，修築黃河大橋，經荊隆宮、王莊、谷冷集、陽武、李莊、小翼鎮而至豫北新鄉縣，歷經半年修成汴新鐵路，全長 88.7 公里。〔註22〕1938 年 6 月 6 日，日軍侵佔省會開封。1939 年 3 月 1 日，偽河南省公署由安陽遷至開封辦公，日本特務機關、警備隊、憲兵隊大部集中在開封。對日軍而言，汴新鐵路是其攫取鄭州未得而另開的路線，直接聯絡隴海與平漢交通，軍事意圖很大。〔註23〕河南農產方面盛產大米、高粱、棉花、芝麻、花生等。汴新鐵路可使日軍加強華北與華東的聯繫，便利日本調遣裝備和人員，將搜刮的物資外運。

　　由於汴新鐵路起自開封，向西北方向延伸，花園口決口處距途經黃河故道的汴新鐵路只有 60 里，附近一帶軍事鬥爭尚在進行。〔註24〕若逢大汛，黃水有不及回轉、趁勢沖毀汴新鐵路之可能。為確保開封、新鄉的人員安全，防止新黃河以西國民黨軍對汴新鐵路的襲擊，1939 年 2 月 13 日，日偽在黃泛區東部邊緣築堤 80 里，與修鐵路同時動工，重兵駐守，防止決口處過水流回故道，抬高水位，維持黃水南泄。〔註25〕7 月，為防止黃河水回故道，保護通過故道的汴新鐵路，華北方面軍在花園口口門以東挖一口門〔註26〕，使河道擴寬，增加蓄水面積，提高汛期排洪能力。日軍做法既能衝擊國民黨軍在豫西的堤防，也可護衛新黃河以東地區的交通。

　　不過，華北派遣軍支持的偽華北臨時政府管轄決口地點，華中派遣軍支持的偽維新政府管轄新黃河下游皖北、蘇北，為洪水尾閭，地勢低平，田地常被淹沒，南北偽政權遂在治河主張上產生爭端。偽維新政府希望偽華北臨時政府能在決口處附近設置水門分溜，承擔經費半額，如有可能，利用黃河枯水期完

〔註22〕 李國華：《新汴鐵路始末》，《史學集刊》，1994 年第 2 期；王占西：《鐵路與殖民：抗戰時期的汴新鐵路》，《商丘師範學院學報》，2018 年第 5 期。
〔註23〕 孫岩越：《淪陷區之交通情形及敵偽交通政策》，《抗戰與交通》，1941 年第 60 期，第 1017 頁。
〔註24〕 王興飛：《政治還是民生？——偽政權黃河堵口研究（1938～1945）》，南京大學 2012 年碩士學位論文，第 23～25 頁。
〔註25〕 「資料送付の件」JACAR（アジア歷史資料センター）Ref.C04121187200、陸支受大日記（密）第 46 号 1/5 兵站外・昭和 14 年（防衛省防衛研究所）。
〔註26〕 黃河水利委員會黃河志總編輯室編：《黃河志卷一：黃河大事記》，鄭州：河南人民出版社，2017 年，第 177 頁。

成堵口作業。〔註 27〕華北派遣軍與偽華北臨時政府基於聯合研究會維持軍事分界線的主張，堅持黃河改從新道，趕築堤防，忽略決口處。南北偽政權多次在北平商談堵口，僅停留於口頭爭論，未見有落實堵口的具體行動，而偽華北臨時政府繼續強化堤防。1940 年 1 月 17 日，興亞院出臺《新黃河堤防增強綱要》，綱要指出，需根據新黃河流向現狀，在新黃河左側點加固堤壩設施，使其流向不會向東，即繼續堅固新黃河河道。施工時間為 1940 年 1 月至 6 月的農閒時節，偽華北臨時政府支出 50 萬元，委託偽河南省建設廳施工，材料直接從當地獲取，由各縣分工負責。〔註 28〕1940 年，汪偽政權成立後，偽華北政務委員會高度自治，遵從綱要，對決口處熟視無睹，繼續加固培修防泛東堤。

日偽通常會將河堤附近的區域劃分成所謂的「愛護村」，在沿堤民眾中攤派工伕。1941 年，日偽報刊記者專文連載《新黃河堤工隨行記》，展現日偽興辦朱仙鎮至決口口門的大規模堤防場景，堤工由陳留、杞縣、蘭封、睢縣、寧陵、商丘、柘城、通許等縣徵集，如日偽所稱，「各村莊的農民被徵築堤的人數很多，尤其是築堤沿途作為材料場的村莊……日偽對地方治安擔憂，召集村民在寬敞地方集合開會，先由音樂隊演奏中日樂曲，繼由宣傳員對村民精神講話，傳達築堤重要性、人民對自鄉應負保衛的責任，在可能範圍內協助日軍一切工作以及隊長關懷鄉民、特來宣慰等內容」。〔註 29〕

據日方記錄，1938 年至 1945 年，其不斷增強防範東堤建設，主要目的有四：其一，縮減泛濫地帶。日軍控制區為賈魯河流域，在正常情況下，黃河干流一直南流與淮河匯合。若主流由皖北渦河方向東移，將擴大洪水面積。「1940 年以來，渦河流域的洪災程度明顯降低」；其二，放大「宣撫」作用。日軍認為，水利工程可使民眾增強對偽政權政治秩序的認知，「民眾特意從 50 公里以外的地方趕來修築」；其三，確保佔領區穩定，便於日偽控制黃泛區的經濟資源，平復民眾情緒；其四，符合日軍對中共和新黃河右岸國民黨軍宣揚「勝績」的意圖，挑撥抗日軍民的關係。〔註 30〕

〔註 27〕《維新政府行政院有關蘇皖省請堵黃河中牟決口案》（1939 年 1 月至 1940 年 1 月），黃河水利委員會檔案，中國第二歷史檔案館藏，2101-575。

〔註 28〕「新黃河堤防增強に關する件」JACAR（アジア歴史資料センター）Ref. C04121854000、陸支密大日記第 5 号 3/3・昭和 15 年（防衛省防衛研究所）。

〔註 29〕《新黃河堤工隨行記（續）》，《新河南日報》，1941 年 2 月 28 日，第 2 版。

〔註 30〕「新黃河氾濫防止対策實施に關する件」JACAR（アジア歴史資料センター）Ref.C04122993900、陸支密大日記第 17 号 3/3・昭和 16 年（防衛省防衛研究所）。

　　1941 年春，日軍大規模增修防泛東堤，開封、通許、杞縣、扶溝等縣民工皆被號召。該地不僅是日占區，也是新四軍游擊隊活動區。睢縣、杞縣、太康 3 縣交界活動的新四軍「睢杞太獨立團」駐紮新黃河東北岸，以黃泛區未能完全淹沒的村莊作為隱蔽修整的場所。「睢杞太獨立團」最初阻擊日偽派出的勘測人員，駐防日軍針對性地派兵對勘測人員加以保護。但是，河堤重點工程大部分在通許、太康兩縣境內。日偽因考慮到切身利害以及沿岸居民早日施工的願望，通過當地群眾和中共游擊部隊領導人接觸協商，達到築堤目的。該獨立團從民眾利益出發，同意不干涉日偽的堤壩建設。〔註 31〕因此，堤防工程在年底得以修築完成。據日方資料顯示，自 1941 年以來，中共並未干涉工程執行。可見，在戰爭的相持階段，日軍如果不掌握民心就不能確保對佔領地區的統治，加修防範東堤可以鞏固佔領區域，安定民生，所以必須採取一定的修堤措施。而沿日偽防範東堤居住且沒有離開家園的普通中國民眾作為國民政府防泛西堤的受害者，迫於戰時生存的困苦，不免被日偽威逼利誘。中共在抗戰時期對日軍修堤的不干涉，這種戰時的人道主義反映了中共因地制宜開展敵偽工作。

　　同時，日偽新堤的建成又給堤內外居民帶來新的矛盾。1941 年秋，日偽在開封、杞縣以及東部的扶溝縣修成堤防和護岸。新堤堤內村莊因黃水被新堤阻擋，不能向外泛濫，堤內水位增高，各村房屋不斷倒塌，村民無論已外遷或留守村內者，看到堤外村民仍能照常安居，感到不平，而堤內一部村莊的居民聯合起來強行破壞新堤，堤外村民組織起來，武裝護堤，雙方激烈鬥爭，又給新堤帶來危險。〔註 32〕偽政權宣傳處處長刑幼傑的老家就住在杞縣和太康邊區交界的村鎮，被打在堤內，刑幼傑的堂兄是破壞新堤頭目之一。刑幼傑在日本陸軍特務機關副機關長可兒廉平的支持下出面調解糾紛，分別通知堤裏堤外各村選出代表到達太康西五十里高賢集偽區公所。最終作出下列決定，解決糾紛。

　　　　1. 由堤外各村，騰出一部房屋，堤內各村到堤外尚無房住者得
　　　　無償居住，堤外村民，應盡力予以協助。

　　　　2. 遇到堤外各村的內災民，無法維持生活者，由高賢區修建新
　　　　提施工所，按人口借給一部救濟糧，大人每人每日 12 兩（16 兩是

〔註 31〕侯全亮主編：《民國黃河史》，鄭州：黃河水利出版社，2009 年，第 191 頁。
〔註 32〕邢漢三：《日偽統治河南見聞錄》，鄭州：河南大學出版社，1986 年，第 189 頁。

一斤），小孩半斤，將來修堤開工時，借糧災民，必須參加修堤，以
所得工資，酌情扣還。

3. 堤內外村民，應共同協力保護黃河新堤，其有蓄意壞者，查
出後以嚴辦，全村連坐。〔註33〕

黃泛區水、旱、蝗、疫交織，嚴重破壞農業生產，影響了日偽的經濟掠
奪。救災及輿論宣傳可建構「文明」「親善」的形象，美化侵略行為，為殖民
統治服務。由此，日偽開展救濟，以《新河南日報》為陣地增強宣傳，收攬
民心。

防疫是救災的重要一環，也是日偽最為重視的事宜。1938年8月，河南
開封的水災引發霍亂。如若疫情擴散，將關係到日偽的切身利益。日軍較為重
視疫情的動員與宣傳，將「宣撫」與防疫相互結合，推行殖民「防疫」，其形
式見於三途：第一，派遣防疫班。1938年8月20日，偽華北臨時政府特派新
民會中央指導部中央防疫委員會防疫班小橋助人、副班長藤井正夫等8人，攜
有大批防疫藥品抵汴，著手治療染疫民眾。〔註34〕8月22日，日軍在野戰醫
院召開防疫大會，日軍機關長小島司令官、山田梘部長、防疫部高森部長、莊
村顧問、齊藤宣撫官、防疫處長王錫麟及日軍各機關代表十餘人出席，宣布出
臺衛生防疫的強制性措施，要求民眾遵守。〔註35〕

其一為井水管制，因開封市飲料全係井水，關係極為重要。日
軍令開封臨時市政公署，公安局，於每處井口，備置大水桶，置於
架上，不准水夫自用之桶入井取水，水夫取水時應先將手洗淨，以
防傳染病菌入水井。

其二為嚴格執行野菜消毒，禁賣瓜果。野菜關係飲食衛生，極
易藏匿菌毒，日軍要求野菜入城必先消毒，始准售賣。在時疫流行
期間，瓜果易使人傳染疾病，日軍下令絕對禁止市上販賣。

其三為頒發死亡掩埋證。關於疾病死亡，各處皆有掩埋證，以
便統計與考察。防疫班令公安局備製死亡掩埋證，凡患疾死亡者，
須隨時報告各分局，屆時由公安局衛生科或防疫處派員檢查，詳填
病症，發給掩埋證，始准掩埋，若無此證，出城不能通過。

〔註33〕邢漢三：《日偽統治河南見聞錄》，鄭州：河南大學出版社，1986年，第190頁。
〔註34〕《北京臨時政府關心防疫》，《新河南日報》，1938年8月22日，第2版。
〔註35〕《關切民眾健康生命，皇軍召開防疫大會》，《新河南日報》，1938年8月24
日，第2版。

　　第二，普及檢疫注射。檢疫注射可降低傳染率，是最妥善的防疫方法。但是，對於日軍而言，最難實施的便是防疫注射。雖有民眾自請注射，但人數甚少，儘管日軍在天津完成注射藥品的進購，但要使民眾皆得防疫注射，需市公署主持辦理，防疫處協助進行。為此，開封市特務機關多次張貼告示，要求全體市民注射霍亂預防疫苗，「國民黨軍在退卻以前欺騙市民，造出種種鬼話，說是日本軍隊所到地方，對人民施以種種危害，打絕育針，打啞巴針，胡言亂語，有知識的人都知道他是瞎說」。〔註36〕日偽又頒布強制注射的辦法，「凡是本市的順民，每人發給良民證一枚，在市民領良民證的時候，同時注射防疫針」。〔註37〕日軍也較為注重向群眾公布注射防疫針的效果，以宣揚政績。「截至1938年9月18日，開封市全市106286人，除因其他病症不能注射，及嬰孩之外，全行接種注射，共計98596人。」〔註38〕第三，成立防疫處。防疫處事務由駐紮日軍石川少尉負責，可隨時考察，指導進行。日軍下令成立檢疫委員會，令開封市公署、公安局及防疫處合成立一開封市檢疫委員會，以公安局長為委員長，聘請各醫官等任委員，以便隨時辦理或討論檢疫事項。日偽也注重預防其他疫病，1943年2月27日，河南臨漳縣駐縣日軍聯合新民會，由縣立醫院負責，普遍為城內民眾引種牛痘，共施種2萬餘人。〔註39〕日偽的措施一定程度上幫助民眾防範疫，藉此加強對社會的控制。

　　日偽著重抨擊國民政府賑災舞弊，在新聞中詳細描述了1931年河南大水時國民政府的賑災舞弊情形：

> 民國二十年太康大水，經河南省政府派員調查，大吹大擂，災區民眾均欣欣自喜，以為可賴賑濟以全活矣。乃查災委員離縣之後，縣長下諭派收查災委員會招待費750元，災民造冊紙張費1500元，災民冊印刷費2000元，災民冊填寫費1000元，覆查災區人員伙食費1250元，其他雜用752元，共6700餘元。由縣而區而聯保，縣派1元，區則倍之，聯保又倍之，民間所出不下數萬元矣。縣差區役催逼急如星火，少有遲誤，立遭拘押。而最後結果經省賑務會發洋2000元從事賑濟，賑款到縣後將收取民間之款就地放賑。各區長奉令向民間催逼更為嚴苛，而應向民間散放者終未涓滴分發。某甲

〔註36〕《為注射防疫針事告市民》，《新河南日報》，1938年8月24日，第2版。
〔註37〕《市民應踴躍注射防疫針》，《新河南日報》，1938年8月27日，第3版。
〔註38〕《防疫班德惠市民》，《新河南日報》，1938年9月18日，第3版。
〔註39〕《臨漳防疫》，《新河南日報》，1943年2月28日，第3版。

有地八畝，列為災民，依照名冊分配應領賑款 2 角，而應繳災民造冊等費則為 4 角。而後典當衣物，將 4 角造冊費如數繳納，而應領之 2 角賑款終未到手分文。一時哄傳災實乃「賑災」，且賑災之慘重，較匪災水災為尤甚。此語之意，蓋謂因「賑」而強派民款，使民間有又受「災害」也。〔註40〕

日偽也追責國民政府的釀災行為，這從《河南省黃河水災工振委員會宣言》中即可顯現：

> 慨自黨共禍國十載，於茲蔣逆專權橫行無忌，濫用私人，狼狽為奸，倡言建設，私囊中飽，假名機構，搜刮名脂，募集公債，吸髓敲骨，率土食人，徵調民間，壯丁窮兵，黷武枉顧，生靈塗炭，喪心病狂，任情反覆。初則聯俄容共，引狼入室。繼則清黨剿共，殘殺無辜，終則認賊作父，同流合污，自欺欺人，殃民禍國，乃竟再敗，勢同流寇，日暮途窮，狂悖逾甚，不悟焦土抗戰也。非近復包藏禍心，潰決黃河堤岸，致使萬千村落，盡付濁流，無數災民流離顛沛，餓殍載道，慘不忍聞。嗟夫！國家不幸，降彼巨凶，黎庶何辜，罹茲浩劫，此猶神人所共憤，天地所不容也。〔註41〕

早在 1937 年 12 月，華北方面軍制定《軍佔領地區治安維持實施要領》，「在大部分受水災的縣，縣的行政方面應以全力進行救濟」。〔註42〕日偽模仿國民政府振務委員會，成立黃河水災工振委員會，出臺《河南黃河水災工振委員會章程》，章程內容大致如下：

> 第一條：河南黃河水災工振委員會直隸於行政委員會，專理本省黃河水災之臨時救濟及善後事宜，以前黃河水利委員會主管事務亦暫由本委員會接管兼辦。
>
> 第二條：本委員會設委員若干人，以一人為委員長，其餘委員以行政部、振濟部、建設總署所遣派之代表、本省地方紳耆及於本委員會在公務上有直接關係之人員充任之。
>
> 第三條：本委員會設救濟組、收容組、工程組等。

〔註40〕 《社論：機關長嘉惠災黎》，《新河南日報》，1938 年 8 月 5 日，第 2 版。

〔註41〕 《關於河南黃河水災工振委員會的案卷》（1938 年～1939 年），黃河水利委員會檔案，中國第二歷史檔案館藏，2015-525。

〔註42〕 日本防衛廳戰史室：《華北治安戰上》，天津市政協編譯組譯，天津：天津人民出版社，1982 年，第 71 頁。

第四條：救濟組職掌關於災區難民之拯救保護事項、關於難民疾病診治事項、關於難民食糧分配事項

第五條：收容組職掌關於收容所之籌設及管理事項、關於難民收容之實施事項、關於已收容難民之遣送事項、關於收容所內難民食糧之分配事項。

第六條：工程組職掌關於潰決堤防之修補事項、關於開封及其他堤防禦水工程事項、關於救濟及收容處所必要之工程事項、關於排水方法之研究及其實施事項、關於難民回籍後復興與建設工作之指導事項、其他關於工程之一切事項。

第七條：各組設組長一人、組員三人，分理各該組主管事務。前項組長組員得由行政部、振濟部、建設總署職員中遴選兼任之。

第八條：各組各設工作班，其工作人員由行政部、振濟部、建設總署派員合組之。

第九條：凡本國及外國公私團體或人民因救濟本省黃河水災所捐款項，均有本委員會處理之。〔註43〕

黃河水災工振委員會還另公布《水災難民救濟辦法》，規定商借省救濟院、災童教養院、紅卍字會、前河南修防處及南小倉等處，設立災民收容所5處，商同公安局於南北兩關各設災民登記處一處。又於河道街前省立醫院舊址設立災民治療所及巡迴治療隊，先派員分赴各災區實地調查，分別填給災民證，造冊送舍。〔註44〕該會向沿河盡受水淹的農民發放麥種，承擔諸如白蘭寨木橋搶修工程、南堤西柳林搶險工程等。〔註45〕下面為1938年河南黃河水災工賑委員會水災救濟款項92185.69元的使用情況。

一、收容災民累計276828人，計共支洋20643.99元（除用下存米麵約合洋3849元，除存實需洋16790元，災民每人每日僅共合洋6分1釐弱）。

二、資遣災民253人，計共需洋252元，內有2人各支5角。

〔註43〕《河南黃河水災工振會組織章程已釐定》，《新河南日報》，1938年8月22日，第2版。

〔註44〕《黃河水災工振委員會公布水災難民救濟辦法》，《新河南日報》，1938年10月9日，第3版。

〔註45〕《河南黃河水災工振委員會十月份工程工作狀況》，《新河南日報》，1938年11月10日，第3版。

　　三、工賑災民 1944 人，交工程組救濟。

　　四、發放棉衣 5600 套，計共需洋 16739.81 元，除用下存藍布 139 匹，棉花 400 餘斤。

　　五、醫療災民累計 19017 人，計共需洋 425 元。

　　六、施放麥種，計地 134313 畝 8 分，每畝按 3 角 3 分，折發麥價，計共需洋 44323.56 元。

　　七、薪工支洋 3717.17 元，調查支洋 882.9 角。棺木掩埋支洋 185.88 元，補助省縣救濟院洋 2674.22 元，器具補單等洋 994.66 元，收容所雜支洋 887.86 元，治療雜支洋 458.64 元，共計洋 9801.33 元。〔註46〕

　　需要注意的是，日偽的真正目是以救災美化侵略。黃河水災工振委員會僅是臨時拼湊的救濟水災的組織，實際收效甚微。前述章程規定利用現地資源設立災民收容所，節省成本，但省縣救濟院因資產被日軍掠奪，無人管理，僅有少量災童在內。〔註47〕1939 年 4 月，偽華北臨時政府即撤銷該會。

　　專司賑濟的偽河南省振務委員會直至 1939 年 9 月 19 日才成立。1939 年 10 月 24 日，偽河南省正式頒布《勘報災歉條例》，在各縣設立振務分會。其賑款來源有偽華北臨時政府撥款、外省捐贈和偽地方政府自籌 3 種。一般情況下，偽華北臨時政府嚴格控制經費，不願輕易撥充。外省捐贈不固定，而地方政府自籌是日偽汲取救災物資的主要方式，號召民眾捐款獻物出力。1939 年 10 月，新民會舉行「災貧民救濟舊禦寒物獻納運動周」活動。新民會專門派員分頭赴開封街市商店住戶徵集舊棉衣，送存新民會，印領衣票發給貧民，譯傳單標語擴大宣傳：

　　　　我們用不著的破棉衣服與其在垃圾桶裏，何如救條人命呢！多捐一件穿不著用不著的破棉襖就能多救一條窮人命！破舊棉衣服在我們手裏是廢物，在窮人的手裏是報備！實施舊禦寒物獻納周的意義在於喚起人類的同情心。〔註48〕

　　偽河南省振務委員會常以「勞力代償」的方式使用水災救濟經費，即挑

〔註46〕《黃河工振會施行救濟概況》，《新河南日報》，1939 年 2 月 15 日，第 3 版。

〔註47〕《河南黃河水災工振委員會十月份工程工作狀況》，《新河南日報》，1938 年 11 月 13 日，第 3 版。

〔註48〕《新民會與市署救濟災民舊禦寒物開始徵募》，《新河南日報》，1939 年 10 月 24 日，第 3 版。

選待賑濟的少年，令其修築警備道路、橋樑等，發放每日工作勞資，以工代賑。〔註49〕

　　日偽在華北的淪陷區內的抗旱措施之一是增產救災，與其農業侵略政策息息相關。太平洋戰爭爆發前，日偽實行「中日滿農業一元」政策，即所謂中日「滿」因自然地理條件的不同各守獨立，適當分業。即日本國內已發達的或足用之農作物，中「滿」抑制；日本國內不足之物，中「滿」應擴充生產。日偽認為華北地區應增加耐旱作物棉花的生產，採取了養雞取卵的做法。其一，改進棉花的生產，成立河南棉產改進會。日本棉花專家擬定計劃方案，對棉花的播種面積、預計產量、分配方法、如何改良耕作技術、引用優良品種、使用化學肥料等都有詳細的規定，使棉農根據日本的需要徒增棉花單產。〔註50〕其二，組織河南省農業增產促進會，專責除棉花以外的農業生產，工作重點是加強大麥和小麥的農業指導。大麥本非河南主要糧食作物，只因當時日本華北方面軍所用的馬料以河南出產的大麥為主。〔註51〕每年秋季，即將第二年麥收後在河南徵購的大麥數字下達，必須照額完成，不得短缺。農業增產促進會對此不敢少懈，在大麥種前，按數量加碼分到各縣，麥收後照額收繳，某縣完不成任務時，縣長就要受到懲罰並按市價購買補足。小麥是河南主要農產品，除供給本地區食用外，每年都必須按規定數量運到北京、天津。「為實現農作物增產，改進耕作技術和品種、增施肥料、設立省、縣農業實驗場、舉辦農產品展寬會等，都一一見諸實施」。〔註52〕

　　1942年1月15日，華北派遣軍高級參謀西村乙嗣大佐在與政務有關的集會上稱華北的經濟指導方策是迅速建立軍官軍民自給自足的經濟，確保民生；減輕日本在經營華北方面的負擔，以最大的努力提供給日軍所需要的戰爭資源。〔註53〕1943年初，大東亞建設審議會通過「大東亞農業政策」。規定：第一，日本主要食糧之米，由國防觀點而言，應由東北及中國等近距離之處供給，故應該擴充食糧產量。第二，積極增強華北及華中的棉花生產，確保棉花

〔註49〕《振務會頒發水災救濟實施辦法，已令行各縣署遵照辦理》，《新河南日報》，1939年10月16日，第3版。
〔註50〕邢漢三：《日偽統治河南見聞錄》，鄭州：河南大學出版社，1986年，第121頁。
〔註51〕邢漢三：《日偽統治河南見聞錄》，鄭州：河南大學出版社，1986年，第122頁。
〔註52〕邢漢三：《日偽統治河南見聞錄》，鄭州：河南大學出版社，1986年，第123頁。
〔註53〕中央檔案館，中國第二歷史檔案館，吉林省社會科學院編：《日本帝國主義侵華檔案資料選編——華北經濟掠奪》，北京：中華書局，2004年，第740頁。

生產地帶之食糧供給。〔註54〕因此，日偽在華北控制的各縣依照地質與自然狀況，設定產糧重點縣，河南被分配 26 縣。〔註55〕1943 年 11 月 25 日，日偽又出臺《河南省棉花收買要綱》，要求棉農分擔棉花供應量。日偽政府的增產救災，其根本目的在於掠奪農民產品，達到侵略目的。日偽實施糧食統制，其收購價格大大低於市場價格，可以說是暴力掠奪。例如，1943 年，日軍在河南永城縣收購小麥的價格只有每斤 0.5 元，而小麥的應售價格是 68.4 元。以增產促救災，實際仍然是釀災。趙岫春任偽河南民政廳長時，不僅不設法賑濟災民，反而嚴令各縣，向人民收刮糧食，美名為建立糧倉，並擬定獎懲條例，嚴令各縣認真執行。偽縣長為著個人祿位，派偽保安隊夥同警察，到處劫奪農民糧食。豫東各縣中一部農民僅能糊口數月的少量食糧，因劫走而立即斷炊，被迫外套流為乞丐餓死者，不屬少數。偽民政廳甚至以積穀備荒為名搶糧勒索，加劇各縣本已嚴重的災荒。〔註56〕

日偽的應對旱災的辦法之二是鑿井取水。1943 年河南饑荒嚴重，3 月，偽河南省當局「為積極增強決戰體制下農產增進之力量，以改良土質、免除旱災起見，本年除將去歲所鑿成之井加以修理外……在茲春暖期間，全省再追加鑿井一萬兩千二百眼，由本年一月開始。現各縣業已積極動工，預定於本年四月底全部一齊完成，俾以待農忙期間之急需」。〔註57〕實施結果，豫東僅打些土井，夏季又多塌陷，磚井為數不多，機井每縣一兩眼。〔註58〕

日偽的應對旱災的辦法之三是所謂的「禳災」。偽省政府官員帶頭祈雨，縣區效法其行。1942 年，偽河南省長陳靜齋遴派民政廳職員范漁笙赴邯鄲迎請祈雨鐵牌至開封，陳齋戒沐浴恭迎。之後，陳每日清晨率省署各廳處、各附屬機關人員赴城隍廟祈雨，前後計 3 次，每次 3 天，最終下雨，日偽報刊稱是「上蒼的感動」。〔註59〕1942 年 7 月 17 至 19 日，陳命演戲 3 日，舉

〔註54〕中央檔案館，中國第二歷史檔案館，吉林省社會科學院編：《日本帝國主義侵華檔案資料選編——華北經濟掠奪》，北京：中華書局，2004 年，第 777～778 頁。

〔註55〕為彰德、武安、臨漳、湯陰、獲嘉、鎮縣、汲縣、輝縣、封邱、楊武、修武、武陟、新鄉、沁陽、商邱、鹿邑、杞縣、開封、中牟、陳留、通許、拓城、睢縣、寧陵、虞城、清化。

〔註56〕邢漢三：《日偽統治河南見聞錄》，鄭州：河南大學出版社，1986 年，第 74 頁。

〔註57〕《改良土質，免除旱災，本省擴大鑿井工作》，《新河南日報》，1943 年 3 月 25 日，第 2 版。

〔註58〕邢漢三：《日偽統治河南見聞錄》，鄭州：河南大學出版社，1986 年，第 123 頁。

〔註59〕《陳省長至誠格天，甘霖普降，民困得蘇》，《新河南日報》，1942 年 7 月 15 日，第 2 版。

行謝降及送神儀式。據邢漢三回憶，其曾問及陳靜齋求雨是否有用，陳言：
「你不信神，老百姓多數都信神。我定的求雨辦法，是 3 天拜廟，3 天掃街，
3 天等雨，反覆 3 次共 27 天，開封這個地區，能在 27 天內不下雨嗎？如果
下了，老百姓都說我們關心民眾，至誠感神，萬一下不了或下不大，老百姓
也說我們為他們盡到了心」。〔註60〕日偽各縣也紛紛響應，1942 年 7 月，原
武縣〔註61〕和淇縣〔註62〕知事皆率領轄縣官民祈雨。日偽是利用農民迷信心
理，以浩大的拜神求雨場面愚弄群眾，減少下層人民對日偽統治的不滿，穩
定統治秩序。

　　日偽亦對蝗災有所行動。1942 年華北大旱，河南泛區蝗蟲遍野，日偽所
轄各縣知事紛紛呈報。河南省公署擔心蝗蟲蔓延成災，影響增產，嚴令各縣
督率民眾迅予撲滅。〔註63〕日偽較為注重宣傳捕滅蝗蝻方法，劋除民眾對蝗
蟲的迷信。〔註64〕其倡導兩法治蝗：第一種是掘蝗卵。1944 年春，偽河南省
建設廳制定採蝗計劃，以 1943 年發生蝗災的 29 縣為重點，事先挖掘。該廳通
令各縣政府機關，督同保甲長、農民儘量挖掘，撥發各縣收買蝗蝻的資金，以
利滅蝗。〔註65〕第二種是治跳蝻。1944 年夏，蝗災再次蔓延，偽河南省政府
除下令有蝗蝻的各縣全力撲滅，派遣捕蝗督勵班，擬具蝗蝻防除計劃，印製
防除蝗蝻標語及告民眾書，派員赴豫北、豫東各縣督導講演，「作啟蒙之宣
傳」。〔註66〕偽政權常採取片面驅使的方式徵集民眾捕蝗，佔用勞力，空有口
號而不落實收購的蝗蝻資金獎勵，例如，1944 年夏，商丘縣的新民會、合作
社、警察廳、警備憲官兵，馳赴四郊，強制全村婦女大規模捕殺蝗蝻，〔註67〕
民眾被迫應付，捕蝗態度消極，因而收效甚微。

〔註60〕 邢漢三：《日偽統治河南見聞錄》，鄭州：河南大學出版社，1986 年，第 73 頁。
〔註61〕 《原武獲嘉兩縣知事設壇代民求雨》，《新河南日報》，1942 年 7 月 14 日，第
　　　　3 版。
〔註62〕 《淇縣知事設壇祈雨》，《新河南日報》，1942 年 7 月 14 日，第 3 版。
〔註63〕 《偽河南省政府呈請賑濟太康、沁陽水災旱災案》（1942 年 8 月～1944 年 12
　　　　月），黃河水利委員會檔案，中國第二歷史檔案館，2005-6195。
〔註64〕 《促起民眾自動捕蝗蝻，保護秋稼以增產》，《新河南日報》，1943 年 6 月 25
　　　　日，第 2 版。
〔註65〕 《預防蝗災以利增產》，《新河南日報》，1944 年 3 月 19 日，第 2 版。
〔註66〕 《根本滅絕蝗蟲之再繁殖》，《新河南日報》，1944 年 7 月 28 日，第 2 版。
〔註67〕 《商丘盧縣長親立陣頭指揮捕蝗工作》，《新河南日報》，1944 年 8 月 17 日，
　　　　第 3 版。

第二節　國民政府救災機制的傳統思路

　　「養民」「救荒治水」植根於儒家經典，「荒政」在古代封建社會被視為統治者和官員的基本行政措施，避免社會的混亂。晚清時期，19 世紀 70 年代的華北大饑荒與西方侵略曾引發清廷關於使用有限資金用於本國饑荒還是保護清政府免受帝國主義威脅的討論。〔註68〕民國以後，傳統關於救災的天道話語理念仍然存在。民國初年，受民權觀念、國家干預救濟等西方思潮影響，救災之於政治合法性被國民政府賦予新的內涵。

　　抗戰時期，蔣介石認為：「晚清農村堤防頹廢，災荒洊至，是受不平等條約的影響。」〔註69〕「在國民經濟方面，我們要實行計劃經濟，以期國防民生相結合，共同發展，改造中國為堅強的民族國防體」。〔註70〕1943 年，國民黨《中央日報》以「賑災能力的試驗」為題，把「河南人民所受之苦痛」視為「天降大任的試驗」，中國如孟子「經受種種天之磨煉，增益其所不能」之言。〔註71〕此救荒理念沿用儒家思想，移入民族主義觀念，論證了災民義務與國家存亡的關聯。

　　花園口決堤以後，新黃河由鄭州斜貫東南，成為中日軍事分界線，日軍在新黃河以東境內，設立豫東道，歸偽華北臨時政府管轄。〔註72〕新黃河以西和南部至平漢線地區，由國民政府統轄。鑒於豫中、豫南等黃河前線已成戰區，蔣介石下令：黃河水利委員會歸經濟部直轄，在沿河各省設立修防處，兼受第一戰區司令長官程潛指揮監督，〔註73〕此做法密切了戰時河工與國防的關係。6 月 22 日，蔣介石指示「速築泛濫西涯之南北長堤，加以射擊設備，以期防水防敵」。〔註74〕蔣介石告誡國民政府軍事委員會，「新堤截水所經路

〔註68〕艾志端：《鐵淚圖——19 世紀中國對於飢饉的文化反應》，曹曦譯，南京：江蘇人民出版社，2011 年，第 77～182 頁。

〔註69〕蔣介石：《中國之命運》，上海：文華出版社，1945 年，第 38 頁。

〔註70〕蔣介石：《中國之命運》，上海：文華出版社，1945 年，第 67 頁。

〔註71〕夏明方主編：《新史學第 6 卷歷史的生態學解釋：世界與中國》，北京：中華書局，2012 年，第 233 頁。

〔註72〕日偽政權區域北起汴新鐵路，南順新黃河，東連魯西、蘇北和皖北地區，包括原來的省城開封市、中牟、蘭封、考城、商丘、寧陵、民權、鹿邑、虞城、夏邑、陳留、杞縣、通許、永城、睢縣、柘城、淮陽、太康等 19 個縣市。

〔註73〕《國民政府軍事委員會快郵代電 3338 號》，中國人民政治協商會議河南省鄭州市委員會文史資料研究會編：《鄭州文史資料》第 2 輯，河南省鄭州市委員會文史資料研究會，1986 年，第 47 頁。

〔註74〕《關於修築黃河防泛新堤的函件》（1938 年 10 月），黃河水利委員會檔案，中

線，何者於我有利，何者可控制敵人，關係尤為重大，更須預為研妥，方可施工」。〔註75〕為此，國民政府令軍事委員會負責指導，黃河水利委員會主辦築堤，振濟委員會「以工代賑」。

首先，花園口東壩頭以下缺口泛水任其自然，分散成灘，使日軍的重兵器不易運輸，阻敵西進。同時，加固花園口潰口西壩頭，相機挑溜，分入故道，破壞新汴鐵路，保障國民黨軍的軍事據點，維持平漢交通。〔註76〕1938 至 1939 年，日偽為防止潰水東侵，自開封縣瓦坡，經通許、太康縣境，強迫沿岸民眾修築防泛東堤，圖遏水勢。1938 年 7 月，河南省政府會同黃河水利委員會，成立河南省修築防泛新堤工賑委員會，動員鄭縣、廣武縣民眾修築花園口到鄭縣唐莊的 34 公里堤段，此南北長堤成為防禦日軍的重要戰略屏障。8 月 9 日，行政院經濟部、交通部、振濟委員會及軍事委員會聯合會議商討修築新堤。振濟委員會表示，「平漢線一帶地勢大都西高東低，洪水並無向西泛濫之勢，就交通、水利兩方面論，防泛大堤似無修築必要」。〔註77〕振濟委員會稱，「惟在軍事方面是否須於重要地點作防禦工事，請由第一戰區司令長官查明決定」。〔註78〕振濟委員會因經費不足，急賑已發放 50 萬元，「餘款尚需辦理救濟老弱，能用於工賑者不足 20 萬元」，其用意是將築堤責任推給軍事委員會。最終，經程潛多次急電催促，8 月 18 日，蔣介石下令從軍事委員會經費中撥款 30 萬元辦理工賑。

其次，國民政府以培修河堤工作為重點，增固防線。1939 年 5 月，國民政府組設續修黃河防泛新堤工賑委員會，沿泛區接續鄭縣唐莊堤段，經中牟、開封、尉氏、扶溝、西華、商水、淮陽、項城、沈丘到安徽界首為止，修堤 280 餘公里，〔註79〕先後在此興辦 5 項工程，分別為：花京堤及京水軍工、泛東王

國第二歷史檔案館藏，2-3042。

〔註75〕《孔祥榕建議黃水泛濫善後意見》（1938 年 6 月），黃河水利委員會檔案，中國第二歷史檔案館藏，2-8209。

〔註76〕《關於修築黃河防泛新堤的函件》（1938 年 10 月），黃河水利委員會檔案，中國第二歷史檔案館藏，2-3042。

〔註77〕《關於修築黃河防泛新堤的函件》（1938 年 10 月），黃河水利委員會檔案，中國第二歷史檔案館藏，2-3042。

〔註78〕《關於修築黃河防泛新堤的函件》（1938 年 10 月），黃河水利委員會檔案，中國第二歷史檔案館藏，2-3042。

〔註79〕徐福齡：《抗戰時期河南省黃河防洪》，中國人民政治協商會議河南省委員會文史資料委員會：《河南文史資料》第 37 輯，中國人民政治協商會議河南省委員會，1991 年，第 25 頁。

盤阻塞軍工、修培黃河新舊堤防專案工程、沙河北岸堵塞串溝及築堤工程、整理雙洎河暨排除尉、扶防泛堤西積水工程等。〔註80〕1941 年，國民政府軍事委員會指揮黃河水利委員會河南修防處與國民黨軍第三集團軍總司令部河南第一區行政督察專員公署合組偵查班，派員到達開封、中牟、太康、淮陽等縣，監視日偽的水利工程動向，〔註81〕繪製《敵人導黃改流態勢圖》〔註82〕，擬定處置對策，〔註83〕要點有三：其一，派主力部隊北渡襲破；其二，遣空軍轟炸敵堤，不使日軍從容建築；其三，令黃河北岸部隊宣傳日軍陰謀，勸導民眾拒絕應徵。〔註84〕

再者，國民政府持續將人為決口作為戰術，輔助國防。1939 年，國民黨軍駐河南 20 師 120 團團長派第一營營長率部在河南大堤南一段東壩頭裏頭處，挑挖大溝。因口門水面太窄，便挖掘堤身，擴充水面，阻敵前進。對此，國民政府軍事委員會表示，該處駐軍不必呈報諸類事情，以免洩露軍情。〔註85〕1943 年 8 月，國民黨軍向黃泛東區挺進，在太康、通許等地決口 18 處。通許縣受災土地 30 萬餘畝，漂沒村莊 175 個，倒塌房屋 194243 間，死亡牲畜 21959 頭，災民死亡 58000 餘人，逃亡 38000 餘人。〔註86〕國民黨軍將阻敵置於防水與保民之上，多次隨意決口，忽視民眾生命和財產。例如，「1943 年 5 月，河南晚河南尉氏縣榮村呂潭坡謝道陵崗一帶，決口 15 處。5 月 27 日，前已堵合榮村第一口門上首，又潰決 1 處，連前共決口 16 處」。〔註87〕

〔註80〕《黃河水利委員會針對日偽破壞黃河堤工研擬對策及實施方法》（1939 年 8 月～1941 年 7 月），黃河水利委員會檔案，中國第二歷史檔案館藏，2-2176。

〔註81〕《與駐軍合組偵察班》（1941 年 3 月～1942 年 8 月），臺北中研院近代史研究所檔案館藏，18-20-02-002-03。

〔註82〕《黃河水利委員會對於日寇陰謀導黃入衛問題研究對策》（1941 年 5 月～1945 年 10 月），黃河水利委員會檔案，中國第二歷史檔案館藏，2-2717。

〔註83〕《黃河水利委員會針對日偽破壞黃河堤工研擬對策及實施方法)》（1939 年 8 月～1941 年 7 月），黃河水利委員會檔案，中國第二歷史檔案館藏，2-2176。

〔註84〕《黃河水利委員對於日寇陰謀導黃入衛問題的對策》（1941 年 5 月～1945 年 10 月），黃河水利委員會檔案，中國第二歷史檔案館藏，二（2）-2717。

〔註85〕《經濟部呈報冀魯豫三省黃河沿岸有關河防之軍事工程及各險堤組被挖掘情形的報告》（1939 年 3 月～1940 年 3 月），黃河水利委員會檔案，中國第二歷史檔案館藏，2-3041。

〔註86〕通許縣地方志編纂委員會編：《通許縣志》，鄭州：中州古籍出版社，1995 年，第 505 頁。

〔註87〕《黃河防泛新堤缺口及辦理經過節略》，行政院檔案，臺北「國史館」藏，0140000 09324A。

　　國民政府機構的「頭痛醫頭、腳痛醫腳」之弊造成工程成果薄弱。戰時黃河主流時有遷動，時循渦河入淮河，或南沖沙河東注或南潰。每逢汛期，一再上漲，流量甚大，變化無常。防範新堤一般都是倉促修成，堤身御水能力極為薄弱，堤身殘破，險象環生。第一戰區責在軍事，雖轄制河防，只能勉力應付。1941 年，第一戰區司令衛立煌致電蔣介石：「本區無專門機關和人才，煞費苦心，貽誤之災在在堪虞」。〔註88〕黃河水利委員會受制軍方，難以施展。國民政府所撥築堤經費又常常不足，擔憂災黎遷居淪陷區，幫助日偽修堤。〔註89〕

　　1939 年 6 月，國民黨派赴河南視察黨務的李嗣璁特意向中央執行委員會報告國民黨軍與日偽修堤勞資的對比情況，「現豫境續修黃泛西堤，由中央振濟委員會經濟部、豫省政府各撥 20 萬元，平均每土方給資 1 角 8 分，較去年築堤，每土方 3 角 5 分相差已多，且聞豫省復難照撥，故目前僅能按 1 角 2 分撥給工人。對岸敵人（日偽）徵工，每工發 3 角 5 分，藉以收買人心，一河之隔，懸殊如此，民心向背，關係非淺，應由中央令省府照撥或給足，以維民心」。〔註90〕日偽修築黃泛東堤期間，儘管黃河水利委員會河南修防處向經濟部奏報日偽築堤民眾人數、工賑錢糧、伙食供給等境況發展成常態。〔註91〕但國民政府缺乏通盤妥籌，因河防經費不足，很難實質提高工價。河防主辦人員生活窘迫，甚至挪用治河經費。〔註92〕

　　1939 年 3 月 3 日，軍事委員會指示豫、皖、蘇各省縣長官，就地督導民眾修築民墊，節制橫流並存堆餘糧。汛前組織修堤往往阻滯農民及時播種春麥，更何況民夫、料物等河工所需，均責成沿河各縣徵購，民眾不勝其苦。」〔註93〕且國民政府通常會在汛期到來之前組織沿河居民修堤工作，這也延誤

〔註88〕《治理黃河機構之設置與撤銷》（1938 年 3 月～1944 年 2 月），黃河水利委員會檔案，中國第二歷史檔案館藏，5-8193。

〔註89〕《行政院關於撥款修築豫省黃河各堤及組織黃河防汛新堤工振會案》（1939年 1 月～7 月），黃河水利委員會檔案，中國第二歷史檔案館藏，2-9277。

〔註90〕《行政院關於撥款修築豫省黃河各堤及組織黃河防汛新堤工振會案》（1939年 1 月～7 月），黃河水利委員會檔案，中國第二歷史檔案館藏，2-9277。

〔註91〕《經濟部呈報冀魯豫三省黃河沿岸有關河防之軍事工程及各險堤組被挖掘情形的報告》（1939 年 3 月～1940 年 3 月），黃河水利委員會檔案，中國第二歷史檔案館藏，2-3041。

〔註92〕《黃河防泛新堤缺口及辦理經過節略》，行政院檔案，臺北「國史館」藏，0140000 09324A。

〔註93〕《黃河水利委員會請撥款加修豫皖蘇三省黃泛區大堤案》（1939 年 3 月至 7月），黃河水利委員會檔案，中國第二歷史檔案館藏，5-9284。

了當地農民收購小麥的時期，中斷了農業活動。如河南榮村「附近 40 里料物已搜羅殆盡」，築堤工人所得食不獲飽，因感患疾病死亡者日有多起；皖北泛區素來匪患嚴重，民眾常備有槍支，日偽乘機提高槍價，大肆收買。〔註94〕這些例子顯示，黃泛區災民在艱難處境中逐漸喪失對國民政府的信任和支持。

花園口決口初期，國民政府採取急賑、收容、工賑、移墾等救災措施，例如，振濟委員會轉移 5 萬災民至河南鄧縣、陝西黎坪、黃龍山等地墾荒，1939年，逃亡陝西的災民約有 90 萬。〔註95〕西方學者認為，國民政府的目的是把戰爭的混亂變成民族復興的機會。〔註96〕為解決戰時救災資金的匱乏難題，國民政府極為重視籌賑宣傳。國內媒體利用「民族主義」、「犧牲」、「苦難」等話語為黃泛災民辯護，轉移國民政府的救災責任。對內塑造黃泛區難民為特定的犧牲群體災胞，在其話語之中，黃泛區難民所遭受的苦難是盡其心力供給抗戰、救鄉、建國的偉大事業。國民黨黨刊《河南民國日報》向黃泛區特派記者，刊載專題系列報導。該報強調泛區年輕力壯者都應參軍，抗擊日本侵略。這位特派記者甚至將自己調查「烈日之中等待政府救濟的黝黑膚色洪水災民」的心情描述成「哥倫布發現新大陸」。〔註97〕1943 年，河南省的一則募捐啟事寫道：「無論是從國家的前途，或是從國民的義務來看，我們一般僥倖身處天災圈外的同胞，都有立即出力出錢，救濟旱災的責任」。〔註98〕正可謂「節國力即培物力」「救國難即救自身」。對外，國民政府則展現正面的救災形象，獲取國際援助。

然而，實踐起來弊竇叢生，亂象反覆重演，表現之一是匿災風波。1942 年7 月，河南旱初成之時，地方民營小報《前鋒報》記者李蕤最先陸續披露詳實的災情，呼籲政府作準備，並未引起當局者重視。1943 年 2 月 1 日，《大公報》發表了河南通訊記者張高峰的《豫災實錄》。次日，王芸生又以《看重慶，念中原》社評抨擊國民政府對河南災情的漠視以及災區徵糧的事實。〔註99〕關於

〔註94〕 天任：《黃災慘重下的皖北農村》，中共臨泉縣委黨史辦公室：《安徽省中共黨史資料叢書──淮西風雲錄》，合肥：安徽人民出版社，1992 年，第 192 頁。

〔註95〕 鮑夢隱：《阻敵與救災：黃河掘堤之後國民政府的應對》，《抗日戰爭研究》，2021 年第 4 期。

〔註96〕 Kathryn Edgerton Tarpley. (2016). Between War and Water: Farmer, City, and State in China's Yellow River Flood of 1938~1947, *Agricultural History*, 90 (1), 94~116.

〔註97〕 《社評》，《河南民國日報》，1938 年 8 月 26 日，第 1 版。

〔註98〕 《社評：為救濟河南旱災呼籲》，《申報》，1943 年 4 月 12 日，第 2 版。

〔註99〕 宋致新：《1942：河南大饑荒》，武漢：湖北人民出版社，2012 年，第 6 頁。

河南災荒的真相在重慶居住的眾多外國記者中發酵，政府報之以勒令《大公報》停刊三日。〔註100〕這反而激起美國《時代週刊》記者白修德（Theodore. H. White）與倫敦《泰晤士報》記者福爾曼一同前往災區探求究竟。

　　1943年，白修德和福爾曼自河南洛陽赴鄭州，實地考察兩周，親眼目睹滿目瘡痍的河南災區和可憐痛苦的災民。白修德認為，「中國政府未能預見災荒，災荒來了之後，又未能及時動作……賑濟工作的特點是愚蠢和沒有效率」。〔註101〕同時，白修德從洛陽即向美國《時代週刊》發出豫災的真實報導。而《時代週刊》的負責人也正是前文所言美聯會的主要創辦者亨利·魯斯，這讓正在美聯會支持下在美國四處演講籌賑的宋美齡頓感顏面掃地。「政府對河南省饑荒的目擊者所寫的報導極為不快……正在這時，蔣夫人在美國大作動人的演說，稱讚中國的勇敢和民主，同時極力抱怨說，有關饑荒的報導起了很壞的影響。她不要求政府對河南省予以援助，反而要求加強對報紙的檢查」。〔註102〕

　　1943年4月5日，白修德從災區回到重慶以後，面見蔣介石，以實拍照片為鐵證，痛陳河南災情。對此，蔣介石卻宣稱「深以我國地方官員尚未詳報實情為痛」。〔註103〕然而，1942年6月，河南省政府主席李培基已向中央政府報災：「今年春少雨，二麥枯萎，以風雹麥毀尤多，懇核迅賜賑濟並酌予減免負擔」。〔註104〕1942年7月24日，第一戰區副司令長官曾萬鍾專電蔣介石表示：「河南今歲雨水失調，秋收顆粒無望，災情嚴重，數十年所未有，尤以豫西各縣為最，人民相率逃災」。〔註105〕由此，蔣介石的話語顯然是面對國外記者鐵證的搪塞，試圖為政府在災荒面前的不作為尋找藉口。

　　1943年4月11日，蔣介石記載了對河南災荒的同情，「河南災區餓莩載道，犬獸食屍，其慘狀更不忍聞。天乎，若不使倭寇從速敗亡，若再延長一年

〔註100〕白修德、賈安娜：《中國的驚雷》，端納譯，北京：新華出版社，1988年，第185頁。

〔註101〕白修德、賈安娜：《中國的驚雷》，端納譯，北京：新華出版社，1988年，第193～194頁。

〔註102〕王安娜：《中國——我的第二故鄉》，李良健、李希賢譯，北京：三聯書店，1980年，第377頁。

〔註103〕葉健青編：《蔣中正總統檔案：事略稿本》第53輯，臺北：「國史館」，2011年，第177頁。

〔註104〕《河南省災害救濟（一）》，國民政府檔案，臺北「國史館」藏，001000004970A。

〔註105〕《河南省災害救濟（一）》，國民政府檔案，臺北「國史館」藏，001000004970A。

之後，則中國萬難支持，勢必蒙受無窮羞恥，不能完成上帝賦予之使命矣，奈何，蒼天上帝，盡速救我危亡乎」。〔註106〕可見，蔣介石仍然沿用其行政思路，將災荒的同情轉化成領導抗日的決心。

諷刺的是，蔣介石一面憐憫河南災荒，一面卻嚴加斥責負責接待國外記者的河南地方官員胡亂發表中國災情言論。1943年4月15日，蔣介石發出手令：

　　月有英美通訊社記者數人赴豫調查災情，而鄭州許昌各地警備
司令與專員各縣縣長等，其與記者談話時無不張大其詞，危言聳聽，
暴露我抗戰之弱點，影響我軍民之心理。其愚魯幼稚，殊失國體，
且一面極言災民之慘狀，一面又對此記者以盛饌相招待，使各記者
對我公務人員之譏評，此種趨奉外人之卑劣心理，殊堪痛心，務希
告誡我各地軍政主官，切實反省徹底改正為要中。〔註107〕

同日，蔣介石又特地向李培基、蔣鼎文等人下達處理河南災民屍體的命令。

　　據中外人士視察豫省報告稱，由鄭州至洛陽及至許昌各地，沿
途皆間暴骨磊磊，狗彘相食，或埋藏過淺，臭氣外揚，不悉此種情
形，凡等亦有所知否。何以不速設法改正，以後不論軍民屍體，如
其無人收瘞，應由政府負責代埋。而埋葬時，其坑深必須超過五尺，
並多蓋土於其上，以免暴屍腥臭之弊，希即令各地軍民當局負責速
辦為要。〔註108〕

蔣介石要求地方官員對外注意言行、掩飾災荒、代埋屍體的連番手令操作莫不說明其對中國國際形象的重視與維護。而蔣介石這樣做的原因，如第二章所述，1942至1943年河南大災荒發生之時，正是國民政府積極與國際救災組織聯絡和互動的輝煌時期。一方面，蔣介石正在為參與聯總，佈署黃河水利委員會擬定治黃的整個計劃。另一方面，國民政府為籌賑向美聯會宣傳國民政府在河南災賑事業的成功。國民政府甚至在本國大饑荒自顧不暇之時，去幫助發生饑荒的印度和遭受地震的土耳其，以向國外說明國民政府不僅僅是海外援助的接受者，還可以向其他國家提供援助，顯示「世界四強之

〔註106〕《蔣介石日記》，1943年4月11日，美國斯坦福大學胡佛檔案館藏。
〔註107〕《軍事委員會委員長蔣中正電蔣鼎文等為改正英美記者赴豫調查災情鄭州許
　　　　昌接待官員失當言行》，國民政府檔案，臺北「國史館」藏，001000002146A。
〔註108〕葉健青：《蔣中正總統檔案：事略稿本》第53輯，臺北：「國史館」，2011年，
　　　　第235～236頁。

「一」的身份。

對此，國民政府從事賑濟的地方官員皆心領神會。1943 年 4 月 17 日，李培基從魯山覆電中傳達了對輿論管控行動的落實。「電飭各縣急迅施救」、「死亡者妥予掩埋，以重人道」、「組織防疫隊三隊與地方會同辦理醫療防疫」。同時，李培基對蔣介石在意的輿論問題寬慰道：「地方人民望賑心切，難免有過甚其詞的地方，而外人基於一時之同情心，遂亦不加深查，實則死亡情形並不似傳聞之甚」。〔註 109〕1943 年 5 月 6 日，賑濟委員會委員長許世英也對蔣介石的「剴切告誡」積極反饋，其認為「我國家族倫理觀念深厚，決無殺兒自食之事，根本不近情理」並要求豫各賑濟機關和各省賑務會「篤實努力，謹飭言行，毋得習為浮誇妄誕言辭」表態要「通飭全國各賑濟機關一體凜遵」。〔註 110〕而鄭縣縣長魯彥卻因為向英美記者詳詰人民負擔及災情嚴重，直接被國民政府以「救災不力」作撤職處分。〔註 111〕可見，國民政府從中央到地方在面對國際媒體曝光災情之後管控災情與重塑災情的「決斷」。

亂象表現之二是兵糧動員引發民憤，溯其機制根源，國民政府未能處理好軍需與賑務的矛盾，中央和地方不斷博弈，致使養民之術破產。

實行兵役和徵糧是長期抗戰的保證。國民政府認為「抗戰建國之際，自應將一切人力物力財力貢獻國家，以期爭取最後勝利」。〔註 112〕河南自 1937 年 8 月即開始實行徵兵。抗戰時期，河南省糧食徵用量僅次於四川省，居第 2 位。而諸多壯丁被國民政府徵召，1937 年至 1941 年間，河南省的徵兵人數達到 1343026 人，居全國第一位。〔註 113〕

但是，國民政府的役政卻被河南民眾視如猛虎，成為最嚴重的社會問題。其種種不法現象包括：一、違背法令浮配濫徵；二、借兵謀利欺上罔下；三、虐待壯丁侮辱人格；四、河南壯丁應役總數過大，被徵殆盡。〔註 114〕兵員的惡性補充直接造成百工停頓，田園荒蕪，農村經濟破產，反而影響抗戰資源的汲取。

〔註 109〕《河南省災害救濟（二）》，國民政府檔案，臺北「國史館」藏，001000004791A。
〔註 110〕《河南省災害救濟（二）》，國民政府檔案，臺北「國史館」藏，001000004791A。
〔註 111〕《河南省災害救濟（二）》，國民政府檔案，臺北「國史館」藏，001000004791A。
〔註 112〕《河南省各縣辦理軍事徵用給價暫行辦法》，行政院檔案，臺北「國史館」藏，014000002954A。
〔註 113〕石島紀之：《抗日戰爭時期的中國民眾：飢餓、社會改革和民族主義》，李秉奎等譯，北京：中國社會科學出版社，2016 年，第 10 頁。
〔註 114〕《軍事違紀案件處理（十）》，國民政府檔案，臺北「國史館」藏，001000005791A。

　　河南地方的徵實徵購也遠超災民承受範圍。1940 年 3 月，河南省政府專門擬具《河南省查輯食糧資敵辦法》，以防糧資敵和預防荒歉。辦法規定，「游擊區已被日偽暴力控制之地方，經濟部指定為禁運資敵物品區域者，所有食糧一律禁止運往」。並要求所有在國民政府政權控制區域，個人和團體運輸糧食都需地方政府發放許可證書。〔註 115〕1940 年 3 月，河南省政府又擬定《河南省非常時期清理各縣歷年積欠收田賦暫行辦法》，河南省主席韓德勤甚至要求小學職員、地方士紳皆加入催糧大軍，挨戶催糧。「貧窮小戶，對於積欠無力完納者，由聯保甲長商同殷實富戶資以低利貸款以清完」。〔註 116〕例如，1941 年 7 月，河南省鹿邑縣遭受水災和蝗災，糧價暴漲，政府變徵貨幣為徵收實物，同年應徵糧 10166 石，實徵 2786 石，1942 年，該縣春荒嚴重，國民政府反而加大征斂，夏季強徵糧食 10415 石。〔註 117〕

　　1942 年 3 月 21 日，李培基意識到河南災民的不堪重負，上報中央：「國防工程係屬全國性質，顧名思義，不應責成豫省一省擔任，材料、車畜、民伕、軍麥、麵粉、穀草、飼料等項悉由地方徵用，代價悉由民眾賠墊，農民不堪重負」。〔註 118〕李培基請求中央設法杜絕少數部隊不依章法徵用的現象。

　　1942 年下半年，河南軍官也對災情有所反應，和地方行政人員有共同和差異之處，表現在三個方面：其一，都未隱匿災情。1942 年 7 月 27 日，第一戰區司令員蔣鼎文請示蔣介石：「軍糧民食在在堪虞，職等責任所在，不敢緘默，未雨綢繆，敢先請命，所有軍糧如何接濟，民食如何救荒」？〔註 119〕在其後，1942 年 7 月和 9 月，李培基都有報災。

　　其二，都關注災情下的地方治安的維護。蔣鼎文擔心「奸黨」借災情「煽惑」，特別是請願代表函電太多，致使民心極度不安。李培基更惶恐所謂的姦偽邪教有機可乘，暗肆活動，散佈謠諑。因為各災重縣份已經發生姦偽及妙道會不逞份子策動的婦女請願亂象。因此，李培基提出請授予全省保安司令處變特權，對重要的盜匪或破壞治安等人犯，准許由省先行處決，可應付緊

〔註 115〕　《糧食資敵防止辦法（一）》，行政院檔案，臺北「國史館」藏，014000001274A。
〔註 116〕　《河南省非常時期清理各縣歷年積欠田賦暫行辦法》，行政院檔案，臺北「國史館」藏，014000007606A。
〔註 117〕　鹿邑縣地方志編纂委員會：《鹿邑縣志》，鄭州：中州古籍出版社，1992 年，第 430 頁。
〔註 118〕　《河南省各縣辦理軍事徵用給價暫行辦法》，行政院檔案，臺北「國史館」藏，014000002954A。
〔註 119〕　《河南省災害救濟（一）》，國民政府檔案，臺北「國史館」藏，001000004970A。

急事變。

其三，都提出「鄰省協助補給」的解決辦法。李培基提出以糧食庫券抵押銀行分配給受災各縣，赴陝、鄂、皖三省購糧，以暢糧運。

不過，戰區軍官和地方政府官員的請賑有所不同。軍官重「軍糧接濟」而輕「民食」，蔣鼎文在電文中更關心豫省本年徵實徵購的糧食 500 萬市石能否收購足額。河南省地方則擬定散放急賑、貸放倉穀、減免積穀、辦理平糴、舉辦農貸、施放種籽、增設小本貸款、籌劃移民開墾、暢通糧運、撫輯流亡等 10 項辦法，主要目的是請求中央撥發賑款。

在災情沒有在國際社會蔓延之前，中央高層對待豫災的態度亦有四重維度：其一，並未足夠相信和重視災情，「情形似頗為嚴重」，批准「交行政院速予查照災情程度」。主要因抗戰時期，各省份常謊報災情，少交或減免軍糧徵收。因此，中央對請賑管控嚴格，皆需行政院查明再作定奪。

其二，中央高級行政官員更重視災情之下的軍糧徵收。1942 年 9 月 9 日，軍事委員會政治部部長張治中表示，各省府糧政機不能交足軍糧，會直接影響作戰與實力。後勤部副部長盧佐提出勒令交糧的期限辦法，「1941 和 1942 年拖欠的軍糧皆需於 1942 年 12 月底之前交齊」，河南因災情可以有輕微的軍糧寬限，將河南省軍公各糧由原來核定的 500 萬石減為 380 萬石，並由陝西、安徽兩省代購軍糧各 50 萬大包。糧食部部長徐堪則贊成鄰省解禁糧食的辦法。9 月 11 日，蔣介石特令將河南軍糧減為 200 萬石。可笑的是，國民政府財政部和行政部官員皆認為「一、五兩戰區豫省接濟之軍糧極為需求」，又將「200 萬市石」變為「200 萬包」。而當時「大包」與「市石」之差別，為「石」小於「包」，約 10 市石等於 7 大包，實合 280 餘萬石。1942 年 10 月起，李培基就開始嚴格落實徵實購，配合各戰區成立軍糧督導組，由縣府縣處飭每鄉鎮推公正士紳一人為宣導員，勸導完納，催收集運軍糧。〔註120〕直到《大公報》傳出豫災情之後，軍事部部長何應欽仍在催收駐軍麥料柴草，因為「麥料為馬騾主食，有關軍需」，而從鄰省供應運輸，浪費財力，不切實際，仍交由河南省各縣負擔。在當時，有關軍民和兵馬飼料的供應標準為軍民副食、食油、植物油，每人每日 3 錢；燃料為煤或木柴，每人每日 1 斤；而軍馬所料豆，平均每馬每日 2 斤；麩皮，平均每馬每日 2 斤；乾草，平均每馬每日 10 斤。對於當地的農民來說，「馬料甚至比他們塞在自己嘴裏的髒東西營養得多」農民走投

〔註120〕《河南省災害救濟（二）》，國民政府檔案，臺北「國史館」藏，001000004791A。

無路，只能賣掉牲口、家具以及土地，得錢買穀以繳納稅款。

其三，國民政府對自身在災荒面前的「政治道德」十分維護。例如，當李培基錯將 1942 年 9 月底面見蔣介石得以允肯的「軍糧配額核減為 200 萬石」聽成「徵實徵購數額全部豁免」。陳布雷嚴電李培基，要求其申明糾正。並要求防止「故聳其詞」，授敵偽以宣傳煽惑之資料。

1942 年 9 月底，中央派出監察委員張繼和中央組織部部長張厲生專赴河南勘災，中央交代要「宣示中央軫念之德意」。第一，兩位大員在勘災和報災時必須彼此意志及對外表示「絕對一致」，查勘辦法和步驟需要會商周妥。因為政府並未在李培基 6 月報災時派出勘災人員。此時麥穀收成已過，前往勘災不容易獲得真相，更擔心勘災人員受「省府護短」「士紳護鄉」蒙蔽。第二，提醒兩位大員切實預防「民眾於勘災大員到時的包圍請願」，要求大員通知豫省府及一般耆紳分別發表告民眾書，說明軍糧重要，勸勉輸將。政府會另行特撥鉅款撫慰災民。不得不說，這樣「擔心民意」的查災難以獲得果效。如前章所述，國民政府在美聯會對美廣播中居然出現張繼抵達洛陽，災民大聲歡呼的矛盾播報。最終，兩位大員向蔣介石的查災彙報也只是僅僅提到河南省為軍事要區，軍糧供應不可一日或缺，必使徵購足額。而其他省府長官在提到豫災時候，也認為災區民食導致各地饑民鼉集，應該設法迅速疏散，輸送出省，防止出現餓斃鄉里、動搖人心等事，影響士氣，阻礙「前線陣容之完整與鞏固」。

其四，中央政府的救濟措施治標不治本，鄰省的購糧成效也有所不同。一方面，安徽、湖北等鄰省救助難以達到中央所定的要求。安徽省政府主席李品仙認為皖北泛區旱情並不比豫省減輕，平均收成不過 5 成，豫省軍麥 20 萬大包，請准改購糙米 142500 大包。湖北省政府主席陳誠也從恩施向行政院發電文稱，湖北省原非產糧地區，今秋又逢奇旱，災歉極重，報災者已達 57 縣，尤以鄂北各縣為最嚴重，只可等第五戰區軍糧交足後，再儘量賑濟豫省。而陝西省在軍糧和災民賑濟方面貢獻較多。在軍糧方面，陝西省政府在關中代購麥 25 萬大包，撥給一戰區。又在漢中代購米 10 萬大包，折 25 萬大包，撥第五戰區。

不過，當河南災情開始真正在國際世界發酵，中央政府、地方以及軍隊對待河南災情的管控方式也產生了變化。一方面，中央急賑發放派發變得火速，救災態度更加殷勤。1943 年 2 月 15 日，行政院副院長孔祥熙稱「豫省府及駐

豫美籍記者並國際救濟會呼籲前來，已加撥急賑 2000 萬元」。1943 年 3 月 10 日，孔祥熙再次表示，美籍記者及豫省國際救濟會聯名呼籲，待救情形似甚迫切，應該「加緊辦理救濟」。國民政府先後核發 860 萬元在洛陽、廣武、靈寶、常家灣、閿底鎮、華陰、澄城及關家橋等八地各設粥廠一處，還委託鄭州國際救濟委員會，由該會代請基督教負傷將士服務協會在鄭州及東泉站等處設立粥廠及招待所。1943 年 4 月，孔祥熙對各省徵實徵購數量與災區的關係作以闡述，「自當審度各地農產生長情形以期軍民兼顧」。

另一方面，軍方對救災的態度開始改變，1943 年 2 月，「第一戰區允撥借軍米 3 萬包」。4 月，中央政府同意利用軍糧周轉救災，中央開始允口將「供給豫省軍糧短時未用之一部分，撥充救災之用」。而第一戰區行政長官再允撥借軍米 3 萬包。1943 年 7 月 9 日，蔣介石特批准糧食部部長徐堪關於河南省各軍撥借軍糧救災及官兵節食助賑的簽呈。以下為豫境各軍撥借軍糧救災及節食助賑的數量表。

表 3-2　豫境各軍撥借軍糧救災及節食助賑數量表〔註 121〕

機關部隊	撥借軍糧救濟災荒種類	撥借軍糧救濟災荒數量	節食助賑種類	節食助賑數量
蔣司令長官所部	小麥	9400000 斤	小麥	3000000 斤
胡總司令所部	小麥	4000000 斤	麵粉	5166 袋
湯總司令所部	小麥	2900000 斤	小麥	1950515 斤
合計	小麥	16300000 斤	小麥麵粉	4950515 斤；5166 袋

但是需要說明的是，軍隊的軍糧救濟數量遠遜於其徵實徵購，而徵稅時的貪污更壞。徵收穀物的軍官和當地官員認為抽稅是他們薪水的補貼，是一種搶劫的特權。每個月在稅款分配以後，高級軍官們就把多餘的穀物分了，送到市場上出售，得款飽入私囊。而這些穀物成為市場穀物的唯一來源，控制穀物的囤積居奇者，把價格抬得天一樣高。〔註 122〕儘管，國民政府為了管控發酵的國際輿論，還特別優待國際在華救災機構的購糧救濟。例如，1943 年 5 月，美聯會鄭州國際救災委員會從安徽購糧獲得破格免稅。〔註 123〕但是，外國在

〔註 121〕《河南省災害救濟（二）》，臺北「國史館」藏，國民政府檔案，001000004791A。
〔註 122〕白修德、賈安娜：《中國的驚雷》，端納譯，北京：新華出版社，1988 年，第 195 頁。
〔註 123〕《河南省災害救濟（二）》，臺北「國史館」藏，國民政府檔案，001000004791A。

華機構也需使用現金購買軍官私自囤積的糧食。同時，1940 年以後，通貨膨脹成為國民政府崩潰的主導因素，農民生產的糧食比錢有用得多，「通貨膨脹帶來的便宜完全被一小撮控制糧食的人占去」。由於棉布、燈油、鹽以及其他生活日用必需品價格上漲，農民反而受害更大。〔註 124〕

由以上觀之，國民政府的救災思路非傳統學界所言的全然漠視，而是延續傳統的荒政思路，將國防、宣傳置於災賑之上，缺乏對災民的安撫、安置和關懷，自然產生難以估量的亂象和消極後果，國民政府的救災容易衍化為表面文章。農民與政府的關係仍然是冷漠的，農民更關心的是自己生活的變化。「除了蔣介石的名字之外，很少人對國民黨還有什麼其他瞭解。但多數人認為，生活比以往任何時候都更苦了，甚至比滿清時代還苦」。〔註 125〕村中貼著的國民政府的宣傳標語此時卻成了諷刺，「協助國民黨軍驅逐日寇，中央政府對難民關懷備至」。美國駐重慶的外交官約翰·謝偉思（John S. Service）在訪問洛陽時的報告中留下了這樣的描述：「河南人民渴望和平的氣氛和本來被認為是應該保護他們的政府和軍隊的厭惡，是顯而易見的」。〔註 126〕這一描述被謝偉思戲劇性的言中，1944 年 4 月，日軍發動一號作戰計劃，試圖打通南北大陸相通的陸上補給線，以 5 萬兵力向河南發動進攻，打敗了 40 萬兵力的國民政府軍隊。河南的災民深受災荒及國民政府軍方的勒索之苦，「居然把獵槍，小刀和鐵耙武裝自己，甚至解除個別國民黨軍士兵的武裝，後來甚至把整連整連的人繳械」。〔註 127〕這也是因為大饑荒時期，國民黨軍未能真正地提供幫助，引起農民的復仇。

第三節 豫皖蘇邊根據地的發展與救災

豫皖蘇根據地是抗日戰爭時期中國共產黨在黃泛區開闢的敵後平原根據

〔註 124〕格蘭姆·貝克：《一個美國人看舊中國》，朱啟明、趙叔翼譯，北京：三聯書店，1987 年，第 89 頁。

〔註 125〕格蘭姆·貝克：《一個美國人看舊中國》，朱啟明、趙叔翼譯，北京：三聯書店，1987 年，第 277 頁。

〔註 126〕埃謝里克：《在中國失掉的機會——美國前駐華外交官約翰·謝偉思第二次世界大戰時期的報告》，羅清、趙仲強譯，北京：國際文化出版公司，1989 年，第 18 頁。

〔註 127〕白修德、賈安娜：《中國的驚雷》，端納譯，北京：新華出版社，1988 年，第 199 頁。

地，位於隴海路以南，淮河以北，新黃河以東、津浦路兩側的黃淮平原，包括豫東睢縣、杞縣、太康、西華、陳留、民權、蘭考、商丘、鹿邑、柘城、寧陵、夏邑、永城等縣，皖北的渦陽、蒙城、宿縣、懷遠、鳳臺、壽縣、阜陽、太和、亳縣、臨泉、潁上、靈璧、泗縣等縣，蘇北的肖縣、銅山、碭山等縣。〔註 128〕學界目前中共黨史的敘述較為注重豫皖蘇邊根據地的武裝發展，而忽視這一平原敵後游擊根據地所開展的救災工作。〔註 129〕

　　花園口事件前，中共創建睢杞太抗日根據地的戰略思想已初步形成。1938年 5 月 22 日，中共中央指示河南省委，「準備發動游擊戰爭，組織游擊隊，建立游擊區，目前應將河南劃分為兩個主要區域，以津浦線、隴海線、平漢線、浦信公路中間的豫東與皖西北為 1 個區」。〔註 130〕按照中央指示，河南省委派組織部長吳芝圃到豫東地區任特委書記，統一整編睢縣、杞縣、太康地區的抗日武裝，成立「豫東抗日游擊第三支隊」，合併淮陽、西華、扶溝地區沈東平任書記領導的「西華人民抗日自衛軍」武裝，組成統一領導新豫東特委，擴大政治影響。〔註 131〕

　　決口初期形成新黃河將日軍阻隔在黃泛區東面，國民黨軍在黃河西岸據守，豫東日軍僅盤踞津浦、隴海線據點，國民黨統治力量相對空虛，此局部相持利於中共武裝在豫東發展游擊。7 月 10 日，中共河南省委軍事部長彭雪楓致電彭德懷，「由於黃河改道，故道河底頗高，日久將有危險，要使晉、冀、魯三省游擊運動的發展不受黃河隔絕，得予豫東工作以有力幫助」。〔註 132〕

〔註 128〕張留學、郭德欣：《豫皖蘇抗日根據地的創建發展及其歷史經驗》，《鄭州大學學報》（哲學社會科學版），1991 年第 3 期。

〔註 129〕梁馨蕾：《從淪陷區、統戰區到機動區：中共皖東北抗日根據地的初創》，《中共黨史研究》，2021 年第 6 期；郭寧：《在河南與蘇北之間：中共豫皖蘇根據地的建立與變遷（1937～1941）》，《中共黨史研究》，2022 年第 3 期；李雷波：《黃泛區與游擊戰：豫東新四軍的區域發展困境與因應策略》，《中共黨史研究》，2023 年第 4 期。

〔註 130〕《中共中央書記處關於徐州失守後對華中工作的指示》（1938 年 5 月 22 日），中國人民解放軍歷史資料叢書編審委員會：《新四軍・文獻》（1），北京：解放軍出版社，1988 年，第 113 頁。

〔註 131〕周季方：《豫皖蘇邊區黨政建設的幾個問題》，中共阜陽地委黨史工作委員會等編：《皖北烽火》，北京：中央文獻出版社，1995 年，第 296～297 頁。

〔註 132〕《彭雪楓關於河南省武裝情況及工作部署致朱德等電》（1938 年 7 月 10 日），中國人民解放軍歷史資料叢書編審委員會編：《新四軍・文獻》（1），北京：解放軍出版社，1988 年，第 460～461 頁。

9 月 3 日，彭雪楓致電中央軍委，重點發展豫東可「牽制敵人沿大別山脈西進的戰略，擴大黨的影響……有可能造成冀察晉前途」。〔註 133〕國民黨軍正對豫東匪災與豪紳武裝束手無策，也贊成中共武裝向豫東發展。〔註 134〕9 月底，長江局同意彭雪楓的請求。1938 年 9 月 30 日，彭雪楓率領 2 個連及一部分幹部 300 餘人從豫南確山縣竹溝出發東征，越過平漢線，在河南西華縣杜崗同吳芝圃率領的第 3 支隊與先期開赴豫東的肖望東先遣大隊會師。〔註 135〕由彭雪楓擔任司令員兼政委、副司令員吳芝圃、政治部主任肖望東、參謀長張震等人組成豫東軍政委員會。

10 月，中共六屆六中全會確定「鞏固華北、發展華中」的戰略方針。10 月 27 日，彭雪楓帶領經過整編的游擊支隊從杜崗出發，來到河南鹿邑縣，東進擴大武裝，創立基幹部隊，指導各縣民眾武裝。〔註 136〕此時，其軍需籌措來源大致有三：其一，靠打仗繳獲，沒收敵偽財產；其二，向群眾募捐，因部隊紀律良好，幫助民眾剷除土匪武裝，民眾皆願捐款送物；其三，依靠黨的統一戰線政策，依靠友軍支持。例如，從國民黨河南鹿邑縣縣長魏鳳樓處領取一部分棉衣，找到工人和機器，採購布匹材料，解決冬衣補給。

1939 年 1 月，游擊支隊主力進駐河南永城縣書案店，改建制為抗日挺進支隊。根據中原局指示，明確建立以永城南、渦陽北為中心的豫皖蘇抗日根據地。5 月，根據中央要求建立皖東抗日根據地的指示，游擊支隊向東向北發展，進軍淮上，開闢宿縣、蒙城、懷遠、鳳臺地區。9 月，彭雪楓率領新四軍游擊支隊回師安徽渦北，駐紮渦陽北新興集，10 月，新四軍游擊支隊奉軍部命令改為「新四軍第六支隊」。經中原局批准，豫皖蘇邊區黨委成立，彭雪楓擔任書記。

豫皖蘇抗日根據地建立之初在較長時期面臨嚴重的災荒，由於花園口決口之初，黃河的濁流向東南方奔流，豫東中牟縣首先進水，逐日擴大，從朱仙

〔註 133〕《彭雪楓關於河南近況、準備東進豫東致中央軍委電》（1938 年 9 月 3 日），中共河南省委黨史工作委員會編：《抗戰時期的河南省委 2》，鄭州：河南人民出版社，1988 年，第 121 頁。

〔註 134〕馮文綱：《彭雪楓年譜》，鄭州：河南人民出版社，2000 年，第 97 頁。

〔註 135〕河南省地方史志編纂委員會：《豫皖蘇邊文獻資料選編》，鄭州：河南人民出版社，1985 年，第 1 頁。

〔註 136〕《彭雪楓關於向豫東發展給中央和長江局的電》（1938 年 9 月 17 日），中共河南省委黨史工作委員會編：《抗戰時期的河南省委 2》，鄭州：河南人民出版社，1988 年，第 122 頁。

鎮——尉氏——太康一直影響到蚌埠。〔註137〕黃泛入皖，初循潁河、渦河、沙河諸水道而行，豫皖邊界所有傍水各縣皆成一片汪洋，渦陽、蒙城、鳳臺等縣皆在其內，秋收顆粒無有，廬舍牲畜漂流無存。1939 年初，水勢雖退，遍地瘡痍。〔註138〕由於日偽進攻和經濟封鎖，加之土豪劣紳盤剝，土地易旱易澇，貿易斷絕，邊區遂陷入糧食供應不足、生活必需品缺乏的困難。1939 年春，彭雪楓關心群眾疾苦，甚至賣戰馬解決民食。沒有相對穩定的環境，根據地難以進行生產，特別是春耕時節，土匪、日偽常進行搶糧等破壞活動。1939 年 1 月 27 日，游擊支隊消滅了永城縣東北偽李顏良指揮部。〔註139〕3 月 16 日，吳芝圃等剿滅在河南通許縣周邊村落搶糧的郭德俊部隊，〔註140〕為農業生產提供了安全保障。

邊區根據實際情況摸索軍需民食之法，見於二途：第一，發展農業，興修水利。皖北位於改道的新黃河下游，為洪水尾閭，地勢低平，田地常被淹沒，土壤鹽鹼化嚴重。從 1939 年上半年開始，彭雪楓帶領全體指戰員和群眾，在渦北一帶開挖「抗日溝」〔註141〕，不僅起到阻滯敵人和便於隱蔽轉移的作用，而且有蓄排水功能，有利於防洪，有助於農作物獲得好收成。夏季時，農民在「抗日溝」邊種上蓖麻，可改善土壤鹽鹼化，幫助農民增收。1939 年 10 月 16 日，彭雪楓致函國民黨渦陽縣長廖子英，邀請士紳共同議決，開挖從永城的李寨經渦陽新興集流入涯河的排水溝，每日派 50 名戰士前往幫助工作，全長近 30 華里，解決旱澇問題。〔註142〕第二，試行徵稅，一般按照價的 0.5% 徵收。一方面，中共佔領渦河入淮河的交匯處安徽懷遠縣，因從上海運往大後方的

〔註137〕《中國軍隊掘開河堤》，日本防衛廳防衛研究所戰史室著，田琪之譯：《中國事變陸軍作戰史》第 2 卷第 1 分冊，北京：中華書局，1979 年，第 81 頁。

〔註138〕《皖省戰區各縣災況慘烈，亟待賑撫》，《申報》（上海版），1939 年 3 月 30 日，第 10 版。

〔註139〕《豫東我軍消滅永城偽軍指揮部生擒偽正副旅長參謀長等》，中共永城縣委黨史資料徵編辦公室編：《中共永城縣黨史資料選編》第 2 冊，商丘：中共永城縣委黨史辦公室，1988 年，第 48 頁。

〔註140〕李培棠：《戰鬥在豫皖蘇邊區：李培棠回憶錄》，香港：香港天馬圖書有限公司，2006 年，第 27 頁。

〔註141〕「抗日溝」又稱「道溝」「交通溝」等，是將道路挖成溝，道路全在溝底，溝溝相通，村村相連，便於抗日武裝及廣大民眾的隱蔽和疏散，可抵禦日軍機械化部隊的通行。參見：陸發春、軒鹽青：《新四軍在黃淮平原對「抗日溝」的運用與發展》，《福建論壇（人文社會科學版）》，2022 年第 10 期。

〔註142〕馮文綱：《彭雪楓年譜》，鄭州：河南人民出版社，2000 年，第 130～131 頁。

物資都要經過此處，攤販林立，過往船隻不斷，游擊支隊在懷遠縣龍亢、河溜等集鎮設卡收稅，對醫藥、布匹、日用百貨等，實行「以貨代稅」，河南、皖北等地的客商也都把內地的「土貨」運到龍亢、河溜出售，然後買回工業品。〔註143〕此稅收每月達五六十萬元，占整個豫皖蘇邊區稅收的 72%。另一方面，從蘇北鹽場向內地販運的食鹽，因鐵路中斷而改走旱路，用人力擔運或馬駄車拉，經過共區肖縣、宿縣到渦陽、蒙城而徵收過境鹽稅。〔註144〕

　　1939 年 11 月，中原局書記劉少奇視察豫皖蘇邊區，布置新四軍第六支隊工作如下：「在淮河以北隴海路以南的黨所領導的一切武裝部隊統一歸彭雪楓同志指揮，集中力量創造永、夏、肖、宿四縣根據地……主力部隊及省委幹部要抽一部分赴津浦路東區，創建蘇北根據地；在皖蘇建立秘密黨和群眾工作，準備游擊戰；在睢、杞、太、鹿、商、亳等地建立小塊根據地，以便將來聯成大塊」。〔註145〕此時，彭雪楓的基幹部隊紀律良好，統一戰線工作、群眾關係皆較為融洽，已經逐漸走向正規化，發展到 7369 人。1939 年 11 月，游擊支隊奉新四軍軍部命令，改名為新編第四軍暫編第六支隊，擔負開闢豫皖蘇邊區抗日民主根據地的重任。根據指示，11 月，豫皖蘇邊區成立聯防委員會作為邊區政權最高政權機關，又在永城、夏邑、肖縣、宿縣、亳州、渦陽、蒙城等縣、區、鄉先後建立抗日政權，將群眾組織進農救會、青救會。各縣邊區政府下設財政科、糧食科，徵集糧食、保障部隊供應的任務逐步由地方政府承擔，豫皖蘇根據地已初具規模，救災的民運工作也由此展開。

　　從 1939 年底開始至 1945 年抗戰結束，豫皖蘇邊區各縣縣委逐步健全和加強，通過不斷的總結救災經驗，主要是從以下幾個方面展開：

（一）不斷擴大春耕運動

　　糧食是根據地渡過災荒的關鍵，也是武裝部隊長期生存的當務之急。游擊支隊最初為獲取糧食，或向農民募集，或派家吃糧。1940 年 2 月 10 日，中共中央軍委發出指示，要求利用戰鬥間隙，在轄區幫助農民春耕及各種農作勞

〔註143〕周季方：《豫皖蘇邊區黨政建設的幾個問題》，中共阜陽地委黨史工作委員會
　　　　 等編：《皖北烽火》，北京：中央文獻出版社，1995 年，第 304 頁。
〔註144〕張建槐：《記新四軍游擊支隊的供給工作》，中共阜陽地委黨史工作委員會等
　　　　 編：《皖北烽火》，北京：中央文獻出版社，1995 年，第 359 頁。
〔註145〕張震：《豫皖蘇抗日根據地綜述》，中共河南省委黨史資料徵集編纂委員會：
　　　　 《豫皖蘇抗日根據地》（1），鄭州：河南人民出版社，1985 年，第 4 頁。

動，進一步與群眾打成一片。〔註146〕2 月 26 日，邊區根據不同環境、不同勞動條件規定春耕方向和方法。在豐腴的平原擴大耕種面積，提高生產技術；貧瘠湖地以疏濬溝渠、排泄積水為重；在接近敵佔區或經敵寇焚掠區域，安輯流民，恢復生產秩序，將春耕與武裝農民結合。〔註147〕

　　邊區強調依靠黨政軍民協同一致的力量，準備春耕。縣、區、鄉、保須按照三三制原則，組建春耕生產委員會。縣區政府根據全邊區增加生產的總任務，估計各縣的具體條件，經過群眾討論，幫助各鄉各保訂定切實可行的計劃，使群眾能自覺自動參與春耕。春耕生產委員由鄉到保組織麥種勸借委員會，參加人為鄉主任、進步士紳及貧苦農民，以借貸方式勸借麥種，切實執行「三不四要」政策，即不亂借、不強借、不坐吃；要立據、要定期還、要有擔保、要給利息。〔註148〕邊區切實落實春耕檢查和督促，規定保向鄉 7 天報告 1 次，鄉向區 10 天報告 1 次，縣向行政公署每 1 月報告 1 次。1942 年，豫皖蘇邊區號召掀起春耕熱潮：第一，使糧食生產較去年增加十分之一，多種大小秔秫、稻米、瓜菜、蘿蔔；第二，根據土質劃出植棉區和植樹區，1942 年，全邊區要求增加棉花生產 300 萬斤，保障冬衣供給；利用荒地植樹 50 萬棵，土地適宜的每鄉植樹 5000 棵，一般土地每鄉植樹 2000 棵；第三，消滅熟荒，開墾生產。〔註149〕邊區不僅要求縣、區、鄉幹部深入農家動員，還邀請群眾團體、劇團、宣傳隊、報紙都參加群眾動員，制定大量動員春耕的口號。例如，「多種糧食，多種瓜菜」、「棉花種好，冬穿新襖」、「春種一粒黍，秋收萬棵子」等，使群眾瞭解加緊春耕、增加生產的好處，提高群眾春耕的熱忱。〔註150〕

〔註146〕《中共中央、中央軍委關於開展生產運動的指示》（1940 年 2 月 20 日），中國人民解放軍歷史資料叢書編審委員會編：《八路軍・文獻》，北京：解放軍出版社，1994 年，第 463～464 頁。

〔註147〕《春耕！擴大春耕運動！》，河南省地方史志編纂委員會：《豫皖蘇邊文獻資料選編》，鄭州：河南人民出版社，1985 年，第 354 頁。

〔註148〕《淮北蘇皖邊區行政公署關於加緊春耕運動努力生產的指示》（1942 年 3 月 13 日），豫皖蘇邊魯邊區黨史辦公室、安徽省檔案館編：《淮北抗日根據地史料選輯》第 2 輯第 1 冊，滁州：滁州報社，1985 年，第 118 頁。

〔註149〕《淮北蘇皖邊區行政公署關於加緊春耕運動努力生產的指示》（1942 年 3 月 13 日），豫皖蘇邊魯邊區黨史辦公室、安徽省檔案館編：《淮北抗日根據地史料選輯》第 2 輯第 1 冊，滁州：滁州報社，1985 年，第 116～117 頁。

〔註150〕《淮北蘇皖邊區行政公署關於加緊春耕運動努力生產的指示》（1942 年 3 月 13 日），豫皖蘇邊魯邊區黨史辦公室、安徽省檔案館編：《淮北抗日根據地史料選輯》第 2 輯第 1 冊，滁州：滁州報社，1985 年，第 118 頁。

在春耕運動後，新四軍第四師政治部〔註151〕也向民眾陳明舊政權與新政權的區別，〔註152〕還在部隊報刊《拂曉報》上出生產專號，反映生產運動的消息，介紹各地生產經驗，發表指導性文章。

興修水利是應對春耕運動必不可少的環節。洪澤湖位於邊區腹地，是淮、黃交匯的場所，易生水災，若不克服災荒，困難將與日俱增。為應對洪澤湖下游地區的黃淮泛濫之災，邊區注意對水利工程進行細密地組織與領導。1942年，邊區成立水利委員會，按行政村、鄉、區編為分隊、中隊、大隊，各級行政負責人為各級隊長，加強管理，建立會議、檢查、彙報、請假、作息等制度，檢查與督導計劃執行。抗戰時期，邊區興修的工程以安河疏濬工程為最大，關係泗宿、泗陽、泗南三縣，邊區分段前仔細調查水文、地形，認工時把民夫分在與他最有利害關係的地段，提高其對工程的責任心而自願修堤，施工時又在安河沿途各鄉發動中隊與中隊的河工競賽，大大提高工作效率。〔註153〕1943年，夏秋淮水泛漲時，淮寶縣洪澤湖大堤是蘇北人民生命財產的保障，年久失修，頹圯不堪，頗為危險，淮北行政公署提前派建設處負責人親往督修，歷時50日，保全秋禾。邊區的水利搶險對農業生產有很大意義，各級黨政軍民負責人通過同水災的鬥爭，與群眾建立密切的聯繫，也使群眾體會到新民主政府為民興利除害的精神。〔註154〕

（二）收容難民，開墾荒地

邊區注重游擊戰後的急賑，1940年6月1日，新編第四軍暫編第六支隊在皖北渦陽縣新興集召開「五卅」紀念大會，日軍糾集永、宿、商、夏、亳等縣偽軍1000餘人攻進新興集，燒殺搶掠。是時，彭雪楓帶領支隊反擊，殲敵300餘人，將敵軍趕出新興集，史稱「六一戰鬥」。〔註155〕新興集被日軍縱火

〔註151〕1941年3月，由「八路軍第4縱隊」改為「新四軍第4師」。

〔註152〕《新四軍第四師政治部告渦北民眾書》（1941年4月13日），河南省地方史志編纂委員會編：《豫皖蘇邊文獻資料選編》，鄭州：河南人民出版社，1985年，第92～93頁。

〔註153〕劉寵光：《1943年淮北蘇皖邊區生產建設總結》，中共河南省委黨史資料徵集編纂委員會：《豫皖蘇抗日根據地》（1），鄭州：河南人民出版社，1985年，第384～385頁。

〔註154〕劉寵光：《1943年淮北蘇皖邊區生產建設總結》，中共河南省委黨史資料徵集編纂委員會：《豫皖蘇抗日根據地》（1），鄭州：河南人民出版社，1985年，第385～386頁。

〔註155〕中共河南省委黨史研究室：《中國共產黨河南歷史1921～1949》第1卷，北京：中共黨史出版社，2021年，第345頁。

焚毀，民眾饑困交迫，流落街頭。因新興集與豫東永城縣接壤，6 月 3 日，第六支隊政治部與聯防委員會、永城縣政府、永城縣救國會、新興集聯保處與農抗會，共同發起賑濟委員會。〔註 156〕一方面，賑濟委員會組織宣傳慰問隊，發起募捐。新四軍第六支隊司令部、政治部張貼布告，安撫民眾，「已廣為呼籲募款募糧從事急賑外，頃已函永城、渦陽縣政府，請求大量賑濟，募集草木料材，期於最短時期修復房舍，重建新興集……新興集與新四軍血肉相關，盡心竭慮，糾合群力，重新創造一新興集而後可」。〔註 157〕另一方面，賑濟委員會於兩日內完成調查，分批發放賑款、賑糧與建築木料，並函渦陽縣政府豁免當年田賦。

　　黃泛區災荒造成災民流離失所，邊區按照三三制的原則，在各縣成立生產救濟委員會，關心改善民生，將難民收容作為根據地發展的一項對策。1940 年 1 月，中共中央對難民收容作了規定。〔註 158〕1943 年 4 月 20 日，淮北行政公署頒布訓令，指定撥給賑款法幣 30 萬，給各級生產救濟委員會購置白蘋乾及豆餅等，以備急賑之用，並將進入根據地的外來難民分為三種：第一種是抗烈屬；第二種是來邊區安家生產的難民；第三種為因躲避國民黨抓丁、收稅等原因或從淪陷區赴邊區的臨時逃荒者。邊區分別採取以下辦法：對於第一種難民，動員他們參加生產，比如，挖藕、紡織，介紹做短工、長工等；對於第二種難民，應給予各種物質上的幫助，安居生產。對於第三種難民，應分別對象，具體處理，如買糧吃的難民，可動員他們到餘糧較多地區居住，給以購糧幫助。動員逃荒求乞的難民砍草、挖藕、拾野菜、出雇做工等，並給以必要的救濟。為維持根據地的治安，保護受難同胞及防止少數不良分子乘機混入邊區，邊區也認真清查入境的難民，調查登記。〔註 159〕

　　1942 年至 1943 年春，豫皖蘇邊區發生特大災荒，邊區採取兩項辦法開墾

〔註 156〕　《豫皖蘇邊臨時賑濟委員會組織及工作大綱》（1940 年 6 月 3 日），中共阜陽地委黨史工作委員會等編：《皖北烽火》，北京：中央文獻出版社，1995 年，第 30 頁。

〔註 157〕　馮文綱：《彭雪楓年譜》，鄭州：河南人民出版社，2000 年，第 171 頁。

〔註 158〕　《中共關於收容冀豫災民事致各兵》（1940 年 1 月 17 日），中國人民解放軍歷史資料叢書編審委員會編：《八路軍·文獻》，北京：解放軍出版社，1994 年，第 448 頁。

〔註 159〕　《淮北行政公署關於處理外來難民辦法的訓令》（1943 年 4 月 20 日），豫皖蘇魯邊區黨史辦公室，安徽檔案館編：《淮北抗日根據地史料選輯》第 2 輯第 1 冊，滁州：滁州報社，1985 年，第 315 頁。

荒地。第一，為贖地工作，廣大人民斷糧，靠食草根、樹皮度日，群眾為活命賤價出賣土地，少數有存糧者乘人之危，政府以幾升糧食換取一畝地。1943 年麥收以後，政府張貼布告，對於在 1942 年冬至 1943 年春荒期間，凡是被迫賤價出賣的土地，可按原賣價贖回，這一措施得到廣大農民的擁護，提高中國共產黨在群眾中的威信。〔註 160〕第二，邊區頒布《淮北蘇皖邊區墾殖暫行條例》，規定：每戶墾殖在二十畝以上或介紹移民來邊區墾殖者，政府予以獎勵，鼓勵抗屬、難民、貧民墾荒。〔註 161〕1943 年春，邊區號召貧農開墾洪澤湖周圍的荒地，採用放領方式，提出口號「三年不收賦，五年不收租」，共墾 474 畝，政府還貸款 4850000 元給墾戶買牛買工具。群眾三至四戶合買官牛，公養公用，解決貧農中無牛力的問題。〔註 162〕

　　1943 年，豫皖蘇邊區發生嚴重的旱災，新四軍軍隊也切實開展土地墾荒，完成師政及淮北行署所訂的生產計劃，擴大黨軍的政治影響。〔註 163〕軍隊的農業生產主要分種糧、菜兩種。種糧均為集體開荒，群眾因牛短缺，不願輕易借牛，新四軍就用人工換牛工，一般為 4 個人換 1 個牛工，這就在雙方有利的條件下交換勞動力，開荒 1000 多畝，各分區以部隊輪流開墾，全以人工挑掘。師旅機關甚至買牛，抽派人員或家屬組織專門生產。駐軍所種菜地多為租佃，糧地多為公灘荒地，最易生草，若鋤得不薊，糧苗就會被野草埋掉，因此駐軍特別注意深耕勤鋤，收穫不亞於熱地。〔註 164〕

（三）整理財政，興辦工商業，減租減息

　　1940 年 6 月 26 日，劉少奇致電彭雪楓、吳芝圃、黃克誠，指示財政工作

〔註 160〕夏仲遠：《共產黨領導下的水東政權》，中共河南省委黨史資料徵集編纂委員會：《豫皖蘇抗日根據地》（2），鄭州：河南人民出版社，1986 年，第 174 頁。

〔註 161〕《淮北蘇皖邊區墾殖暫行條例》（1942 年 3 月 13 日），中共河南省委黨史資料徵集編纂委員會：《豫皖蘇抗日根據地》（1），鄭州：河南人民出版社，1985 年，第 189 頁。

〔註 162〕劉寵光：《1943 年淮北蘇皖邊區生產建設總結》，中共河南省委黨史資料徵集編纂委員會：《豫皖蘇抗日根據地》（1），鄭州：河南人民出版社，1985 年，第 386 頁。

〔註 163〕鄧子恢：《在淮北高幹會上的發言》（1943 年 6 月），中共河南省委黨史資料徵集編纂委員會：《豫皖蘇抗日根據地》（1），鄭州：河南人民出版社，1985 年，第 342 頁。

〔註 164〕謝勝坤：《新四軍第四師一九四三年的農業生產》（1943 年 12 月），中共河南省委黨史資料徵集編纂委員會：《豫皖蘇抗日根據地》（1），鄭州：河南人民出版社，1985 年，第 378 頁。

須作整體的切實計劃，鞏固和擴大根據地。〔註165〕邊區著手財政整理、經營與開發。為繁榮經濟，減輕人民負擔，邊區聯防委員會發行貨幣，准許法幣流通，嚴禁偽幣。如前所言，由於邊區永城、夏邑、蕭縣、渦陽、亳縣等地根據地連成一片，具備大範圍內發行貨幣的客觀條件，邊區政府印發「豫皖蘇邊區流通券」，面值有直角、貳角、伍角、壹元、伍元等，完糧納稅皆可通用。這不僅統一邊區各縣貨幣，有利於整頓金融市場，而且對發展生產、方便和改善民眾生活起到很大作用。〔註166〕

　　為發展經濟，保障供給，1940年2月26日，彭雪楓報告中共中央，表示「豫皖蘇邊區財政經濟如善於經營、整理、開發，收入之豐必甚可觀」。〔註167〕1940年春，渦北新興集東門外興辦合作社，資金由大家集資入股，每股1元，幹部戰士皆可入股，共集資200餘元。經營商品有兩類：一是食鹽，自皖北蕭縣王寨採購來當地銷售；二是生活用品，如牙刷、牙粉、紙張、毛巾、布匹等，多為當地工廠生產，價格便宜。1941年1月，豫皖蘇邊區黨委下發《關於強化邊區各縣政權問題的指示》，規定各縣原有家庭手工業、小規模工廠手工業，政府儘量予以幫助與獎勵，使之發展。邊區各縣群眾紛紛辦起紡織、造紙、磨豆腐、製粉絲等家庭手工業，基本滿足邊區軍民的生活需要。〔註168〕1941年秋，邊區又創辦淮北工廠，分紡紗、織布、化學、被服、造紙、機器製造六部，在研究技術、滿足部分軍需、吸收日偽區工人、擴散中共影響等方面確實起了作用。〔註169〕

　　1940年5月5日，蔣介石有停止軍事衝突，欲把八路軍、新四軍統統納入黃河以北，華北淪陷區正逐漸擴大，此舉無疑堵塞歸路，陷中共於日軍手中。毛澤東電命黃克誠於6月率部南下，同游擊支隊合編，改番號為八路軍第四縱隊，彭雪楓為司令員，黃克誠為政委。毛澤東強調，「整個蘇北、皖東、

〔註165〕馮文綱：《彭雪楓年譜》，鄭州：河南人民出版社，2000年，第174頁。

〔註166〕程丕禎、楊科、程學峰等：《談豫皖蘇邊區貨幣》，《中國錢幣》，1991年第1期。

〔註167〕《彭雪楓關於豫皖蘇邊區財政經濟狀況報中共中央電》（1940年2月26日），馮文綱：《彭雪楓年譜》，鄭州：河南人民出版社，2000年，第149頁。

〔註168〕《豫皖蘇渦北抗日根據地的財經工作》，中共阜陽地委黨史工作委員會等編：《皖北烽火》，北京：中央文獻出版社，1995年，第227～228頁。

〔註169〕劉瑞龍：《淮北蘇皖邊區三年來的政府工作——在淮北地區第二屆參議會上的報告》（1942年10月），豫皖蘇魯邊區黨史辦公室，安徽檔案館編：《淮北抗日根據地史料選輯》第2輯第1冊，滁州：滁州報社，1985年，第200頁。

淮北為我必爭之地，凡揚子江以北，淮南路以東，淮河以北，開封以東，隴海路以南，大海以西，統須在一年以內造成民主的抗日根據地。〔註170〕6月26日，中原局劉少奇指示豫皖蘇邊區「向東發展，向西防禦」，黃克誠率部過津浦路東，開闢蘇北根據地。彭雪楓率部在津浦路西，執行向西防禦，挫敗頑固派，企圖東進蘇北，深入山東。〔註171〕7月，八路軍支隊共計 19500 餘人，以永城縣為中心的豫皖蘇根據地已延伸至津浦路東的皖東北和新黃河以東的睢杞太兩個地區，各級黨組織得到很大發展，豫皖蘇根據地由此進入全盛時期，人口在 430 萬以上。〔註172〕12月，國民黨發動第二次反共高潮，華中局勢日趨緊張。12月12日，在八路軍第四縱隊主力開闢淮上，永城以北地區主力較少的情況下，國民黨王仲廉第 92 軍策動豫皖蘇邊區保安司令部的革命異己分子耿蘊齋、劉子仁、吳信容等人叛變，使永城以北地區的中國共產黨政權大部變色，邊區鬥爭形勢迅速惡化。〔註173〕日軍乘國民黨軍向華中進攻之際，發起「豫南戰役」。邊區在前有日偽，後有頑軍，永蕭地區又有叛軍作亂的險惡形勢下，1941 年 5 月 3 日，新四軍第四師遵照新四軍軍部的指示，「堅持豫皖蘇邊區陣地，向津浦路東皖北地區作戰略轉移」〔註174〕，除留睢、杞、太地區獨立團就地堅持鬥爭，宿南和蕭縣部分地區亦留有武裝，配合地方黨的隱蔽活動。7月中旬，新四軍在洪澤湖東岸淮寶地區之仁和集召開軍政委員會擴大會議，原新四軍政治部主任鄧子恢任新四軍政治委員、淮北（即皖東北）區黨委書記，加強了黨的領導，成立皖東北行政公署（後改為淮北行政公署），作為皖東北的最高行政機構，先後由劉玉柱、劉瑞龍任主任，工、農、

〔註170〕《毛澤東、王稼祥對三四四旅與蘇魯豫支隊南下發展中原根據地的指示》（1940 年 5 月 5 日），中國人民解放軍歷史資料叢書編審委員會編：《八路軍‧文獻》，北京：解放軍出版社，1994 年，第 511～512 頁。
〔註171〕河南省地方史志編纂委員會：《豫皖蘇邊文獻資料選編》，鄭州：河南人民出版社，1985 年，第 4 頁。
〔註172〕張震：《豫皖蘇抗日根據地綜述》（1983 年 4 月 14 日），中共河南省委黨史資料徵集編纂委員會：《豫皖蘇抗日根據地》（1），鄭州：河南人民出版社，1985 年，第 6 頁。
〔註173〕張震：《豫皖蘇抗日根據地綜述》（1983 年 4 月 14 日），中共河南省委黨史資料徵集編纂委員會：《豫皖蘇抗日根據地》（1），鄭州：河南人民出版社，1985 年，第 8 頁。
〔註174〕皖東北區，包括隴海路南、津浦路東、淮河北、運河西之潤縣、靈璧、睢寧、五河及銅山、邳縣、宿遷、泗陽、盱眙、鳳陽、嘉山、南宿州、淮陰各部等 12 縣。

青、婦等群眾組織也得到了鞏固和加強。

早在 1937 年 8 月中央政治局洛川會議上，減租減息被列入《抗日救國十大綱領》，成為抗戰時期中共土地政策的基本原則。此後，各抗日根據地先後制定減租減息條例，對這一政策的實施作出了具體規定。〔註 175〕1940 年 5 月 9 日，劉少奇指出：「黨的各級組織與農會的各級組織必須立即討論租佃關係及減租中的各種具體問題，必要時可組織解決租佃糾紛的調解仲裁機關，發布減租辦法，動員群眾的積極性來達到普遍減租的目的」。〔註 176〕邊區更為重視武裝鬥爭，雖選擇試點，調查土地租佃、借貸、主雇關係與農民生活情況，初步擬定減租減息與合理負擔的方案，卻沒有真正將群眾發動起來。

新四軍第四師主力轉移皖東北地區以後，1941 年 9 月 21 日，邊區頒布《淮北行署施政綱領》。12 月 9 日，淮北行署強調根據地的鞏固，應先在農救會、工救會、婦救會、基幹自衛隊等群眾團體組織較為完備的中心鄉、中心保建立基點，通過基點去推動和影響別的地方。〔註 177〕12 月 25 日，淮北行署出臺減租辦法，規定：分租，對半改三五、六五分，即收一石，地主分三斗五升，佃戶分六斗五升；四六改三七分，即收糧一石，地主分三斗，佃戶得七斗；三七改二五、七五分，即收糧一石，地主得二斗五升，佃戶得七斗五升。原租過輕者不得再減，並規定滿收滿繳，半收半繳，不收不繳。包租一律照原定租額減納二成，即打八折，如原繳一石，現繳八斗，原繳十元，現繳八元。〔註 178〕1942 年，邊區減租的 196 個鄉 19240 戶，共減退租糧 31366 石。經減租後之佃戶，平均每人多取得 1 石 6 斗糧食。

在減息方面，邊區規定：第一，借錢還錢，分半付息，月利一分半，即每元月利一分五釐；第二，借糧還糧，二成付息，不論去冬或今春借的糧食，借糧一石，還糧一石二斗；第三，1940 年以前的老債還本，利過本，停付利，分期還本。利倍本，停付利，減半還本；第四，抗日軍人家屬戰前所借債，如家

〔註 175〕李里峰：《中國革命中的鄉村動員：一項政治史的考察》，《江蘇社會科學》，2015 年第 3 期，第 196 頁。

〔註 176〕馮文綱：《彭雪楓年譜》，鄭州：河南人民出版社，2000 年，第 167～168 頁。

〔註 177〕王光宇：《直屬區的鞏固工作》（1941 年 12 月 9 日），豫皖蘇魯邊區黨史辦公室，安徽檔案館編：《淮北抗日根據地史料選輯》第 2 輯第 1 冊，滁州：滁州報社，1985 年，第 74 頁。

〔註 178〕《淮北蘇皖邊區修正改善人民生活各種方法》（1941 年 12 月 25 日），豫皖蘇魯邊區黨史辦公室，安徽檔案館編：《淮北抗日根據地史料選輯》第 2 輯第 1 冊，滁州：滁州報社，1985 年，第 82～83 頁。

境貧寒無力償還者，本息一律緩期償還；第五，由鄉鎮保政府協同當地民眾團體組織借貸所，實行低利借貸。其基金來源有四種：收回以前農行貸款轉給借貸所；未經政府查明而由群眾查出歸公之廟產與公產，得撥全年收入百分之四十給借貸所；向富有之戶商借；由政府設法籌備。〔註179〕邊區要求減租減息需照顧各階層利益，準尺是於不強佔、不傷害中改善民生。

1943 年，邊區泗縣、五河、靈璧、鳳陽、盱眙、鳳嘉、泗南等地出現嚴重災荒，糧價普遍飛漲，極大地損害生產。鄧子恢明確要求災區各地黨與政府，必須以極負責的態度，迅速處理問題。淮北行署拿出 1000 石小秫秫、40 萬斤豆餅，在泗、五、靈、鳳各縣辦理無利借貸，並發糧款救濟。邊區要求檢查減租減息法令的執行情況，徹底消滅少數地主明減暗不減的現象。〔註180〕

1944 年初，日軍發動打通大陸交通線的戰役，向豫湘桂地區的國民黨軍發動進攻，先後侵佔桂林、柳州、南寧，打通粵漢鐵路，進至貴州獨山縣，重慶震動，國民黨軍戰場發生嚴重危急。兵力前調，後方空虛。中國共產黨中央指示：「應抓緊這一有利時機，鞏固渦河北岸地區」。〔註181〕5 月 11 日，中國共產黨中央書記處發出《關於敵進攻河南情況下的工作方針的指示》，指出：鑒於河南大部已成為敵後，中央決定平漢路以東之豫東地區由冀魯豫分局負責，豫南及皖北地區由華中局及豫鄂邊區黨委與淮北區黨委負責。〔註182〕8 月，為粉碎日軍發動的豫湘桂戰役，新四軍第四師西進津浦路西，首戰小朱莊，乘勝擊潰了叛徒劉子仁的兩個縱隊。在河南商丘夏邑縣八里莊的戰鬥中，彭雪楓師長不幸壯烈殉國。〔註183〕至 10 月，新四軍第四師相繼恢復渦河以北蕭縣、宿州、懷遠、蒙城、渦縣、亳州、夏邑、永城等 8 個縣、53 個區和315 個鄉的政權，打通與睢杞太地區的聯繫，相機控制新黃河以東地區。三年

〔註179〕 《淮北蘇皖邊區修正改善人民生活各種方法》（1941 年 12 月 25 日），豫皖蘇魯邊區黨史辦公室，安徽檔案館編：《淮北抗日根據地史料選輯》第 2 輯第 1 冊，滁州：滁州報社，1985 年，第 84 頁。

〔註180〕 鄧子恢：《在淮北高幹會上的發言》（1943 年 6 月），中共河南省委黨史資料徵集編纂委員會：《豫皖蘇抗日根據地》（1），鄭州：河南人民出版社，1985 年，第 340～341 頁。

〔註181〕 滕海清：《保安山自衛反擊戰》，中共永城縣委黨史辦公室編：《中共永城縣黨史資料選編》第 4 冊，永城：中共永城縣委黨史辦公室，1994 年，第 153 頁。

〔註182〕 馮文綱：《彭雪楓年譜》，鄭州：河南人民出版社，2000 年，第 335 頁。

〔註183〕 《關於敵進攻河南情況下的工作方針的指示》（1944 年 5 月 11 日），河南省地方史志編纂委員會：《豫皖蘇邊文獻資料選編》，鄭州：河南人民出版社，1985 年，第 5 頁。

來渦北各縣受日偽頑匪摧殘，生產力遭到嚴重破壞，群眾生活極端困苦。根據新的形勢需要，經新四軍軍部及淮北區黨委批准，1944 年 11 月 22 日，以吳芝圃為書記，賴毅、何啟光為副書記，張震、縱瀚民為委員的路西二地委正式成立。

　　12 月中旬，津浦路西二地委召開第一次地方群眾工作會議，明確提出群眾運動的中心任務是減租減息。農救會是減租減息的領導機關，各縣委隨抽調人員組織工作隊，深入發動群眾，普遍組織農救會，貫徹「二五」減租政策，由點到面地開展減租減息運動。試點分三個步驟：其一，是先調查瞭解情況，深入宣傳動員，通過個別訪問、開調查會、座談會等方式。例如，在「雙減」工作中，有地主採取造謠、威嚇、利誘等達到阻撓減租的目的，有的送點東西給佃戶進行拉攏。因此，有的佃農開始動搖妥協，持消極觀望態度，怕新四軍站不住腳將來自己吃虧。新四軍通過調查瞭解，掌握事實材料，在群眾會上公開揭露，他們不得不低頭認錯，從而打擊了不法地主的威勢，鼓舞了貧苦農民，又引導地主自願交租，保證「雙減」工作順利進行。其二，是大張旗鼓地宣傳成立區農救會、改造鄉政權，請部隊同志在大會上講話，並分組開展工作。部隊同志向貧苦農民講清減租減息的合理性，講清國民黨反動派腐敗無能，共產黨、八路軍、新四軍以及解放區的日益強大，新中國就在前頭，使群眾認清形勢，堅定信念，進一步提高了廣大群眾的抗戰熱情。其三，是在減租鬥爭中把農救會逐步組織起來，各縣進行試點並逐步推開。〔註 184〕

　　渦北抗日根據地減租減息工作，取得顯著成績。第一，改善貧苦農民生活，提高生產積極性。從 1945 年 3 月 20 日至 5 月 20 日，8 個縣共減租退糧 140 萬斤，連減息、生產、救荒、借糧及募捐糧算在一起，共合糧 400 萬斤以上。雪渦縣曹市鄉兩個保通過 10 天減租減息，共有 60 戶地主減租，155 家佃戶受益者占 133 戶；減息 1100 元，受益農民 6 戶，抽回文書 4 張；有 33 人增加了工資。由於群眾經濟地位有了改變，生產積極性也顯著提高。第二，樹立貧苦農民的政治優勢。在減租減息開展時，各級農救會組織逐步建立健全，農救會負責排解糾紛，農救會的威信也逐步提高。同時，各縣利用減租減息改造舊政權，實行「三三制」，將從佃戶中選拔培養的一大批積極分子和幹部充實到各級政權，徹底改變一部分鄉保政權被地主封建勢力把持操縱的局

〔註 184〕《渦北抗日根據地的減租減息工作》，中共阜陽地委黨史工作委員會等編：《皖北烽火》，北京：中央文獻出版社，1995 年，第 268 頁。

面。第三，掀起參軍熱潮。減租減息的深入開展使群眾認識到自身利益與擴大根據地、壯大抗日軍隊，爭取抗戰勝利緊密相連。新興集、雪亳、宿蒙等縣都迅速掀起群眾性的參軍熱潮，例如，新興集在政權恢復不久就有 8000 餘人參軍。〔註 185〕

自花園口決口以後，中國共產黨開創了豫皖蘇抗日民主根據地，武裝力量從無到有，從小到大，從游擊隊到正規軍。至 1945 年，豫皖蘇抗日民主根據地已跨津浦鐵路兩側，洪澤湖東西，西望豫鄂陝、東控江淮平原，扼津浦、隴海交通之要點，連接華北、華中兩大戰略區的樞紐，是新四軍發展華中的西部屏障，爭奪中原的前進陣地。〔註 186〕豫皖蘇邊根據地克服困難，在不斷進行的生產救災中，既給予人民各種民主自由權利，另一方面，也使廣大勞苦群眾不受飢寒交迫，有吃有穿，解決了物資困難。總的來說，豫皖蘇抗日根據地的救災大致呈現以下特點：

第一，豫皖蘇邊區在討論救災政策中貫徹民主。參議會是邊區的最高民意機關，也是討論減租減息、土地政策、生產救荒、春耕運動、武裝自衛等內容的重要載體。邊區重視會議的籌備，運用黨政軍民的力量採取聯絡拜訪、通訊的方式宣傳教育，動員民眾踴躍參加。每保經過保民大會產生代表三人，並在區參議會上產生縣代表，謹慎選出代表各階層民意的領袖參會。1942 年，蘇北泗陽縣參議會一致通過邊區政府募捐 1 萬元的號召。會後即成立濟賑委員會，由參會代表自動報名充當募捐委員，與會模範士紳當即樂捐 1400 餘元，每人從 1 元至 200 元不等，足見開明人士對賑濟的熱心，而大會對全民的力量起了鼓舞與組織作用，作了行動的開始。以下為 1943 年淮北蘇皖邊區參議會駐委會暨各縣參議長聯席會議中討論救災問題的議案：

第二案：徹查去年泗南公糧，有私人擅自動用及舞弊情形應嚴懲案。

第三案：田賦請麥前緩徵，並分期完納及設立田賦等評定委員會災區減免；制訂滯納罰法案。

第四案：褒獎救災募款中之出力人員案。

第五案：組織考核生產救荒事業委員會，切實考核成效及負責

〔註185〕《渦北抗日根據地的減租減息工作》，中共阜陽地委黨史工作委員會等編：《皖北烽火》，北京：中央文獻出版社，1995 年，第 272～273 頁。

〔註186〕馮文綱：《彭雪楓年譜》，鄭州：河南人民出版社，2000 年，第 5 頁。

人員有無舞弊案。

　　第六案：彙集墾荒救款，貸款挖河築堤等工作綜結刊集專冊案。

　　第九案：私灘由墾戶開墾後，因業主將灘地零割賣出，原墾戶佃權動搖，應如何處理案。

　　第十案：發掘蝗子不力之各級政府應予懲戒案。

　　第十一案：貧農田畝捕蝗中受損害應予救濟案。

　　第十三案：洪澤縣平糴折本應如何處理案。

　　第十四案：洪澤縣糧食平糴現金能否撥歸洪澤縣倉庫基金案。

　　第十五案：特別注意接敵地區麥收及儲藏問題案。

　　第十六案：去歲麥收發生工人強割現象請糾正案。

　　第十七案：防止敵人燒糧搶糧案。

　　第十八案：敵寇經濟陰謀加緊，應迅速對策案。

　　第十九案：禁止食糧走私案。

　　第二十一案：保障洪湖大堤案。

　　第二十八案：春荒借貸應與政府貸出之糧同期歸還案。

　　第二十九案：春荒貧民借貸手續缺乏，亟應照補案。

　　第三十一案：為適當解決今年災區人民向敵區借貸，以蘇民困案。

　　第三十二案：限制重利盤剝以蘇民困案。

　　第三十三案：從速頒發租佃條例，以調整租佃關係增加農業生產而利農村團結案。〔註187〕

　　如上所示，1943年5月25日至5月28日蘇皖邊區召開參議會，討論議案，共計36案，因土地政策、生產救荒等事關民眾切身利益，共計21案，邊區鼓動各縣參會代表大膽發表個人意見，激發參會代表熱烈的討論，有利於邊區政府深入切實地找出問題，做出更加民主的決策，這密切了黨和群眾的關係。〔註188〕

〔註187〕《淮北蘇皖邊區參議會駐委會暨各縣參議長聯席會議記錄》（1943年6月7日），豫皖蘇魯邊區黨史辦公室，安徽檔案館編：《淮北抗日根據地史料選輯》第2輯第1冊，滁州：滁州報社，1985年，第364～382頁。

〔註188〕安明：《泗陽縣參議會成立大會的經過與收穫》（1942年4月18日），豫皖蘇魯邊區黨史辦公室，安徽檔案館編：《淮北抗日根據地史料選輯》第2輯第1冊，滁州：滁州報社，1985年，第127頁。

　　第二，邊區深入廣泛的宣傳動員，推動和影響群眾救災。邊區善於用民眾喜見樂聞的各種方式進行宣傳，從幹部討論到群眾大會，從說大鼓書到化妝宣傳，解釋救災法令，宣傳救災政策。邊區抓著中心，建立基點，將直屬區、中心鄉的群眾以救災團體的形式組織起來，推動生產運動。1942 年，民眾組織計有 36 個區農救，270 個鄉農救，27 萬會員；9 個區工救，197 個鄉工救，18724 個委員；10 個區婦救，59 個鄉婦救，58115 個委員；25 個區婦救，58115 個委員；25 個區青救，86 個鄉青救，22164 個會員，工農青婦救，共計會員 368840 人。〔註 189〕因發動群眾是從經濟鬥爭中提高其政治覺悟，以發展與鞏固本身組織，農村一切糾紛先由農救會仲裁調解，以求充實發揚其工作威信。農救會不能解決或不服調解的糾紛，再由政府依法解決，對一切不尊重群眾團體獨立性的代替包辦行為懲一儆百，提高群眾積極性。〔註 190〕邊區政府也有意識向群眾宣講邊區與反共區救災果效的不同，例如，1941 年，因反共軍開往渦河以南，新四軍第四師政治部以鮮明的案例，向渦河以北的民眾講述了渦河以反共軍橫徵暴斂、土匪遍地、民不聊生的情形，武裝民眾參戰。〔註 191〕

　　第三，邊區注重發揮統一戰線的作用，肅清土匪，安定了社會秩序，為救荒舉措的開展提供了保障。自 1939 年 10 月至 1942 年 10 月，邊區消滅土匪共計 79 股，2300 人之多。新四軍在武裝發展的過程中，注意爭取一切國民黨與地方紳士同情者，與之建立合作關係，正確掌握統一戰線的原則，〔註 192〕並堅決大膽的「掃蕩」豫蘇皖邊區的一切漢奸、投降派、頑固派、反共派的勢力，這都提高了新四軍的政治威信。正如中國共產黨指出，國民黨軍有很多極端嚴重的困難存在。自徐州、開封失守以後，大小城市全被日偽佔領，江蘇省主席韓德勤部、國民黨湯恩伯軍侵佔時常東泛豫皖蘇邊區。其中，特別是財政

〔註 189〕《淮北蘇皖邊區三年來的政府工作——在淮北地區第二屆參議會上的報告》（1942 年 10 月），豫皖蘇魯邊區黨史辦公室，安徽檔案館編：《淮北抗日根據地史料選輯》第 2 輯第 1 冊，滁州：滁州報社，1985 年，第 219 頁。

〔註 190〕《淮北蘇皖邊區行署關於貫徹改善民生法令實施的指示》（1942 年 6 月 20 日），豫皖蘇魯邊區黨史辦公室，安徽檔案館編：《淮北抗日根據地史料選輯》第 2 輯第 1 冊，滁州：滁州報社，1985 年，第 151 頁。

〔註 191〕《新四軍第四師政治部告渦北民眾書》《1941 年 4 月 13 日》，河南省地方史志編纂委員會編：《豫皖蘇邊文獻資料選編》，鄭州：河南人民出版社，1985 年，第 92～93 頁。

〔註 192〕馮文綱：《彭雪楓年譜》，鄭州：河南人民出版社，2000 年版，第 135 頁。

經濟方面的困難及農民的騷動，他們需要集中精力去解決財政經濟問題，並企圖經過緩和我們的關係去緩和他們和農民的關係，這裡特別有嚴重意義的是河南 600 萬災民的自發鬥爭，某些部分已取得了武裝鬥爭的形式。〔註 193〕正如毛澤東指示邊區所言：「你們的軍隊愈擴大，愈精強，你們的根據地愈發展，愈鞏固，任何進攻都是不怕的」。〔註 194〕

第四，邊區加強領導農村的生產建設，適應敵後掃蕩頻繁與農村分散的具體情況。新四軍第四師常利用日偽掃蕩與掃蕩的間際精密地訂出計劃，抓緊農業的季候性，靈活地穿插農業空際，適合時機地布置生產工作。比如，「清明節前後是春耕播種時期，芒種前後是收割兩麥時期，中伏前後是收大秋秋時期，立秋前後是收小秋秋時期，中秋節前後是播種兩麥時期，九月重陽以後是起山芋時期，冬春為水利及紡織工作的好時期」其他一切工作要巧妙的穿插配合，「和平時領導群眾增加生產，反掃蕩時領導群眾戰鬥保護生產」，「在戰時利用可鑽的空際繼續生產，在和平時利用一切方法增加生產」。〔註 195〕

綜上所述，日偽對黃泛區災害的利用與日本侵華政策演變相輔相成，呈現出較為鮮明的階段性特徵。如前文所述，花園口事件一定程度上影響了日軍打通南北交通、速戰速決的計劃，也暴露了日軍侵華的困難。決口初期，日媒力圖利用這一事件對國民政府展開輿論攻勢，粉飾侵華罪行，試圖動搖受災民眾的民族意志和抗日精神。1938 年下半年開始，日本軍政當局部署研究新黃河，制定明確的現地方案並加以實施。1939 年，鑑於正面戰場的作戰需要，日偽以控制中國交通要衝、與國民黨軍對峙為目標，為確保對華長期作戰，誘導徵用勞力，持續推進防泛東堤工程。與此同時，日偽通過對霍亂、水災、旱災、蝗災的救助和宣撫，控制民眾，協助日軍鞏固和擴大淪陷區，向民眾灌輸所謂的「中日親善」，為日本侵略政策服務。日偽救災因經費的困窘、賑災機構的倉促組織、硬性的政治高壓和經濟搜刮，雖然收效不大，但具有很強的欺騙性，其本質是為了配合日本侵華戰略。正如《紐約時報》將侵華日軍與災荒

〔註 193〕《中央關於國民黨十中全會問題的指示》（1942 年 11 月 29 日），《中共中央文件選集》第 13 冊，北京：中共中央黨校出版社，1991 年，第 459 頁。

〔註 194〕《毛澤東、朱德、王稼祥關於鞏固蘇北、淮北、皖東根據地致劉少奇等電》（1940 年 12 月 23 日），中國人民解放軍歷史資料叢書編審委員會編：《新四軍文獻》（1），北京：解放軍出版社，1988 年，第 208 頁。

〔註 195〕劉寵光：《1943 年淮北蘇皖邊區生產建設總結》，中共河南省委黨史資料徵集編纂委員會：《豫皖蘇抗日根據地》（1），鄭州：河南人民出版社，1985 年，第 391 頁。

類比：「日軍使無數中國人被屠殺，在饑荒和疾病中喪生，是比任何疾病、饑荒都致命的瘟疫，是比黃洪更恐怖的中國之殤」。〔註196〕

國民政府以「防水阻敵」為旨，採取築堤措施，在黃泛區沿用傳統性的荒政思路，表徵於國防、賑救和宣傳，其實踐中亂象反覆上演，陷入統治危機。溯其根源，因其未能處理好軍需與賑務的矛盾，缺乏對災民的安撫、安置和關懷。

而黃泛區敵後抗日根據地的救災運動在中國共產黨的領導下，是以根據地黨政軍民全體力量為基礎的真正群眾性的生產自救運動，不僅密切了黨、政府和群眾之間的關係，增強了邊區各地區、各階層人民之間的團結與合作，也樹立了軍民共命運的光輝範例。

〔註196〕"China's sorrow", *New York Times*, March. 25, 1940, p.10.

第四章　中美關係與國、共災後重建

第一節　中共重建的準備

　　太平洋戰爭爆發以後，身處延安的中國共產黨意識到美國宣戰對世界反法西斯戰爭的影響。1941 年 12 月 9 日，中共中央發布指示，強調應在各種場合與英美人士作誠懇坦白的通力合作，改進中國抗戰狀況。〔註1〕抗日戰爭後期，由周恩來負責的南方局和八路軍駐重慶辦事處，積極開展國際交往，歡迎美國派遣官方代表團前往延安。1944 年，美國在華諸多外交官員，不滿以蔣介石為代表的國民政府的消極抗戰與腐敗，希望與中共建立關係。在經過與蔣介石反覆商討以後，1944 年 7 月，美國政府向延安派出由美國在華外交官員組成的美軍觀察組。8 月 18 日，中共闡述國際統戰政策時，對救災問題有所表態，「在救濟方面，我們歡迎英美加拿大等給我們醫藥器材和金錢的救濟，同時我們更要求國際善後總署必須算入和承認這擁有八千多萬人口，而且是遭敵蹂躪最甚的地區的救濟」。〔註2〕

　　1945 年 2 月，雅爾塔會議召開，美國仍指望蘇聯幫助打敗日本，確保蘇聯在東北的利益，與蘇聯在中國的問題上妥協。此時，蘇聯懷疑中共是否有能力治理中國，且為了換取中國承認東北利益，並未反對蔣介石政權。可以說，

〔註 1〕　《中共中央關於太平洋反日統一戰線的指示》（1941 年 12 月 9 日），中央檔案館編：《中共中央文件選集》第 13 冊，北京：中共中央黨校出版社，1991 年，第 252 頁。

〔註 2〕　《中央關於外交工作指示》（1944 年 8 月 18 日），中央檔案館編：《中共中央文件選集》第 14 冊，北京：中共中央黨校出版社，1992 年，第 316～317 頁。

蘇、美兩國皆希望中共參加國民黨占統治地位的聯合政府，承認國民黨，防止中國發生革命和內戰。「美國希望通過建立一個強大的中國來找出滿足美國利益的辦法」。〔註3〕

不過，因為美國駐華大使赫爾利（Patrick Jay Hurley）對國民政府的強烈支持，美國和中共的關係在 1945 年上半年呈現一種逐漸惡化的明顯跡象。1945 年 1 月，赫爾利表示：「在我與共產黨的所有談判中，我都堅持美國願將共產黨作為一個政黨或者反對國民政府的叛亂者而向它提供物資供應或給予其他援助」。美國對中共的任何援助都必須通過國民政府給予該黨。〔註4〕

美國政府出於對日反攻作戰的需要，向延安派出軍事觀察組，與中共建立正式合作的關係。在這一過程中，美軍延安觀察組獲知國共微妙關係制約了中共領導對於聯總在華救災的態度。1945 年 3 月 17 日，據美駐華公使第二秘書、延安觀察組成員謝偉思發回的電報稱：「延安打算建立一個中央機構，由不同解放區政府的 14 名代表組成，從事所屬區域的救濟和公眾衛生工作，以處理解放區救濟和復員事務」。〔註5〕延安關於是否成立配合聯總的救濟機構的討論由周恩來主持，最終沒有形成決議。主要原因有二，第一，大部分人一致認為「有這樣一個救濟組織能夠調查災情是可取的，但當前面臨國民黨的談判和即將召開的中共七大是更為緊迫的任務」。中共認為最重要的事情是提議召開全國各解放區人民代表會議，準備成立中國人民解放聯合會，以促進聯合政府的實現。〔註6〕同時，在未來一段時間內，外界的救援無法到達共產黨佔領區也是目前所面臨的重要現實問題。第二，需要等待中國政局情形進一步明朗化。如果國民黨同意建立聯合政府，那麼救災組織的成立並不必要，否則將會激化雙方政黨談判的形勢」。〔註7〕除此之外，中共預測「如果國民政府拒絕一切的讓步，其肯定會利用國際救災物資作為反對中共的政治武

〔註3〕孔華潤：《美國對中國的反應——中美關係的歷史剖析》，張靜爾譯，上海：復旦大學出版社，1989 年，第 151 頁。

〔註4〕韓信夫、姜克夫主編：《中華民國史大事記 1945～1946》第 11 卷，北京：中華書局，2011 年，第 7650 頁。

〔註5〕Report by the Second Secretary of Embassy in China (Service), March. 17, 1945, *FRUS*, 1945, China, pp.285~286.

〔註6〕《中央關於國際國內形勢及準備成立中國人民解放聯合會的指示》（1945 年 3 月 15 日），中央檔案館編：《中共中央文件選集》第 15 冊，北京：中共中央黨校出版社，1991 年，第 63 頁。

〔註7〕Report by the Second Secretary of Embassy in China (Service), March. 17, 1945, *FRUS*, 1945, China, p.286.

器」。〔註8〕因此，中國解放區臨時救濟委員會直到 1945 年 7 月 21 日才正式成立，次年 8 月 13 日改名為中國解放區救濟總會（Communist Liberated Areas Relief Administration），簡稱「解總」。

美國駐華使節秘書也指出，中共已實質控制中國部分地區，但美國和聯總駐華辦事處確實沒有調查和研究這些地區的救濟和恢復需求。1945 年 4 月 4 日，聯總駐華辦事處處長凱石（Benjamin Kizer）在談到聯總的援助是否擴展中共地區時，表示「這是一個微妙的問題，在作出決定之前，他打算與美國大使和軍隊代表進行商討」。〔註9〕可見，聯總對中共的救災深受中美關係、國共關係的影響。

中共在國際在華救濟問題上的謹慎並不意味著中共不願意與聯總產生聯繫。事實上，中共關心聯總和行總的事態和動向，積極爭取聯總的救濟物資。概括起來，主要表現如下方面：

第一，積極報導聯總和行總相關動態，針對聯總援華的質疑進行宣傳。據筆者統計，中共機關報《新華日報》1945 年即有 66 篇聯總與行總動態的相關報導。1945 年 3 月 15 日，《新華日報》曾刊載一篇時評，「聯總的調查，是設法收集中央機關的材料，使用地方政府之材料及採用淪陷區中私人供給的材料，這是側在大後方，以政府的材料為主，根本忽略了廣大解放區和淪陷區的人民」。〔註10〕該報接著強調：「克里米亞會議決議，是把實行緊急措施、賑濟難民作為建立民主政府的程序之一的。這不是軍隊的善後事業，和建立民主政治是不能分開的」。不難看出，中共認為解放區和淪陷區的群眾，應當是聯總救災的主要對象，並認為行總善後救濟調查的第一步工作就與聯總善後救濟原則完全背離。

第二，倡導黃泛區自立更生救災與爭取國際在華救災相結合。1945 年 4 月 27 日，毛澤東在談論軍隊生產自給時就論述了對待外援的態度，「我們還沒有外援，就是將來假定有了外援，生活資料也只能由我們自己供給，這是一點主觀主義也來不得的」。〔註11〕1945 年 7 月 7 日，中共中央為紀念抗戰勝

〔註 8〕 Report by the Second Secretary of Embassy in China (Service), March. 17, 1945, *FRUS*, 1945, China, p.286.

〔註 9〕 The Chargé in China (Atcheson) to the Secretary of State, April. 4, 1945, *FRUS*, 1945, China, p.1341.

〔註10〕《善後救濟問題（時評）》，《新華日報》，1945 年 3 月 15 日，第 3 版。

〔註11〕《論軍隊生產自給，兼論整風和生產兩大運動的重要性》，中共中央文獻研究室、中央檔案館編：《建黨以來重要文獻選編 1921〜1949》第 22 冊，北京：中央文獻出版社，2011 年，第 286 頁。

利八週年，即提出「施行救濟難民，救濟災荒」的口號。〔註12〕7月15日，中共中央指示河南區黨委應與冀魯豫部隊和五師部隊打成一片，向西防禦，向南進攻，建立可靠的軍事政治經濟基礎。應依靠現有力量自力更生，依靠你們自己協同河南人民解決一切問題，不靠任何外援，是必要的與有益的。「要堅決發動群眾，以減租減息發展公私經濟為基礎的財政政策」。〔註13〕1945年12月15日，毛澤東指示解放區1946年救濟工作的方針，應依靠群眾互助解決。〔註14〕

當然，中共領導對國際在華救災也抱有接納和歡迎的態度。1945年9月1日，中共中央指示各局各區黨委，目前對美外交政策應極宜謹慎，避免與美軍衝突，對美國人民應採取合作政策。〔註15〕9月8日，周恩來和毛澤東招待國際援華救濟團體，感謝他們在抗戰時期對解放區的援助。〔註16〕10月，毛澤東邀請聯總駐華辦處長本傑明‧凱石（Benjamin H. Kizer）和助理處長畢范禮（Harry Price）等4名聯總職員會面，說明解放區的需求。〔註17〕同時，中共也注意在與美國的溝通中，證明國民黨軍影響黃泛區救災。1945年11月13日，周恩來在與美國駐中國大使秘書的談話中，特意提醒道：「在國共聯合發表《會談紀要》時，國民政府已向國民黨軍發出攻擊中共的命令，這次進攻的重點是河南，擁有4個師的美軍和裝備，這裡沒有任何救濟的希望」。〔註18〕周恩來也將美國在黃泛地區的軍事協助而不顧救災看作是類似美國在中國東

〔註12〕《中共中央紀念抗戰八週年口號》（1945年7月7日），中央檔案館編：《中共中央文件選集》第15冊，北京：中共中央黨校出版社，1991年，第175頁。

〔註13〕《中央關於河南今後作戰方針給河南區黨委的指示》（1945年7月15日），中央檔案館編：《中共中央文件選集》第15冊，北京：中共中央黨校出版社，1991年，第184～185頁。

〔註14〕《1946年解放區工作的方針》，中共中央文獻研究室、中央檔案館編：《建黨以來重要文獻選編1921～1949》第22冊，北京：中央文獻出版社，2011年，第862頁。

〔註15〕《中央關於對美外交政策的指示》，中央檔案館編：《中共中央文件選集》第15冊，北京：中共中央黨校出版社，1991年，第262頁。

〔註16〕中共中央文獻研究室編：《周恩來年譜1898～1949》，北京：中央文獻出版社，1989年，第618頁。

〔註17〕《解放區項目報告》，姜良芹、曾磊磊主編：《美國哈佛大學哈佛燕京圖書館藏聯合國善後救濟總署解放區檔案》第1冊，桂林：廣西師範大學出版社，2021年，第13頁。

〔註18〕Memorandum of Conversation, by the Second Secretary of Embassy in China (Melby). November. 13, 1945, *FRUS*, 1945, China, p.625.

北運送國民黨軍的行為，周恩來強調，這與美國此時官方宣布的不干涉中國內部事務聲明有明顯矛盾，積極尋求美國對中共的解釋。

為解決上述問題，1945 年底，周恩來與行總署長蔣廷黻在渝商談中共允許行總人員救濟物資進入共軍區域救濟一般受苦民眾的問題，簽署《行總與中共關於共區救濟協定》，達成規則如下：

　　一、救濟以確受戰事損失之地方與人民為對象。

　　二、救濟不以種族宗教及政治信仰之不同而有歧視。

　　三、救濟物資之發放不經軍政機關而由人民團體協助辦理。

　　四、如行總人員及運載物資車船進入共區被扣留時則行總人員即自該地區撤退。

　　五、行總人員不得過問共區地方行政。

　　六、中共可派代表在共區協助行總人員辦理救濟工作。〔註19〕

第三，在黃泛區配合聯總人員調查。抗戰勝利以後，美國政府準備援助中國發展適度的武裝力量，藉以維持國內和平與安全，但美國所供給的軍事援助不得移充內戰之用，或用以支持不民主的政權。〔註20〕中共隨之在對美政策方面有了新的進展，中共中央要求各解放區對於在華美軍及美方人員要持友善態度，避免衝突，以免反動派作為挑撥的藉口。〔註21〕此時，中共解總已經成立，負責聯總物資在中共解放區的分配。

第四，利用與國共談判之契機，在政協會議中提交中國救濟問題的草案，其中涉及國際在華救災的內容。1946 年 1 月 10 日，政治協商會議召開，1 月15 日，國民政府和中共發布停戰命令。1 月 16 日，中共代表在政協會議第四次會議上提出和平建國綱領草案，案中對聯總救災即有所論述。「善後救濟總署援華物資之合理分配等，政府應定切實計劃，迅謀實施，並倚靠廣大人民團體之幫助與監督，以促其成」。〔註22〕1946 年 2 月 1 日，和平建國綱領正式公布，共 9 章 53 條，其中第 8 章善後救濟 6 條內容如下：

〔註19〕《行政院善後救濟總署業務報告》，上海：行政院善後救濟總署，1948 年，第286 頁。

〔註20〕《中美關係資料彙編》第 1 輯，北京：世界知識出版社，1957 年，第 953 頁。

〔註21〕《中央關於美國對華政策變動和我黨對策的指示》（1945 年 12 月 19 日），中央檔案館編：《中共中央文件選集》第 15 冊，北京：中共中央黨校出版社，1991 年，第 495 頁。

〔註22〕秦孝儀主編：《中華民國重要史料初編——對日抗戰時期》第七編，戰後中國（二），臺北：中國國民黨中央委員會黨史委員會，1981 年，第 168 頁。

一、迅速恢復收復區之社會秩序，徹底解除人民在淪陷時期所受之壓迫與痛苦。制止收復區物價之高漲，嚴懲接收人員之貪污行為。

二、迅速修復鐵路、公路，恢復內河沿海航業。協助因抗戰而遷徙之人民還鄉，如有必要，並為安頓其所住所與職業。

三、妥善運用聯合國善後救濟物資，以賑濟戰災；分配藥業，以防治疾疫；供給種籽、肥料，以恢復農耕。由民意機關與人民團體協同主管機關推進其工作。

四、迅速整理收復區之工廠、礦場，保障原有產權，繼續開工，使失業工人恢復工作。並謀敵產、逆產合理處置，使後方抗戰有貢獻之廠家參與經營。

五、迅速治理黃河，並修築其他因戰事而破壞及失修之水利。

六、政府停止兵疫及豁免田賦一年之法令，應由各級政府切實執行，嚴禁變相徵發之行為。〔註23〕

第五，駁斥和澄清國民政府關於中共決堤的虛假宣傳。1945年11月3日，國民政府第五戰區司令長官劉峙稱共軍在「豫東太康縣白潭以北地區」，掘開泛堤，洪流漫溢，迄仍直泛不已……該縣雀橋鎮北面沿東大堤內順流而下，經斧頭崗南邊以達城東南流至馬場入鹿邙，計「被災氾濫區域全長約120里，寬3里，被淹田數194400畝，其他財務之損失，共值國幣136377864元，被淹災民刻正嗷嗷待救」。重慶的報紙連續登載，而行政院在外國記者招待會上也就此事醜化中共。這樣的報導等於給中共加上了「決堤毀城」、「擄殺人民」的罪狀。〔註24〕

為此，中共方面專門調查，在1946年2月的《新華日報》上特為講解此事來龍去脈。「決堤黃河確有其事，決堤者是偽尉氏保安團曹氏一部所為」。中共稱，「去年8月，我軍收復扶溝、西華、通許、杞縣，該部偽軍乃於9月10日在朱仙鎮以南將黃堤連續掘口，每口寬2000餘尺。該偽決堤之時，我軍正駐遜母口，離決口處有百里之遙」。同時，「10月間，某戰區某部向我軍進攻，

<hr />

〔註23〕秦孝儀主編：《中華民國重要史料初編──對日抗戰時期》第七編，戰後中國（二），臺北：中國國民黨中央委員會黨史委員會，1981年，第236頁。

〔註24〕《共軍在豫掘堤人民嗷嗷待救》，萬仁元、方慶秋主編：《中華民國史史料長編》第67冊，南京：南京大學出版社，1993年，第748頁。

奪我西華、太康、杞縣、通許，對該部偽軍，曾慰問有加」。〔註25〕可以說，所謂的「共軍掘毀黃堤」之事，實乃國民黨抹黑共軍的宣傳。

　　簡而言之，在抗戰勝利以前，美國的對華政策、國共和談以及戰爭現實，促使中共對聯總在華救災持保守態度。重慶談判以後，中共調整應對國際在華救災的策略，與國民政府在鬥爭中開始認識應爭取分配到聯總在黃泛區物資的一部分，與聯總已初步接觸。不過，中共更多依靠自力更生和輿論宣傳以應對現況。

第二節　國民政府的重建準備

　　國民政府由於享有中國合法政府的便利，在政治、軍事和外交上都佔有相對權勢，渴望迅速恢復其在全國範圍內的政治權威，維護國民黨在戰後中國的統治地位，這是蔣介石處理對外關係的基本出發點。

　　1945 年 12 月 9 日，蔣介石手諭宋子文：「目前最急要事件為如何將美國救濟總處已到中國之物品立即用陸運、水運、空運分別送到救濟地區，一面嚴防偷漏與損失，組織監察人員切實監督」。〔註26〕蔣介石強調，「務希盡其全力而為之，如果此事信用一失，此後政府對外之信用無可挽救矣」。〔註27〕在準備階段，國民政府大致進行簽署協定、聽取民意、總體調查、爭取資金等事項。

　　1945 年，行政院特別設立善後救濟總署，簡稱「行總」，辦理收復區的善後救濟事業。從 1945 年 1 月至 1947 年底止，希望在短期內利用聯總供應的善後救濟物資和服務，恢復元氣。國民政府希望行總成為運用國際救災物資、專司難民福利和災區復興的機關，這也是國際合作的一個實驗。1945 年 11 月 14 日，國民政府以行總署長蔣廷黻為代表，聯總以其駐華辦事處處長凱石為代表，簽署《中華民國國民政府聯合國救濟善後總署基本協定》（以下簡稱「基本協定」），該協定對國民政府和聯總的關係作了明確的界定，對解放區使用聯總物資的資格有所確定。根據基本協定：「善後救濟物資之分配，應一

〔註25〕《尉氏偽保安團曹世一部掘毀黃堤百餘里，本報記者來電報導事實真相》，《新華日報》，1946 年 2 月 6 日，第 2 版。
〔註26〕葉健青：《蔣中正總統檔案：事略稿本》第 64 輯，臺北：「國史館」，2012 年，第 76 頁。
〔註27〕葉健青：《蔣中正總統檔案：事略稿本》第 64 輯，臺北：「國史館」，2012 年，第 76 頁。

視同仁，不得因種族、宗教、政治信仰之不同有所歧視」，「在任何情況下，善
後救濟物資及服務，不得利用為政治或軍事工具」。〔註28〕中國政府應採取各
種措施，保證是項政策推行於整個工作區域。〔註29〕可以說，聯總和國民政府
需要承擔給予解放區公平待遇的義務，解放區也有權利獲得聯總的物資。

根據基本協定，聯總準備好物資之後運到中國，為諮詢及顧問機關。中國
的善後救濟業務以及聯總供應的物資分配銷售事宜，由行總負責執行。行總在
接收物資之後必須全部運用於善後救濟。聯總把物資交給行總之後，觀察行
總是否遵循基本協定的要求運用，行總使用物資過程中的每一階段和步驟對
聯總完全公開。行總隨時與聯總商洽種種有關問題，每週舉行各部分聯席會
議，共同努力工作，兩位一體。〔註30〕根據《善後救濟分署組織法》，行總又
在戰事損害較重的地區設置 15 個分署，協助行總及中央機關執行善後事務。
河南、安徽和江蘇分署涉及黃泛區事務。

地方上對聯總在黃泛區的救災呼聲也越來越高。例如，1945 年 9 月 14 日，
國民參政會的豫籍參政員馬乘風、劉景健等即表示，在分配聯總物資的時候，
河南不作件件須有一份的要求，希望政府體恤我們受災最重，犧牲最大，恢復
元氣最困難，而以援助物資總數的較大力量，給我們以合理的救濟。馬乘風等
也對河南的善後救濟提出符合當地情況的實施意見，「第一步是供給河南大批
的糧食、衣物和醫藥，第二步是恢復河南的農業生產能力，第三步是努力於農
業工業化」。〔註31〕下表是筆者根據檔案繪製的 1945 至 1946 年中央與地方關
於救濟黃泛區的提議一覽表。

表 4-1　戰後各省提議救濟黃泛區電文一覽表

序號	時　間	來文機關或個人等	上達機構	提議事由	辦理情形摘要
1	1945 年 9 月 7 日	安徽省政府主席李品仙	行政院	安徽省水利急需進行之工作	交水利委員會核議具報

〔註28〕《行政院善後救濟總署業務總報告》，上海：行政院善後救濟總署，1948 年，
　　　　第 1 頁。

〔註29〕《中華民國政府聯合國救濟善後總署基本協定》，殷夢霞、李強選編：《民國善
　　　　後救濟史料彙編》第 1 冊，北京：國家圖書館出版社，2008 年，第 36 頁。

〔註30〕《李副署長卓敏招待滬市西文報紙記者致辭》，《河南善救分署週報》，1946 年
　　　　第 6 期。

〔註31〕馬乘風、劉景健等：《河南善後救濟意見》，萬仁元、方慶秋主編：《中華民國
　　　　史史料長編》第 67 冊，南京：南京大學出版社，1993 年，第 15～16 頁。

2	1945 年 10 月 12 日	徐炳昶等	國民參政會第四屆第一次大會	黃河恢復故道，擬請以復堤為主，勿以堵口限期為限制，復堤應乘下游斷流之機，徹底整理，以期永減災害，而免此堵彼決案	已將黃河堵復工程列為首要工作，在合龍前先行設法修復下游重要堤防及劃除最緊急險工。函請行總撥發物資，並電飭黃河水利委員會派隊積極勘測，準備實施
3	1945 年 10 月 12 日	翟純等	國民參政會第四屆第一次大會	擬具戰後整治黃河及黃泛區善後意見請公決案	黃河堵復工程及濬復黃河泛區各水道已列入本會水利復員計劃內，其土工部分擬利用兵工民工辦理，俟後核准後即可施工
4	1945 年 10 月 12 日	王立哉等	國民參政會第四屆第一次大會	請於戰後黃河為堵前，在山東姜溝附近建設倒虹涵洞、引水注運，以利航行	發交黃河水利委員會研擬具報
5	1945 年 10 月 12 日	劉次蕭等	國民參政會第四屆第一次大會	戰後繼續辦理豫冀魯三省黃河沿岸虹吸淤灌工程之建議	發交黃河水利委員會研擬具報
6	1945 年 10 月 12 日	徐炳昶等	國民參政會第四屆第一次大會	鄭縣花園口堵合後即實施工賑，限期疏濬，豫境黃河泛區舊有河道，恢復原狀，俾利行水效能而宏救濟	土工部分擬利用兵工民工辦理，至濬復黃河泛區各水道計劃，計分豫東區和皖北區辦理。至各該區實施程序，亦經分別訂定，擬於花園口口門合龍後，盡一年內完竣之，其工款經列入善後救濟計劃預算之內
7	1945 年 10 月 24 日	江蘇省政府主席王懋功	行政院	籌設堵塞黃河中牟決口工程機構，除水患以安蘇北民生	電覆黃河堵口工程水利委員會擬定全盤計劃，一俟核定即撥款興工

8	1945 年 10 月 30 日	吳敬恒	蔣中正	黃河大工關係之重要請派大員主持，寬籌工款，實施查勘	擬交行政院
9	1945 年 11 月 1 日	河南省政府主席劉茂恩	行政院	撥發鉅款，以工代賑，速謀黃河堵口修堤，使歸故道以弭水患而蘇民困	
10	1945 年 11 月 1 日	安徽省政府主席李品仙	行政院	堵口復堤同時進行	交水利委員會核辦
11	1945 年 12 月 1 日	渦陽縣臨時參議會	行政院	早日興工堵口	
12	1945 年 12 月 13 日	安徽省阜陽縣臨時參議員吳秉彝	行政院	請堵塞黃河決口，以全民生	擬交行政院
13	1945 年 12 月 19 日	河南省扶溝縣黨部	行政院	堵塞花園口決口，以利民生	擬交水利委員會
14	1946 年 2 月 6 日	河南省許昌縣黨部	國民政府	請速整理黃河	擬交水利委員會
15	1946 年 3 月 21 日	中央大學河南省黃災區同學會	國民政府	黃河泛濫區災情慘重，請予救濟	擬交行政院
16	1946 年 6 月 21 日	徐炳昶等	國民參政會第四屆第二次大會	立時培修黃泛新堤，俾免泛區擴大案	擬交水利委員會
17	1946 年 6 月 21 日	馬乘風等	國民參政會第四屆第二次大會	黃河堵口復堤工程應請中央寬籌經費，嚴禁就地科工徵料，以蘇民困案	擬交水利委員會
18	1946 年 6 月 21 日	陳鐵等	國民參政會第四屆第二次大會	請指撥專款遴派能員專任治黃導淮，以除水患而興水利	擬交水利委員會
19	1946 年 6 月 21 日	劉景健等	國民參政會第四屆第二次大會	劃黃泛區為模範自治區，實行新村制，採用集體農場辦法，利用機器耕田	擬交水利委員會
20	1946 年 10 月 14 日	河南省參議會	國民政府	電請準飭花園口堵復工程局迅予本年	擬交水利委員會

				底以前，完成堵口工程，俾除水患而安民生	
21	1946 年11 月 2 日	通許縣參議會	國民政府	電飭請速完成黃河花園口堵口復堤工程	擬交水利委員會
22	1946 年12 月 13 日	河南省沈邱縣執行委員會	國民政府	請於三十六年春，完成黃河堵口復堤全部工程	擬交水利委員會
23	1946 年12 月 26 日	山東省臨時參議會	國民政府	黃河復堤工程尚未全部完成，應暫緩合龍	擬交水利委員會

　　由上可知，黃河改歸故道事關河南、安徽、江蘇、山東四省人民福利。各省以堵口為訴求，其考慮的意願並非完全一致。例如，安徽省政府主席李品仙主張疏導淮河流域、修築江堤與堵築黃河潰口同屬當務之急，因 1945 年 9 月，阜陽縣發生大水，民堰崩潰，受災至深。河南省政府劉茂恩強調全省淪陷，希望興辦堵口復堤工程，這樣可以獲得鉅款購辦材料，以工代賑，改善民生。山東省黨部指出疏濬黃河故道，強化河防以絕河患尤為重要。

　　在這種呼聲之下，蔣介石要求行總盡快確定 1946 年度水利工程的預算。〔註32〕因此，水利委員會對黃河泛區之堵口復堤計與復興計劃分別擬就，「容泛區內的軍事狀態結束，地方秩序安定後，便會同農林、社會兩部及行總等有關部門，派員趕往分段進行」。〔註33〕

　　1945 年 3 月，蔣廷黻從美返歸以來後，催促行總全體人員調查災情，分電有關省市政府調查轄區，同時向各省市駐渝辦事處、各公私團體或個人徵集相關資料。至 7 月底調查結束，將統計資料供給聯總參考。行總要求各省市除「各縣城鎮村莊經敵我軍事破壞者」一項以外，其餘須以縣市為調查對象。〔註34〕行總這樣做的目的也是便於分配各省市善後救濟物資。調查內容如下表所示：

〔註32〕葉健青編：《蔣中正總統檔案：事略稿本》第 64 輯，臺北：「國史館」，2012年，第 92 頁。
〔註33〕《水利委員會擬就復堤計劃》，《大公報》（重慶版），1945 年 10 月 17 日，第 3 版。
〔註34〕《政院善後救濟總署進行調查工作》，萬仁元、方慶秋主編：《中華民國史史料長編》第 65 冊，南京：南京大學出版社，1993 年，第 486 頁。

表 4-2　戰後國民政府泛區調查表

調查項目	調查內容
糧食	1.各縣消耗量、2.產量、3.能從他縣購買量、4.缺量
各縣衣料缺乏程度	
各縣醫藥缺乏程度	
各縣城鎮村莊經敵我軍事破壞者	1.已毀房屋數、2.尚存房屋數
各縣境內難民	1.外來難民數目及其籍貫、2.本地難民數

　　據豫皖蘇各省政府報告，抗戰八年，黃泛區有 122000 多人被淹死，9593474 畝土地被毀，515434 頭牛死亡，4159647 間房屋倒塌，價值 687258.929 美元的農具損壞。〔註 35〕

　　行總人員與聯總顧問對黃泛區進行聯合調查。1945 年 11 月 9 日，行總調查處派呂敬之會同聯總顧問聯總駐華辦事處顧問穆懿爾（Raymond T. Moyer）和專員班乃爾（Mildred Bonnell）以及國民政府代表王綏由渝經陝赴豫，不僅實地調查該省戰時農業損害概況，還參考省府、專員公署、縣府及其他地方機關團體士紳的報告與談話。

　　此次聯總專家和國民政府的聯合調查取得了一定的收穫，確立了善後救濟應注意的要點。第一，河南的不同區域應當區別對待，例如，豫西及宛西等地原為糧食供給縣，應鼓勵民眾墾荒，同時應鼓勵工賑。豫北應該迅速恢復交通線，以耕牛、肥料、種子補救農民。第二，確立黃泛區的重要工作是堵塞花園口決口及培修黃河舊堤，並預計堵口復堤工程尚需兩年始能完成。第三，強調恢復交通線的重要性。「開封至鄭縣尚不能直達，鄭縣至西安亦須分段行駛，對於物資運輸以及難民還鄉影響頗大。修復後，外來物資可從鄭州、開封、漯河，再由公路或其他工具轉運內地」。第四，意識到籌設醫藥衛生設備、防治旱災、蝗災的重要性。總之，正如聯總專家概括黃泛區留下的印象，「這裡完美地說明了救災和重建必須結合，人們需要一切」。〔註 36〕

　　需要注意的是，國民政府與聯總專家的第一次實地調查忽視了中共冀魯

〔註 35〕 "War Tragedy of 1938 Still Taking Toll in Flooded Yellow River Districts," *The China weekly review*, May. 4, 1946, p.218.

〔註 36〕 Mitter, Rana. (2019). State-Building after Disaster: Jiang Tingfu and the Reconstruction of Post-World War II China, 1943~1949. *Comparative Studies in Society and History*, 61 (1), p.200.

豫邊區所轄縣份，其實地調查路線為闆底鎮→闆鄉→官道口→盧氏→洪澗鎮
→瓦穴子→洪源鎮→朱陽關→寒溝→西坪鎮→重陽店→丁河→西峽口→丹水
→內鄉→鎮平→南陽→方城→保安驛→中縣→漯河→許昌→鄭縣→開封→封
丘→新鄉→駐馬店→信陽。〔註37〕由於 1945 年 8 月至 10 月，蔣介石大規模
調動軍隊向河南各解放區的八路軍和新四軍駐地進犯，將河南劃為「清剿區」
上述均為國民黨軍佔領地區。〔註38〕

　　國民政府下令黃河水利委員會先組勘測隊，分赴下游豫、魯、冀等省，沿
河實地查勘原有河堤殘破情形，一面呈准恢復山東修防處及河北修防處，分別
辦理冀魯豫的復堤事宜。〔註39〕同月，水利委員會協助塔德、范銘德兩名聯總
的美籍顧問，派黃河水利委員會技正蔡振、工程師王恢先等陪同赴魯沿河視察
堤防破壞情形。〔註40〕此次勘察確定黃河堵口工程的採用石料之處，以新鄉附
近之潞王墳為最經濟合用，而行總也將交通工具、工糧、食物、大批木料、手
工工具、探照燈之類，由鐵路源源輸送開封，轉發花園口工地應用。

　　此外，國民政府專門設置配套的財政預算，應對堵口復堤工程。1945 年 12
月 11 日，國民政府行政院召開第 724 次會議，強調黃河及江漢堵口復堤工程所
需工款，「在整個善後救濟案中應占最優先支配」，進一步指出在 1946 年 6 月以
前，籌措黃河、江漢堵口復堤工程專款 50 億元，同時，國民政府也意識到原
向聯總編制的概算絕非實際工程所需，決定將黃河江漢堵復工程專款視為工
款準備金。〔註41〕黃水利委員會委員長薛篤弼明確聲明工程的程序依次為修
復下游堤防、化除下游險工、花園口堵口。〔註42〕

　　以蔣廷黻為代表的行總負責人也注重以黃泛區為例，在不同國際場合講
述黃泛區的苦難，謀求聯總增加物資援助。1945 年 11 月 13 日，總署署長蔣
廷黻在中外記者招待會上，表達對河南善後救濟的關切，「河南省所遭受戰爭
及天災最烈，黃河堤壩必待修復，7000 方公里之泛濫區亦待善後工作，河南

〔註37〕陳建寧：《河南省戰時損失調查報告》，《民國檔案》，1990 年第 4 期。
〔註38〕中共河南省黨史研究室編：《中共河南黨史大事記》上冊，鄭州：河南人民出
　　　版社，2000 年，第 272～277 頁。
〔註39〕中國人民政治協商會議河南省鄭州市委員會文史資料研究委員會編：《黃河堵
　　　口復堤工程節略》，《鄭州文史資料》第 2 輯，1986 年，第 98 頁。
〔註40〕《黃河堵口復堤工程案一》，行政院檔案，臺北「國史館」館藏，014000009528A。
〔註41〕《黃河堵口復堤工程案一》，行政院檔案，臺北「國史館」館藏，014000009528A。
〔註42〕《薛篤弼在中樞紀念週報告水利委員會工作概況》，萬仁元、方慶秋主編：《中
　　　華民國史史料長編》第 67 冊，南京：南京大學出版社，1993 年，第 566 頁。

省之糧食需要至大」。〔註43〕1946 年 1 月 10 日，國外記者在行總的中外記者招待會上就「修治黃河是否回歸故道，回歸何處」首先發問。蔣廷黻答道：「使它回歸 1938 年的故道」。蔣廷黻指出，鄭州以北花園口決口並不大，但是星光燎原，假定不堵塞妥當，明年夏秋之交一定發生大水。蔣廷黻還以為，「黃河花園口堵口工程並不大，問題則在花園口決口堵住以後，是否不再有其他地方決口，因上次黃河決口，曾淹沒七千方公里的土地，受災人民達三百多萬，如此口堵住，他處又決口，無論不敢立即堵口，準備自花園口往下逐步濬修，待堵口工程能保證不在他處決口，方可著手，工程之大即在此」。〔註44〕蔣廷黻也利用聯總副署長韓雷生實地視察收復區之際，要求擴大聯總援華力度。「歐洲各國所得救濟經費，平均每一人民少者可得 10 美金，多者可得 20 至 30 美金，中國即使照我方要求 945000000 美金計算，平均每人僅得 2 美金，聯總尚欲減少，顯屬太不公道。單就河南一省之損害，恐非波蘭一國所能及」。〔註45〕韓雷生表示願返美向聯總轉達此意。

第三節　國、共、美三方關於黃河工程的利益

抗戰勝利以後，聯總在黃泛區實施的最著名的便是黃河工程（The Yellow River Project）。該工程內容主要有四部分，第一，黃河花園口堵口工程；第二，修復戰前花園口與入海口之間綿延 400 多英里的防洪大堤；第三，向戰爭期間沿舊河床堤壩建立家園並從事農業生產的 20 萬至 40 萬農民實施救濟計劃；第四，為返回黃泛區的難民提供復墾、救濟和重新安置工作。〔註46〕史稱「黃河堵口復堤工程」、「黃河歸故」。

對國民政府來說，其借助國際救災的物資和力量，無需承擔黃河改道的巨大成本。1944 年底，國民政府便要求聯總派遣 1 名經驗豐富的工程師、20名工程技術人員，運送 5000 噸重建設備以及 10.9 萬噸提供給工人的糧食。毋庸置疑，對於抗戰期間深受水災影響的豫、皖、蘇黃泛區人民來說，黃河回歸

〔註43〕《蔣總署長關懷河南善後救濟》，《河南善救分署週報》，1946 年第 1 期。

〔註44〕《蔣署長在滬招待記者，報告本署近況及今年度七大工作計劃並答問》，《善後救濟總署河南分署週報》，1946 年第 6 期。

〔註45〕《蔣總署長還都勗勉總分署同仁加倍努力》，《河南善救分署週報》，1946 年第 6 期。

〔註46〕*UNRRA in China, 1945~1947*. Washington, D. C: United Nations Relief and Rehabilitation Administration. 1948, p.257.

故道會降低水災風險。戰後國民政府如若成功治理黃河，同時河流改北上，黃河故道區域重新恢復水力穩定，國民政府可以贏得當地民眾的支持，宣傳政績。聯總向中國提供農業物資援助比例遠高於大多數歐洲國家。〔註47〕黃河水利工程是一項恢復農業的實質性措施，利用聯總輸送工程人員、技術、設備和物資以及為中國工人提供食品，可以保護農田，增加糧食產量。〔註48〕堵口復堤工程在國際視聽方面極有關係，「聯總曾在美竭力鼓吹此項計劃，以期社會瞭解」，甚至對於中國下半年所能獲得之聯合國救濟專款亦有影響，也可幫助國民政府獲得良好的國際聲譽。

對於聯總與美國來說，其一，黃河工程為馬歇爾的調停提供了一個國共放棄武力爭端，實現人道合作的實踐平臺。中國從聯總獲得近5.5億元撥款，是聯總提供的最大單筆撥款，美國是其中最大的供給者。1945年12月15日，美國總統杜魯門發表聲明，宣布中共內戰停止，國民黨一黨專政要結束，約束在華美軍的行動，並派遣馬歇爾來華，也就是說此時美國的對華政策已非直接參加內戰而是援助中國和平統一。1945年12月下旬，杜魯門統特使馬歇爾赴華，其使命是調停國共武力爭端，建立聯合政府。在馬歇爾尚未抵華之前，美國政府為了更好的利用聯總援華物資，便委任美國駐華大使承擔就地觀察聯總物資在華利用並向美國國務院定期報告的責任。國務院則依據大使所言情況向聯總提出建議。〔註49〕1月10日，國、共、美共同簽署停戰命令，為聯總最初的在華救災奠定了良好的國內形勢。黃河工程被納入馬歇爾運作的範圍，且被認為對馬歇爾調處有輔助性質，「時人皆認為國共若能在黃河改道上合作，就容易在其他更困難的問題上達成一致」。〔註50〕

其二，黃河工程項目符合美國太平洋基地海軍剩餘物資轉換的利益。

聯總共從美國購買價值1億美元海軍剩餘物資用於中國項目。主要原因無非有二，日本投降以後，世界各地物資缺乏，各國都搶購物資，對於物資來源十分憂慮，聯總即使有資金也難以買到物資；美國在太平洋作戰剩餘物資堆

〔註47〕 *UNRRA in China, 1945~1947*. Washington, D. C: United Nations Relief and Rehabilitation Administration. 1948, p.4.

〔註48〕 *UNRRA in China, 1945~1947*. Washington, D. C: United Nations Relief and Rehabilitation Administration. 1948, p.15.

〔註49〕 Memorandum by the Treasury, Department Representative in China (Adler) and the Assistant Commercial Attache in China (Walker) to the Charge in China (Robertson) December. 19, 1945, *FRUS*, 1945, China, p.783.

〔註50〕 Fisher, Michele Slavich. (1977). *Service to China: The Career of the American Engineer, O. J. Todd*, Washington: University of Geprgetown, p.198.

積很多，價格便宜，運往中國，可以縮短運輸途程。1945 年 12 月，美國政府將海軍剩餘財產的處理納入中國的整體計劃，「希望海軍能夠將其在中國計劃中的一些需求出售給聯總，這當然會給美國的納稅人帶來節省，因為他們支付了聯總 70% 的費用」。〔註 51〕1946 年 4 月 1 日，聯總與美國簽署了《馬努斯合同》，購買了 3650 萬美元美國海軍剩餘財產，通過聯邦貸款公司（The Federal Loan Corporation）在中國分配，使得美國的海軍基地處置了大部分剩餘物資。聯總採購協調部主任路易斯・斯文森（Louis Swenson）認為，應盡可能多地利用太平洋的盈餘來救濟，這符合美國政府的利益，因為這些物資不是從國內生產出來的，而且會立即帶來回報。而聯總所採購的太平洋軍事基地的物資，「其中 4000 萬磅的救濟食品和價值 300 萬美元的重型設備——推土機、平地機、拖拉機和起重機」都被用於著名的黃河工程，以收回 1938 年因洪水淹沒而拖慢日本人前進的巨大飯碗區。〔註 52〕

其三，黃河工程與美國及聯總戰後的全球糧食復興任務息息相關。

1946 年，美國國務院對世界的糧食產量狀況系統的分析，總結「1945 年至 1946 年世界糧食產量估計為 1.29 億噸，和戰前的 1.51 億噸相比，減少了 15%，這種下降的實質是遠東現象，遠東已經成為巨大的赤字地區」。〔註 53〕1946 年 2 月，美國總統杜魯門邀請前總統胡佛（Herbert Clark Hoover）擔任美國急賑委員會（the Developing Famine Emergency Committee）主席，派遣胡佛前往中國等 38 個國家調查，為美國的兩大國際糧食救助渠道，即聯總與英美聯合糧食委員會（Combined Food Board）提供價值性建議，遏制全球饑荒，維護世界和平與安全，保護美國長期利益。〔註 54〕杜魯門率先在國內實行食品節

〔註 51〕Memorandum by the Treasury Department Representative in China (Adler) and the Assistant Commercial Attaché in China (Walker) to the Chargé in China (Robertson). December. 19, 1945, *FRUS*, 1945, China, p.778.

〔註 52〕"VNRRA Buys Supplus of Navy on Manus," *New York times*, April. 5, 1946, p.6.

〔註 53〕World rice situation, 1945~1946, with particular reference to the Far East, Office of Strategic Services (OSS)-State Department Intelligence and Research Reports, Part 02: Postwar Japan, Korea, and Southeast Asia, 1945~1949, Folder: 002798-001-0001.

〔註 54〕前美國總統胡佛以「人道主義領袖」著稱，威爾遜政府時期，胡佛在第一次世界大戰期間組建和領導比利時救濟委員會（The Belgian Relief Commission），為遭受德國入侵的比利時人和法國北部人提供糧食。1921 年至 1928 年期間，胡佛領導美國救濟署（the American Relief Administration）對他國的救災，如 1921 年蘇俄爆發的饑荒。胡佛堅信人道主義援助對世界和平與安全以及美國的長期利益至關重要，而糧食供應最終帶來的國家穩定遠比軍事力量大得多。

省限令，〔註55〕擴大本國備用食品生產。例如，美國就業服務局號召 50 萬人前往美國罐頭廠工作。國際方面，杜魯門在全球發起三大糧食運動（Food Campaign），包括輔助意大利政府在撒丁島（Sardinia）抗擊蝗災、向印度運輸糧食以及中國的黃河工程等。〔註56〕

1946 年 2 月，聯總專門成立調查小組，瞭解黃泛區的難民情形。聯總駐華辦事處顧問雷蒙德‧穆懿爾和專員班乃爾赴豫考察歸來，堅信「食物是最重要的救濟需求，牲畜短缺阻礙了農業的重建，流行病已經席卷該省的西部地區，80%到 90%的人口受到影響」。兩位代表也堅信「當河流改歸故道並修復堤壩後，每年的食物和破壞將成為過去」。〔註57〕據凱石報告稱：「黃泛區的糧食供應狀況日益惡化，3300 萬人的飲食不足，其中 70 萬人處於飢餓邊緣」。〔註58〕為此，聯總在 1946 年年初加速對黃泛區物資的運輸。1946 年 1 月 19 日，17 車工程設備和食品從上海送往河南省北部的開封。「黃河歸入故道將允許每年重新種植 2 億蒲式耳的糧食，這些土地現在被河水淹沒」。〔註59〕1946 年 1 月下旬，聯總為了解決糧食問題，特地委派前美國陸軍軍糧局供應處處長拉爾夫‧奧姆斯特（Ralph Olmstead）擔任聯總駐華辦事處執行長，協助凱石推進援華工作。其在聯總駐華辦事處的記者新聞會上表示：「聯總希望今年能最優先完成黃河工程的堤防修建」。〔註60〕1946 年 3 月 15 日，聯總第四屆大會召開，會議的兩大主題即為「全世界的糧荒問題」與「歐亞兩洲救濟問題」。杜魯門總統向大會代表們致信，對所有遭受糧食短缺的國家表示衷心的同情，並稱美國將繼續支持聯總，「據我所知，沒有什麼比聯總的成就記錄更令人鼓舞的證據來說明為和平目的進行國際合作是可能的。〔註61〕而聯

参見：Brian Douglas Reese. (2018). *A Mutual Charge: The Shared Mission of Herbert Hoover and Harry S. Truman To Alleviate Global Hunger in a Postwar World*, Portland: Portland State University, p.53, 116.

〔註55〕1946 年 3 月 11 日，美國急賑委員會發出世界饑荒聲明：要求美國家庭、公共飲食場所在四個月內犧牲 40%的小麥產品消費和 20%的食品油脂消費，以準備拯救世界饑荒的物資。參見：Herbert Hoover. (1949). *Addresses Upon the American Road 1945~1948*, New York: D. Van Nostrand Company, p.166.

〔註56〕"Food Campaign Developments," *The Washington Post*, May. 13, 1946, p.3.

〔註57〕"Rehabilitation Work," *The South China Morning Post*, February. 12, 1946, p.12.

〔註58〕"UNRRA to Reclaim Granary in China," *New York times*, May. 13, 1946, p.3.

〔註59〕"33000 Workmen will Shift Yellow River to Old course to Reclaim Vast Farm Area," *New York times, January.* 20, 1946, p.20.

〔註60〕"China's sorrow," *South China Morning Post*, February. 8, 1946, p.6.

〔註61〕"China's urgent needs," *South China Morning Post*, March. 16, 1946, p.2.

總農業復興部的負責人格林（William J. Green）也對黃河項目緩解世界糧食危機的作用十分重視，「這個龐大的工程由許多與農業沒有直接聯繫的聯總技術人員進行，包括土木、公路、電力和運輸工程師、大型建築專家。〔註62〕如格林所言，黃河工程已經吸引大量的外國在華組織和個人。美國公誼救護隊負責人蔡相森、美聯會負責人范新德表示願意盡力配合行總河南分署工作。〔註63〕不少外籍專家於 1946 年 4 月已到達黃泛區服務。

　　這些外籍服務人員由中國政府向聯總駐華辦事處提出具體請求，須詳細載明所需人員額數、各員職責、應具資格、需要先後以及預定工作的目的和範圍。聯總同意後，著手物色所需人員，儘量設法使其來華。這些外籍人士分為兩類，其一為聯總駐華辦事處在河南開封分處的工作人員，其二為聯總專門派赴為黃河工程服務的專家。下面兩表分別為此兩類人員名錄。

表 4-3　聯總駐河南辦事處外籍人員表〔註64〕

職　務	姓　名	籍　貫	學　歷	經　歷
河南區辦事處主任兼河南分署顧問	范海寧	美國阿海阿省	美國阿康大學及敏尼蘇打大學畢業	美國農業部農業復員管理處
副主任	何樂白	美國紐約省	美國阿海阿大學及哥倫比亞大學畢業	美國西方電氣公司人事室主任
秘書	何思白女士	澳洲墨爾博恩省		上海聯總辦事處
秘書	藍偉奇	澳洲西的尼省		澳洲戰幹團
會計	亞歷山大女士	美國米西西比省	美國路易西安那省立大學畢業	美國路易西安那省會計處
手工藝專家	白林登女士	美國塔塞斯省	美國塔賽斯工業大學畢業	美國工業部糧食調整專門委員會
社會事業專家	白乃爾女士	美國伊立諾省	美國伊立諾大學及哥倫畢業大學畢業	美國工業部糧食調整專門委員會
醫藥衛生專家	許露茜夫人	加拿大阿爾伯答省	加拿大阿爾伯大大學畢業	歐洲聯總處長駐德區副主任

〔註62〕"Home-Grown Food For China," *South China Morning Post*, April. 24, 1946, p.1.
〔註63〕《舉行新聞記者首次招待會，報告本省善後救濟工作》，《河南善救分署週報》，1946 年第 3 期。
〔註64〕《聯總駐華辦事處河南區辦事處成立》，《河南善救分署週報》，1946 年第 1 期。

表 4-4　1946 年 4 月已參與黃河項目服務外籍專家名錄表〔註65〕

姓　名	職　務	工作地點
Whelden, Evelyn E	秘書	鄭州
Hughes, Miss Mary Ruth	化驗室技士	開封
Kamieniecki, Leon	醫師	開封
Kranzdorf, Dr. J.	醫師	開封
Boyd, Themas	醫師	河南
James Killourn	牽引車專家	開封
Harry Furgeson	畜病專家	河南
Alured Faunce	農業機械顧問	河南
Proceter, C. R.	疏濬工程師	開封
Olive. J. Todd	黃河水利顧問	南京
Early, E. D.	挖泥機師	開封及其附近
Gilfillan, D. W.	機械工程師	開封
Richardson, R. L.	河防機械工程師	鄭州
Hall, W. B.	河防機械工程師	鄭州
Robinson, R. W.	河防機械工程師	鄭州
Johnson, Harold J.	賑郵專家	開封
Roy S. Tucker	借調的犁田指導	開封

　　由表 4-3 可知，大多聯總在華工作人員多有在美國的工作和學習經歷。表 4-4 顯示派赴如此之多、專業廣泛的外籍專家，可以看出美國和聯總對黃河工程的重視。同時，這些外籍專家希望通過黃河工程伸展抱負，發揮所長。例如，美籍顧問塔德是黃河治理的國際權威，他急於推崇用西方的先進水利技術改善黃河泛濫，運用所謂的堆石法（the rock-piling method），即鐵絲網、當地的蘆葦、裝滿沙子的麻布袋和巨石來形成堤壩，這種方法曾在美國著名的科羅拉多河（Colorado River）下游的改道中被成功採用。著名農業專家方斯（Alured Faunce）正在訓練河南農民使用新式機犁工作。這些「客卿」皆在國民政府主要負責的堵口工程區域效力。

　　就馬歇爾個人而言，協助黃河工程符合其離美赴華之前美國對華政策的聲明，即「美國準備以一切合理的方式幫助國民政府復興其國家，改進農業

〔註65〕《大批客卿已到職工作，附到職專家名錄》，《行總週報》，1946 年第 9 期。

和工業經濟，並建立一個軍事機構，俾能履行在國內國際維持和平與秩序的義務」。〔註66〕1946 年馬歇爾在回國述職期間，與聯合國糧食部的美國代表在會議上討論全世界的糧食分配，與聯總新任署長拉瓜迪亞（La Quardia）洽談 1 小時半，討論「中國所需食米問題」。〔註67〕馬歇爾個人對水利工程也有所興趣，其曾駐防美國田納西河區域，對水利工程甚是熟悉，與馮玉祥多次交流。〔註68〕

此外，戰後美國通過聯總的救濟也與其冷戰政策有關，正如蘇聯人弗斯克勒辛斯基所稱，是「美國某些領導份子企圖逃避或減弱戰後經濟危機的辦法之一，「其著眼點與其說是根據人道主義，毋庸說是完全現實的考慮」，除此以外，還有些蘇聯官方人士提出美國實行救濟是「用來阻止歐洲革命的變化」。〔註69〕

對中共而言，黃河工程有利有弊。戰後，八路軍逐漸控制黃河故道大部分地區，納入冀魯豫和渤海行署管轄。〔註70〕故道由長垣至利津黃河口，「河堤長達 1500 公里，因戰爭和自然因素，毀壞嚴重。故道河灘已被農民耕種，居民近 50 萬，村莊 1400 個」。〔註71〕若黃河改歸故道，中共要事先妥善安置遷移的居民，也考慮向聯總申請經費與設備，吸收故道農民轉業小型合作社。〔註72〕但是，冀魯豫解放區地處隴海、平漢、津浦三條鐵路幹線，背後為晉察冀、太行、太嶽解放區，也是劉鄧大軍所在地，東面與陳毅、粟裕領導的華東野戰軍相互配合；南面與李先念、鄭位三領導的中原野戰軍遙相呼應，戰略地

〔註66〕馬歇爾：《馬歇爾使華——美國特使馬歇爾出使中國報告書》，中國社會科學院近代史研究所翻譯室譯，北京：中華書局，1981 年，第 21 頁。

〔註67〕葉健青編：《蔣中正總統檔案：事略稿本》（第 65 輯），臺北：「國史館」，2012 年，第 335 頁。

〔註68〕《馮玉祥與水利，蔣主席盼其推動黃河河工，馬歇爾為其講解》，《大公報》（上海版），1946 年 4 月 24 日，第 2 版。

〔註69〕《記聯合國善後救濟總署》，《消息》，1946 年第 9 期。

〔註70〕沿黃河故道縣份包括：考城、封丘、滑縣、長垣、東明、濮陽、菏澤、濮縣、鄄城、觀城、范縣、壽張、鄆城、東平、東阿、平陰、長清、齊河等 18 縣。

〔註71〕《應按復堤重於堵口的精神加緊黃河舊河道的修復工作》（1946 年 5 月 18 日），中共中央文獻研究室、中共南京市委員會編：《周恩來 1946 年談判文選》，北京：中央文獻出版社，1996 年，第 338 頁。

〔註72〕《莫里斯·劉易斯致 K. M.盧（K. M. Lu）的備忘錄，主題：生活在黃河河床的難民》（1946 年 6 月 21 日），姜良芹、曾磊磊主編：《美國哈佛大學哈佛燕京圖書館藏聯合國善後救濟總署解放區檔案》第 1 冊，桂林：廣西師範大學出版社，2021 年，第 443 頁。

位十分重要。國民政府若加速將河流改道北方，穿越解放區腹地，把冀魯豫和蘇北、淮北分割開，存在妨礙大規模戰場機動的可能。〔註73〕1945 年 12 月 31日，聯總駐華辦事處農業部主任威廉·格林（William J. Green）和美籍工程師塔德會見周恩來和解總主任董必武，提出黃河回歸故道。周恩來認為：「這是一件好事，但聯總必須保證下游堤壩妥善修理」。〔註74〕1946 年 2 月 13 日，中共中央指示：「黃河歸故意見在全國佔優勢，我們無法反對。此事與解放區關係極大，我們擬提出參加水利委員會、黃委會、治河工程局，以便瞭解真相，保護人民利益」。〔註75〕中共要求在不損害下游故道居民利益的前提下參與黃河工程。如前所述，國內人士回歸黃河故道的呼聲高漲，如果中共不同意，將會損失原黃泛區災民的利益，這也是中共所不願意的。

不過，冀魯豫行署執行中共中央的指示存在自主性，冀魯豫行署第一、二、四、五各專署及沿河各縣均成立黃河故道管理委員會，並吸收當地對治河有相當經驗和威信的社會人士參與，以 1 月為限，作相關調查。〔註76〕冀魯豫行署還指示，應在群眾中充分醞釀，揭穿國民黨的狠毒陰謀，形成群眾性的反對空氣，作為交涉的有力支柱，避免造成群眾思想上的混亂，在正在進行生產工作的河身村莊，防止群眾生產情緒的低落，提出抓緊時機，進行搶種的口號，說明「我們交涉中是爭取黃河不回故道，即便交涉不成，在改歸故道時，群眾所受損失也必須予以足夠的賠償，且在今年內回歸故道也是不可能的，以使群眾安心進行生產」。〔註77〕

綜上所述，聯總的援助規模較大，無償性明顯，符合國民政府的實際利

〔註73〕段君毅：《一場嚴峻的黃河歸故鬥爭》，全國政協文史資料研究委員會編：《山東文史資料選輯》第 23 輯，濟南：山東人民出版社，1987 年，第 2 頁。

〔註74〕《與 W. J. 格林（W. J. Green）會談紀錄》（1947 年 10 月 23 日），姜良芹、曾磊磊主編：《美國哈佛大學哈佛燕京圖書館藏聯合國善後救濟總署解放區檔案》第 1 冊，桂林：廣西師範大學出版社，2021 年，第 87 頁。

〔註75〕段君毅：《一場嚴峻的黃河歸故鬥爭》，全國政協文史資料研究委員會編：《山東文史資料選輯》第 23 輯，濟南：山東人民出版社，1987 年，第 6 頁。

〔註76〕調查項目包括：河道歷次決口時間、地點、流經區域、被災面積、群眾損失、修復時間、工程耗費；調查兩堤間河身中土地面積、村莊、人口、房屋、樹木數目；調查目前河道的淤塞情形、堤內地勢高低情形及堤壩破壞的詳細情形；搜集群眾對黃河改入故道的意見。

〔註77〕《冀魯豫行署關於行署及沿河各專縣建立黃河管理委員會及工程進行辦法的通令》（1946 年 2 月 27 日），《中共冀魯豫邊區黨史資料彙編第 3 輯文獻部分上 1945.8～1948.5》，濟南：山東大學出版社，1989 年，第 47 頁。

益。由於美國在聯總的重要地位及其對中國的影響，黃河工程被納入美國對華援助的範疇，作為轉移太平洋剩餘物資、推動全球糧食復興的重要組成部分。中共考慮到黃泛區災民的利益，願意在不犧牲故道居民權益的前提下參與合作。不過，啟動黃河工程必須先行解決勘堤、物資運輸、居民遷移等問題，戰時戰後積累的國共矛盾也由此突顯。

第四節　馬歇爾與黃河工程的啟動

　　1946 年 1 月 13 日，國共美三方組成的軍事調處執行部（簡稱軍調部）在北平成立，馬歇爾直接領導，指揮各地執行小組，確保停戰政策的實施。〔註78〕國共都企圖佔領更多實地，構成有利態勢，黃河工程的實施不免受到影響。

　　1 月 15 日，國民政府黃河水利委員會未事先告知中共，派河工人員赴山東曹縣以東勘測故道，受到中共阻撓。〔註79〕塔德心急堵口，與蔣廷黼接洽後，依靠加拿大傳教士唐納德・法利斯（Donald K. Faris）的幫助，與冀魯豫行署私自聯繫勘察故道。〔註80〕中共中央收到冀魯豫行署的報告，指示周恩來探明利害，以便決定對策。〔註81〕軍調部的實際工作為停止衝突和恢復交通，3 月 1 日，周恩來敦請馬歇爾處理國民黨方面本日在花園口開始黃河堵口工程的問題。〔註82〕3 月 3 日，馬歇爾協調周恩來派遣中共駐新鄉負責人政治委員黃鎮與黃河水利委員會山東修防處的孔令瑢接洽，商談施工準備。〔註83〕之後，黃鎮指派代表晁哲夫、賈心齋、趙明甫抵達開封，與國民政府、聯總開啟黃河工程的第一次談判。大致使雙方明確了黃河工程的內容及分工：全國水利委員會和黃河水利委員會會同聯總水利專家負責工程設計、工程施工、應急處理和技術指導；行總主要負責聯總工程器材和工糧的接受與分配，河道居民的搬遷救濟和泛區返鄉復墾民眾的救濟；解放區政府負責其轄區內的復

〔註78〕汪朝光：《軍調部述論》，《軍事歷史研究》，1998 年第 4 期。

〔註79〕《黃河堵口復堤工程案一》（1945 年～1946 年），臺北「國史館」藏，黃河水利委員會檔案，014000009528A。

〔註80〕Fisher, Michele Slavich, *Service to China: The Career of the American Engineer*, O. J. Todd, Washington. D. C.: University of Geprgetown, 1977, p.194.

〔註81〕侯全亮：《民國黃河史》，鄭州：黃河水利出版社，2009 年，第 222 頁。

〔註82〕中共中央文獻研究室編：《周恩來年譜 1898～1949》，北京：中央文獻出版社，1989 年，第 648 頁。

〔註83〕《趙兼局長電薛主任委員報告訪馬歇爾周恩來接洽經過》，《黃河堵口復堤工程局月刊》，1946 年第 1 期。

堤工程，解總負責發放由國民政府移交的救濟物資和移民款項。聯總人員積極參與整個工程的所有項目，並決定堵口與復堤應該並進，不應有所先後。

軍調部執行小組的美國成員也在駐地貫徹軍調部指令，也與聯總及行總的代表聯絡，使救濟物資能夠通過。〔註84〕馬歇爾對周恩來說：「應謹慎對待聯總的物資，美國人民貢獻最大，中國得到比例最多。國共任何一方阻撓分配，都將陷入不利境地」。〔註85〕馬歇爾常常斡旋國共交錯區域的物資運輸糾紛。4月29日，河南綏靖公署主任劉峙拒絕聯總物資進入解放區。〔註86〕5月3日，馬歇爾取得國民政府軍事部部長何應欽和交通部部長俞大維的保證，確保聯總物資運行。〔註87〕

1946年5月，隨著國共關係變化，特別是東北戰事抬頭，局部衝突蔓延。黃河工程的實施基礎為工程材料的搜集，除工業器材為聯總配送外，需就地採辦楷料、柳枝、苧麻，尤以石料為大宗，國民政府商議在河南省新鄉縣西北沿平漢路的潞王墳，設立採石廠，並請鐵路局由廣武車站，循大堤鋪設支路，分撥列車，專司運輸材料至花園口工地。〔註88〕5月25日，潞王墳採石廠遭受不明身份人員「炸毀開山機2部，焚毀汽車零件，擄走汽車隊隊長任國瀛及機工等15名」，是為潞王墳事件。〔註89〕潞王墳採石廠是國民黨軍隊駐地，為弄清真相，國民政府行政督察公署即電新鄉執行小組調查。然而，突襲的武裝士兵無番號，執行小組難以處理。〔註90〕河南省主席將此事上報行政院院長宋子文。〔註91〕6月，聯總署長拉瓜迪亞收到潞王墳事件簡報後，要求馬歇爾查

〔註84〕 馬歇爾：《馬歇爾使華——美國特使馬歇爾出使中國報告書》，北京：中華書局，1981年，第93頁。

〔註85〕 Minutes of Meeting Between General Marshall and General Chou En-lai at No.5 Ning Hai Road, Nanking, May. 21, 1946, *FRUS*, 1946, China, p.873.

〔註86〕 Memorandum by General Chou En-lai to General Marshall, April. 29, 1946, *FRUS*, 1946, China, p.648.

〔註87〕 Memorandum by General Marshall to General Chou En-lai, May. 3, 1946, *FRUS*, 1946, China, p.650.

〔註88〕 《黃河堵口復堤工程案一》（1945年～1946年），行政院檔案，臺北「國史館」藏，014000009528A。

〔註89〕 《黃河堵口復堤工程案二》（1946年～1947年），行政院檔案，臺北「國史館」藏，014000009529A。

〔註90〕 《黃河堵口波折重重，共軍搶開山機事未能證實》，《大公報》（上海版），1946年6月1日，第5版。

〔註91〕 Minutes of Meeting Between General Marshall and Dr. T. V. Soong, June. 5, 1946, *FRUS*. 1946, China, p.981.

清來龍去脈。「請轉告責任雙方，聯總已為黃河工程付出巨額花費，破壞、狡辯和爭吵應立即停止。否則，聯總將完全退出黃河工程」。〔註92〕馬歇爾聲稱自己不同意拉瓜迪亞的意見，但此事需要答覆。〔註93〕經證實，潞王墳事件繫中共游擊隊所為。

基於中共此時的對美外交政策為「改善對美關係……總的精神是求得在不吃虧的基礎上解決糾紛，而不是使糾紛擴大」，〔註94〕周恩來為潞王墳事件道歉，釋放被俘人員，維護馬歇爾顏面。〔註95〕同時，中共指出聯總和國民政府在事件中的責任，化被動為主動。其一，解放區在日軍佔領時期遭受損失最大，但聯總運往解放區的物資卻極少，僅占總額的 0.6%。〔註96〕經馬歇爾核實，中共所獲為聯總運華物資的 9%，確實數量不多，分配不公。其二，聯總、行總與中共無正面溝通。周恩來認為，聯總駐華辦事處沒有中共代表，地方當局更難以瞭解，造成延誤，導致事件發生。周恩來希望向聯總和行總派駐中共代表。6 月 5 日，馬歇爾向宋子文轉達周的意見，要求國民政府接受中共代表參加行總，規避此類事件。〔註97〕宋子文表示考慮。

與此同時，馬歇爾亦在幕後協調國、共、聯總黃河工程談判的分歧。下表為三次談判內容（見表 4-5）。〔註98〕

由下表可知，國共黃河談判逐步細化，最大分歧聚焦於第三次談判，國民政府原定與中共堵口復堤兼籌，兩年內辦理所有工程，即 1946 年準備堵口所需的一切料物，修築下游堤防，等到 1946 年夏季汛期過後再堵口，1947 年底完成全部工程。因美國施壓、塔德建議，決定 1946 年 7 月 1 日前加速完成

〔註92〕 Minutes of Meeting Between General Marshall and General Chou En-lai at No. 5 Ning Hai Road, Nanking, June. 3, 1946, *FRUS*, 1946, China, p.960.

〔註93〕 Minutes of Meeting Between General Marshall and General Chou En-lai at No. 5 Ning Hai Road, Nanking, June. 3, 1946, *FRUS*, 1946, China, p.960.

〔註94〕 《中央關於時局及對策的指示》（1946 年 5 月 15 日），中央統戰部、中央檔案館編：《中共中央解放戰爭時期統一戰線檔選編》，北京：檔案出版社，1988 年，第 104～105 頁。

〔註95〕 Memorandum by General Chou En-lai to General Marshall, June. 11, 1946, *FRUS*, 1946, China, p.1024.

〔註96〕 Minutes of Meeting Between General Marshall and General Chou En-lai at No. 5 Ning Hai Road, Nanking, June. 3, 1946, *FRUS*, 1946, China, p.960.

〔註97〕 Minutes of Meeting Between General Marshall and Dr. T. V. Soong, June. 5, 1946, *FRUS*, 1946, China, p.980.

〔註98〕 王傳忠、丁龍嘉主編：《黃河歸故鬥爭資料選》，濟南：山東大學出版社，1987 年，第 45～53 頁。

堵口的一部分。中共堅持認為，應先行復堤而後堵口，國民政府未按時發放解放區下游故道居民救濟補償經費，影響復堤。

表4-5　1946年國、共、聯總關於黃河工程談判內容表

會議名稱	談判時間	談判方	談判內容
開封協議	1946年 4月6日、 1946年 4月7日	黃河水利委員會、中共代表、行總、聯總	1. 堵口復堤推進程序應如何實現案（堵口復堤同時進行，花園口合龍日期需會勘下游河道堤防淤墊破壞情形及估修復堤工程大小而定）。 2. 中共協助工程進行辦法應如何規定之案（勘測人員及工作人員通過及駐在地之安全、恢復交通電信公路、沿河兩岸秩序之維持）。 3. 施工機構問題應如何研討案（仍維持原有堵口復堤工程局系統，中共區域工段由中共方面推薦人員參加辦理）。 4. 招工購料運輸及工糧撥放問題如何規定案。 5. 河床內村莊遷移救濟問題應如何規定案面由黃河水利委員會擬具整個河床內居民遷移費預算專案，呈請中央核撥一面向行總聯總申請救濟，其在中共管轄區內河段，並由中共代表轉知當地政府等，擬救濟所有具體辦法，仍俟實地勘後視必須情形再行商定。
菏澤協議	1946年 4月15日	黃河水利委員會、冀魯豫行署、渤海區政府代表	1. 復堤濬河對口問題（復堤、修河、裁彎取直、整理險工等工程完竣後，再行合龍放水）。 2. 河床內村莊救濟問題。（新建村由黃委會呈行政院每人發給10萬法幣遷移費，救濟問題由黃委會代請聯總、行總救濟，解放區負責安置並組轉業） 3. 施工機構問題。（冀魯二省修防處設正副主任，分別由黃委會和解放區政府派赴） 4. 交通問題。（為施工方便急需恢復之交通，應根據施工情形逐漸恢復，但不得用於軍事，並由當地政府維持秩序）
南京協議	1946年 5月18日	聯總、行總、水利委員會、中共、黃委會堵復局代表	1. 關於復堤工程。（下游急要復堤工程盡先完成，同時規劃全部工程銜接推進；急要工程所需配合之器材及工糧，請行總、聯總優先盡速供給；急要工程所需公款，由水利委員會充分酬撥。復第工作關於技術方面由黃委員會統一籌劃，施工事項在中共區域以內地由中共辦理）

| | | | 2. 關於下游河道以內居民遷移救濟問題，黃委會呈請有案請中央從速核定辦理，以配合堵口復堤工程需要。 |
| | | | 3. 堵口工程繼續進行，以不使下游發生水害為原則，中共代表提出保留意見。 |

　　談判期間，恰逢美國加強全球糧食運動的推動力度，蘇聯出於維護雅爾塔體系的需要，保護蘇聯的利益，不願終止美國對華事務上的「大國合作」，避免被美國指責，而中共因在四平戰役中遭受重創，斯大林不得不考慮國民黨完全控制東北的可能，有意改善中蘇關係。1946 年 5 月 3 日，馬歇爾與外交部部長王世傑陪同胡佛晉謁蔣介石，暢談中美合作諸問題。胡佛任美國總統時，曾協助救濟 1931 年中國長江大水，此次來華任務為解決中國糧食問題，其特表示對防治黃河水災問題深感興趣。〔註 99〕5 月 8 日，杜魯門特派代表英美聯合糧食委員會成員哈里遜（Colonel Harrison）隨員 7 人赴開封調研黃泛區的統計資料，包括「河南本年糧食產量預測、災民數目、各機關救濟糧食發放總數與方式、現存糧食支持時間、現駐軍隊食糧需用、弱勢群體的食糧補助、豫省出生率與死亡率等」。〔註 100〕哈里遜強調充實黃泛區運輸工具、推行復堤合龍對中美互惠的重要性。〔註 101〕胡佛之行也心照不宣地配合馬歇爾調處。儘管 5 月 1 日宋子文在接待胡佛時，反覆講述蘇聯的威脅，強調國民政府和美國聯手對付斯大林。〔註 102〕胡佛向外界闡發中國糧食需求時，也呼籲蘇聯釋放在中國東北獲得的部分糧食，東北局勢和中國形勢將會大有改觀。〔註 103〕

　　鑒於美方政要的重視，塔德急於表現，要求截流計劃於 1946 年 7 月 1 日前趕辦完成，聯總全力支持塔德的做法。美國國會又在審議對華軍援法案，國民政府擔心拒絕截流計劃會使聯總和美國失望，影響後續援助。中共卻認為堵

〔註 99〕 葉健青編：《蔣中正總統檔案：事略稿本》第 65 輯，臺北：「國史館」，2012年，第 462 頁。

〔註 100〕 《美國總統代表哈里遜飛抵汴垣》，《善後救濟總署河南分署週報》，1946 年第 18 期。

〔註 101〕 《哈里遜建議救濟黃泛區意見》（1946 年 5 月），中國第二歷史檔案館藏，黃河水利委員會檔案，21/20421。

〔註 102〕 Gibson, Hugh, Hugh Gibson Diary (1946 and 1947), Volume2, Hoover Institution Archives, p.27.

〔註 103〕 Herbert Hoover, Addresses Upon The American Road 1945~1948, New York, D. Van Nostrand Company, 1949, p.208.

口時間安排不合理，洪水會波及未及時搬遷的下游故道居民。5 月 18 日，周恩來告知馬歇爾，塔德的做法有洪澇風險，堅持砌石和打樁兩事，需以下游河堤修復和河床疏濬為轉移，援助應擴及故道居民。〔註 104〕

因聯總駐華辦事處代理處長富蘭克林・芮（J. Franklin Ray）每次參與國共黃河談判前，都與馬歇爾磋商。馬歇爾轉借聯總對中共施壓，其意見由富蘭克林・芮向與會代表傳達，「放棄控制黃河努力，非常不樂觀。若盡力而為，即使結果不滿意，也不會怪罪任何人」。〔註 105〕馬歇爾的拍板言辭減輕了談判各方的心理負擔，迫使中共不便推辭堵口。同日，中共代表與塔德、富蘭克林・芮達成六項口頭協議，成立菏澤辦事處，專司故道居民救濟，「繼續打樁，拋石與否，須待 6 月 15 日視下游工程進行情形，如決定拋石，以不超過河底 2 公尺為限，不使下游發生水害為原則」。〔註 106〕隨後，馬歇爾、薛篤弼與周恩來共同審定《南京協議》及口頭協議的文本。〔註 107〕1946 年 6 月～7 月，國民政府中央撥交行總代為轉發中共區複堤工程 60 億元。

在上述過程中，馬歇爾能盡力使國共達成協商，尚具決定權，實有兩方面原因。一是黃河工程銜接美國和聯總的共同利益，美國是聯總最大的物資支持國，中國獲得物資最多，聯總又因不干涉援助國政治分歧的救濟原則，難以處理國共衝突這一棘手問題，對馬歇爾較為信任，請其協助解決；馬歇爾亦願借黃河工程踐行對華外交新政策，二戰後，美國外交眼光從美洲擴展至全球，堅信黃河工程可增加全球糧食生產，輔助推進國際戰略。馬歇爾調處黃河工程，帶有施加美國處理中國事務的影響力、增進中國人對美國的好感、防止國共內戰升級、建立相對穩定而親美的聯合政府的目的。二是戰後中國前途尚不明朗，黃河工程涉及黃泛區和故道區數萬災民利益，國共皆謹慎己方運作不當，損害政權形象，國共顧慮馬歇爾的特使身份，遇到矛盾表現克制，作出一定程

〔註 104〕《應按複堤重於堵口的精神加緊黃河舊河道的修復工作》（1946 年 5 月 18 日），中共中央文獻研究室，中共南京市委員會：《周恩來 1946 年談判文選》，北京：中央文獻出版社，1996 年，第 339 頁。

〔註 105〕曾磊磊：《黃泛區的政治、環境與民生研究（1938～1941）》，南京大學 2013 年博士學位論文，第 124 頁。

〔註 106〕《福蘭克芮先生、塔德先生與周恩來先生關於黃河問題的口頭協議》（1946 年 5 月 18 日），王傳忠、丁龍嘉：《黃河歸故鬥爭資料選》，濟南：山東大學出版社，1987 年，第 53 頁。

〔註 107〕Yenan Broadcast XNCR, June. 5, 1946, United States Information Service Shanghai, China, Library of Congress.

度的讓步，並揚長避短，謀取良好的國際觀感。

需要明確的是，美國對華政策始終為協助國民政府在中國廣大地區建立權威，且不給予企圖傾覆與推翻國民政府的共產黨。〔註108〕這決定馬歇爾調處黃河工程更偏袒國民政府，突出表現在馬歇爾在黃河談判中優先催促聯總的堵口方案，偏重黃泛區，未先切實安置和轉業中共所轄故道河床上的居民；國民政府雖協議簽署故道居民遷移費撥付，卻一再拖延發放。

第五節　國共軍事鬥爭與黃河工程的推進

國共全面內戰爆發後，地區衝突不斷，影響聯總在華業務。1946 年 6 月，胡佛回國後向杜魯門報告聯總在中國的援助因交通不便和組織不力，並不成功，並向拉瓜迪亞描述聯總物資的貪腐現象，請其調查。〔註109〕7 月 10 日，300 名聯總駐華辦事處外籍職員聯名向聯總署長拉加迪亞提交一份控訴電文，抗議行總經費不足，以致業務開展遲緩。在電報中，工作人員譴責國民政府，述及兩方面內容，第一，聯總物資到華後未能轉移至需要的最大地帶。第二，物資被利用為政治工具，分配時含有政治歧視，不合一視同仁之原則。同日，聯總署長拉瓜迪亞下令聯總的物資，一律禁止運華，理由為中國分配物資不善。〔註110〕美國合眾社第一時間向美國本土社會刊外籍職員的抗議電文，美國本土輿論一片譁然，而董必武也充分利用該事件，招待中外新聞界講述解放區對救濟物資的迫切需要，周恩來則致信拉加迪亞列舉救濟物資未能按聯總原則合理分配及歧視解放區的種種情形。〔註111〕蔣介石認為「聯合國善後救濟總署署長拉加弟亞突然宣佈停運救濟物資，究其原因，乃因美國來華辦理救濟工作人員，謂我政府對於分配救濟物資，含有政治歧視，不肯運入『共區』，此事因受『共方』煽惑，完全出於虛構，然由此亦可知『共黨』宣傳之陰狠，而美國民族性之易於衝動，能不令人戒懼乎。」〔註112〕7 月 11 日，美

〔註108〕《中美關係資料彙編》第 1 輯，北京：世界知識出版社，1957 年，第 36 頁。

〔註109〕Herbert Hoover. (1964). *A American Epic, The Guns Cease Killing and the Saving of Life from Famine Begins 1939~1963*, Chicago: Henry Regnery Company, p.188.

〔註110〕趙慶寺：《合作與衝突：聯合國善後救濟總署對華物資禁運述評》，《安徽史學》2010 年第 2 期。

〔註111〕中共代表團駐滬辦事處紀念館編：《中國解放區救濟總會在上海》，上海：學林出版社，1996 年，第 20～21 頁。

〔註112〕葉健青編：《蔣中正總統檔案：事略稿本》第 66 輯，臺北：「國史館」，2012 年，第 340～341 頁。

國臨時放棄久傳與蔣介石關係較近的魏德邁（Albert Coady Wedemeyer），正式改任司徒雷登（John Leighton Stuart）擔任駐華大使。7 月 15 日，中國駐美大使顧維鈞提醒蔣介石：美新大使之派遣及聯總對華救濟物資之停止，表示美政府對「中共」相當注意，並不一定完全傾向中央政府。〔註 113〕上述種種加深了蔣介石與美方的隔閡。蔣介石前往牯嶺避暑，有意避開馬歇爾的調停。

此時，國民黨軍隊打算合力歸復蘇北和皖東，已打通膠濟路西段，向山東進攻，實施決戰。如果此時實施黃河引水，將切斷唯一鐵路交通線，後勤不繼，國民黨軍隊抗議引水。塔德提議繼續堵口，將黃河水一半回歸舊河床，一半留在現有河床，降低兩方危害。周恩來對馬歇爾重申，國民政府先解決故道居民遷移，中共才同意塔德的意見。馬歇爾受華北局勢和蔣介石態度掣肘，表示「無法推翻國民黨軍方決定」。〔註 114〕事實上，此時的馬歇爾對調處黃河工程已較為沮喪，「國共都期待調處於己有利，卻忽視對方的恐懼」。〔註 115〕但因杜魯門較為關心黃河工程，對比國民政府的態度，馬歇爾決定從中共方面突破，周恩來乘坐馬歇爾提供的專機，赴開封和上海兩地考察和談判。〔註 116〕

然而，適逢夏汛提前，洪水沖毀聯總截流棧橋的大部分，堵口工程計劃受挫，引水之事被擱置，必須優先確保下游的堤防安全。7 月 22 日，中共在上海與聯總、行總多次會談，簽訂《上海協定備忘錄》，規定：行總出資麵粉8600 噸，運往菏澤辦事處，支付中共控制區工人工資；撥付安置故道居民款150 億元。〔註 117〕此次談判中，新設立的菏澤辦事處專司物資分配，打破國共救濟管轄區不一致的矛盾，中共不再受行總分署限制。

協定簽署並不能確保條款兌現。在上海談判前，馬歇爾即向周恩來強調，「我理解中共可能的決定有關的一些因素——資金和糧食，我並不希望採取行動，迫使蔣介石推翻軍隊的決定」。馬歇爾認為，民間機構無論對繼續實施

〔註 113〕 葉健青編：《蔣中正總統檔案：事略稿本》第 66 輯，臺北：「國史館」，2012
年，第 350～351 頁。
〔註 114〕 Minutes of Meeting Between General Marshall and General Chou En-lai at No. 5
Ning Hai Road, Nanking, July. 17, 1946, *FRUS*, 1946, China, p.1373.
〔註 115〕 Minutes of Meeting Between General Marshall and General Chou En-lai, at 5 Ning
Hai Road, Nanking, June.21, 1946, FRUS, 1946, China, p.1129.
〔註 116〕 General Marshall to President Truman, July. 22, 1946, *FRUS*, 1946, China, p.1395.
〔註 117〕 中共代表團駐滬辦事處紀念館編：《中國解放區救濟總會在上海》，上海：學
林出版社，1996 年，第 7 頁。

該工程有多大興趣，在軍方的反對面前都沒有任何權力。因此，除非他們看到軍方有可能撤回其反對意見，否則他們繼續實施其計劃是沒有任何好處的。同時，「我也不能告訴國民政府，我打算嘗試推翻軍方的決定。除非我覺得有理由相信中共方面會達成協議，否則我不會嘗試這樣做。我想這就解釋了我的觀點，我需要再強調一下，在這種時候，民事機構必須為軍事決定靠邊站」。〔註118〕由此可見，馬歇爾等於明確表示其不願用黃河工程的調處來掣肘國民黨軍的軍事行動。馬歇爾在黃河工程問題上的漸趨冷淡也為中共察覺，使得中共不再依靠馬歇爾。7月21日，中共中央宣傳部關於對美宣傳政策作出指示，強調在一切宣傳中，嚴格掌握美國政府與人民，美國政府人員中的帝國分子與民主分子之間的區別，甚至同一個人（如杜魯門、馬歇爾）今天與明天態度的區別，不要籠統反對，更不要籠統反美。我們應在這些具體的區別的基礎上，作靈活的恰如其分的宣傳，貫徹我們打擊帝國主義侵略政策和帝國主義侵略分子，贊成中美平等友誼合作，爭取美國廣大人民與民主分子對我瞭解同情，以便迫使美國政府對華政策作可能的改良。〔註119〕

8月3日，馬歇爾和司徒雷登在宣布調處失敗聲明前，黃河工程能斡旋之處非常有限，且聯總物資極易淪為政治武器。主要表現有四：

其一，國民黨軍隊藉故扣壓物資。聯總物資運往解放區皆須軍調部簽發通行證，顯示物資類別、數量與分配方式，這只是最初的批准，聯總必須提前1個月申請，而國民黨軍隊擁有檢查貨物的特權。如若軍事當局移除不合格物品，需重新申請通行證，造成延誤的可能性，構成實質上的禁運。

其二，中統脅迫行總職員推遲和減少向解放區運輸物資，擺脫親共嫌疑，保護國民政府的最高利益。〔註120〕在國、共、美、聯都較為關注黃河故道居民遷移救濟費發放問題上，社會部對行總髮放該經費就極不贊成。1946年7月21日，國民政府社會部部長谷正綱密呈蔣介石關於賠償中共黃河故道人民遷移損失150億元法幣的看法，認為「萬不可行」。具體理由有二：

〔註118〕 Minutes of Meeting Between General Marshall and General Chou En-lai at No. 5 Ning Hai Road, Nanking, July. 17, 1946, *FRUS*, 1946, China, p.1373.

〔註119〕 《中央宣傳部關於對美宣傳中的政策問題的通知》（1946年7月21日），中央檔案館編：《中共中央文件選集》第16冊，北京：中共中央黨校出版社，1992年，第259～260頁。

〔註120〕 《詹姆斯·格蘭特致雷的備忘錄》，姜良芹、曾磊磊主編：《美國哈佛大學哈佛燕京圖書館藏聯合國善後救濟總署解放區檔案》第1冊，桂林：廣西師範大學出版社，2021年，第463頁。

第一，在抗戰期及復員期中人民損失不僅黃河堵口一區，亦不僅復堤遷移一事。如予賠償，則在其他區域因其他災難而遭受損失者，勢必援例要求，難以因應，且在共黨區域內之人民所受損失予以賠償，而在政府轄區內則不予注意，既失平允，這無異於助共黨爭取民眾。第二，在共黨區域內禁止法幣行使，人民必得不到此項賠償，此 150 億元法幣，必全數落於共黨之手。該黨必運用此巨額法幣，在我區域內作擾亂社會金融經濟等活動之用，其影響至大，為害必烈，心所為危，未敢緘默。〔註 121〕

其三，內戰擾亂黃河工程的實施。7 月 30 日，馬歇爾在給杜魯門總統的信中講述了國共軍事衝突對黃河工程的影響。「在聯總和行總就黃河工程談判期間，戰鬥的強度和接觸的次數都有所增加。國民黨指責共產黨在江蘇和大同地區發動戰鬥，而共產黨則指責國民黨在江蘇、山東和湖北的戰鬥。這些行為很難確定，數據也很混亂。周恩來強烈譴責國民政府採取的政策，即遠離成功的談判，同時推行侵略性的軍事政策，在進行政治談判之前確保對共產黨的一切可能優勢。〔註 122〕8 月，聯總駐軍調部北平聯絡辦事處處長格蘭特（Grant）先獲得國民政府委員鄭介民明顯標識物資運輸車輛的許可。後又聯繫共方委員葉劍英、人民解放軍總司令朱德保證救濟人員的安全。〔註 123〕但是，黃河重返故道的關鍵區域豫北，在 8 月底陷入國共大規模武裝衝突，成為「無人區」，聯總人員和物資根本無法進入。

其四，國民黨以內戰形勢變化對待黃河工程。9 月以後，國民黨軍隊主要兵力轉入華北戰場，在山東西部發動重點進攻，企圖在開封和徐州之間的隴海線以北建立緩衝區。〔註 124〕中共亦開始有限反攻，先後發動定陶戰役和鄆南戰役，粉碎國民黨軍隊對晉冀魯豫邊區的進攻。軍事受挫後，10 月 5 日，由於黃河回歸故道可以切斷故道兩岸解放區的聯繫，對國民黨軍隊取得戰局優勢非常有利，國民政府下令花園口堵口開工，限期 50 日完成，又搶奪菏澤所

〔註 121〕《黃河堵口複堤工程案五》，行政院檔案，臺北「國史館」藏，014000009532A。
〔註 122〕General Marshall to President Truman, July. 30, 1946, *FRUS, 1946*, China, p.1420.
〔註 123〕《軍事調處執行部聯總聯絡處報告第 006 號》（1946 年 8 月 12 日），姜良芹、曾磊磊主編：《美國哈佛大學哈佛燕京圖書館聯合國善後救濟總署解放區檔案》第 4 冊，桂林：廣西師範大學出版社，2021 年，第 272～278 頁。
〔註 124〕《軍事調處執行部聯總聯絡處報告第 010 號》（1946 年 9 月 19 日），姜良芹、曾磊磊主編：《美國哈佛大學哈佛燕京圖書館聯合國善後救濟總署解放區檔案》第 4 冊，桂林：廣西師範大學出版社，2021 年，第 391 頁。

存修理險工的物資、轟炸掃射東明堤工。期間，司徒雷登不斷協助中共交涉救濟費用，國民政府以各種理由為藉口不予踐行承諾，直到 1946 年 11 月底，行政院方批准 150 億法幣之撥款，至 1947 年 2 月，150 億元救濟費的分配方案國共仍在討論之中。〔註 125〕

中共中央審時度勢，為確保黃河歸故後的下游安全，動員民眾復堤，保護人民財產。中共冀魯豫區和渤海區成立了治河委員會，提出在改道前必須妥善修理堤壩，至 1946 年底，冀魯豫邊區動員沿河 18 縣 23 萬民工修堤，渤海區動員 20 萬人治河，不僅培修了原有大堤，還新修大堤 60 里，共完成土工 1000 多萬方。〔註 126〕同時，中共調整對外態度，全面揭露黃河工程，爭取復堤。其批判主要體現在兩方面：其一，將美蔣軍事戰略和黃河事務掛鉤。1946 年 11 月 4 日，晉冀魯豫邊區軍事指揮劉伯承宣稱：黃河問題，國民黨已決心於最近（十月二日以後的五十天內）將黃河合龍，使黃水歸故。它們所以這樣，除了蓄意用水淹沒我解放區軍民外，在軍事上企圖把我方主力趕過黃河以北，將黃河南岸的渡口、要點控制起來，作為一條天然的外壕。這不是一件小事，是蔣介石國防部的戰略，也是美國國防部的戰略，應引起我們注意。〔註 127〕

其二，將聯總援助和美國片面援蔣等同。這體現在中共在魯西分發物資前，配以反美性質的演講，不再告知物資來源，物資甚至被挪為軍用。〔註 128〕據膠東區副司令員周志堅回憶：「聯總救援山東的物資被存放在倉庫……聯總的毯子解決了部隊野外露營和防雨防寒的問題」。〔註 129〕山東解放區軍民在魯西等地發起巨野、金鄉、魚臺戰役，有效拖住國民黨軍隊主力，劉伯承率部在隴海路以北，形成對國民黨軍隊的包圍優勢，為中共捍衛黃河安瀾提供話語權。

〔註 125〕 《董必武致加克遜函》（1947 年 2 月 6 日），王傳忠、丁龍嘉主編：《黃河歸故鬥爭資料選》，濟南：山東大學出版社，1987 年，第 126～127 頁。

〔註 126〕 曾磊磊：《動員與效能：1946～1947 年中共黃河複堤運動》，《青海社會科學》，2015 年第 6 期。

〔註 127〕 中國人民解放軍軍事學院編：《劉伯承軍事文選》，北京：中國人民解放軍戰士出版社，1982 年，第 458～459 頁。

〔註 128〕 《軍事調處執行部聯總聯絡處報告第 007 號》（1946 年 8 月 26 日），姜良芹、曾磊磊主編：《美國哈佛大學哈佛燕京圖書館藏聯合國善後救濟總署解放區檔案》第 4 冊，桂林：廣西師範大學出版社，2021 年，第 283 頁。

〔註 129〕 周志堅：《崢嶸歲月　周志堅回憶錄》，廈門：鷺江出版社，1994 年，第 20～21 頁。

中共認為，聯總為黃河工程提供物資和專家，應付實際責任，1946 年 12 月 8 日，中共中央指示，對行總、聯總關於救濟物資的鬥爭，我方主要要求與聯總髮生直接關係，以解救會出面，不再經過行總，而將爭取物資之事放在第二位，其目的在提高解放區之國際地位，並指示董必武和伍雲甫可以正式書面及口頭告行總、聯總：

甲、不論黃河復堤費及故道居民救濟費是否按數與如何發放，行總違約誤期已很明顯，故 1 月中堵口勢非延期至夏汛不可，否則，我將向聯總國際大會進一步控訴此事。

乙、黃河復堤費前欠之八億餘及今後險工與渤海未完成復堤費，應立即由行總撥出。

丙、黃河故道居民救濟費 150 億應以法幣與物資各半於本年內劃交。

丁、凡關黃河物資分配與救濟事宜，統應由聯總、行總、解救會三方代表在滬協商定之。

戊、解放區境內黃河復堤工資工糧及居民救濟費之發放，統由解放區政府及解救會主持，但聯總行總可派人監察，或由原菏澤辦事處主持發放亦可。

巳、蔣軍控制與侵佔黃河復堤地區，應由行總、聯總負責督促其完工。〔註 130〕

國民黨軍隊在山東遭受重大損失，在蘇北仍保有軍力優勢。1947 年 1 月，蔣介石審定戰局，認為以陳毅、粟裕為代表的華東野戰軍在山東南部，劉伯承的晉冀魯豫大軍在黃河故道以北，而國民黨軍隊主力可由蘇北東入山東，西入陝西，兩面夾擊，改道河水可配合分割中共兩軍主力，符合其設想的決戰之機。〔註 131〕1 月 4 日，蔣介石考慮戰略，督促黃河合龍歸還舊流工作。〔註 132〕1 月 14 日，蔣介石召見治理黃河之美顧問薩凡奇等聽取視察治黃工

〔註 130〕《中共中央關於處理黃河堵口及救濟問題給董必武、伍雲甫等的指示》，中共中央文獻研究室、中央檔案館編：《建黨以來重要文獻選編 1921～1949》第 23 冊，北京：中央文獻出版社，2011 年，第 584～585 頁。

〔註 131〕汪朝光：《示形與決勝——國共全面內戰初期的山東戰場》，《軍事歷史研究》，2015 年第 2 期。

〔註 132〕葉健青編：《蔣中正總統檔案：事略稿本》第 68 輯，臺北：「國史館」，2012 年，第 355 頁。

作經過情形報告，並與聯合國救濟總署駐華分署艾格頓署長談花園口黃河堵口情形。〔註133〕1月18日，蔣介石召見薛篤弼及行總署長霍寶樹，詳細詢問黃河堵口問題，並感慨黃河複堤工程因中共之從中破壞阻撓，致有今日如此一波三折之嚴重情形。如無美人介在其間，中共決不致敢於如此肆無忌憚也。〔註134〕足見，蔣介石推諉國民政府方面加速堵口的軍事動機，而將複堤困難的原因推卸給中共和美國。

中共中央指示解總代表趙明甫直接向聯總控告：「必須延長5個月，大堤修復和居民遷移以後方能堵口，否則當地民眾將自衛自救，築壩破堤」。〔註135〕《解放日報》就國民黨軍對待駐華美軍暴行的恭順和黃河故道居民的殘忍發表社論，〔註136〕旨在徹底揭露國民政府的腐敗與美蔣和談原形。〔註137〕面對中共的強硬宣傳攻勢，一方面，聯總駐華辦主任艾格頓（Glen E. Edgerton）不願看到工程成果受損，與蔣介石面談，得「准延一月為限」。〔註138〕另一方面，聯總為爭取中共放棄反對提前堵口，敦促國民政府在物資分配上最終作出讓步，承諾分配解放區77100噸物資，且自2月25日起，至聯總業務結束，每月至少應運送15000噸到解放區，或以價值800萬美元之相等的物資代替。艾格頓對宋子文措辭強硬，「如果使聯總牽入中國內戰之漩渦，或使參加堵口復堤工作的聯總人員安全無法保障，聯總殊不願在此種工作上與中國政府合夥」。〔註139〕

至此，國共雙方很少指望美方斡旋聯總物資輸送和服務，黃河歸故問題

〔註133〕葉健青編：《蔣中正總統檔案：事略稿本》第68輯，臺北：「國史館」，2012年，第415～416頁。

〔註134〕葉健青編：《蔣中正總統檔案：事略稿本》第68輯，臺北：「國史館」，2012年，第433～434頁。

〔註135〕葉健青編：《蔣中正總統檔案：事略稿本》第68輯，臺北：「國史館」，2012年，第419頁。

〔註136〕《玩水者滅頂——《解放日報》社論》，《新華日報》，1947年1月12日，第2版。

〔註137〕《中央關於對美蔣恢復和談陰謀所採方針給董必武的指示》（1947年1月16日），中央統戰部、中央檔案館編：《中共中央解放戰爭時期統一戰線檔選編》，北京：檔案出版社，1988年，第144頁。

〔註138〕《蔣介石日記》（手稿），1947年1月14日，斯坦福大學胡佛研究所檔案館藏。

〔註139〕《艾格頓致宋子文函》（1947年1月15日），王傳忠、丁龍嘉主編：《黃河歸故鬥爭資料選》，濟南：山東大學出版社，1987年，第115頁。

爭議有相當多的材料，將需要單獨處理。〔註140〕1947 年 1 月 23 日，司徒雷登以旁觀者的視角電告國務卿：

> 中共堅持以 5 個月為限，期間可在黃河故道疏散居民，猛烈抨擊國民政府——或多或少是真有其事，無疑受到根深蒂固的猜忌、黨派政治、軍事利益等因素影響。政府對業已許諾的物資供應不負責任，完全從軍事出發，非出於人道主義。聯總工程師堅持迅速堵口在技術上是明智的，主要考慮自身專業聲譽和生計。〔註141〕

美國國務院也就聯總援華效果重新評估，要點有二：第一，聯總僅取代國共軍隊就地徵用對民眾的干擾；第二，國民政府壟斷聯總物資流向城市，忽視難民救助，難以改善中國饑荒。〔註142〕馬歇爾敦促杜魯門：「必須考慮聯總在華業務延長對美國的消極影響」。〔註143〕

整體而論，以國共之爭的國內因素對此階段的黃河工程進展發揮著決定性影響，國民政府確實有黃河堵口配合軍事進攻的嫌疑，而美方和聯總在黃河工程上仍舊區別對待了國共，這種區別體現在其將國民政府的堵口復堤工程視為黃河工程的重中之重。1947 年 3 月 14 日，國民政府舉行隆重的儀式慶祝黃河花園口大壩歷時 1 年零 5 天完全實現合龍，花園口堵口工程共耗用法幣 592 億元，聯總援助各種器械總價值約 250 萬美元，動用柳枝 5000 余萬公斤，秸料 2065 萬公斤，石料 20 萬立方米，麻繩 110 餘萬公斤，木樁 20 餘萬根，鉛絲 14 餘萬公斤，修做土方 300 餘萬立方米，投入人工 300 多萬個工日。〔註144〕國民政府認為堵口工程影響甚大，達到了重建泛區、救濟難民、保障江淮水道、溝通水利學術的作用。〔註145〕不過，堵口復堤只是黃泛區重建的前提，此時的黃泛區仍舊蕭條，諸如農業生態系統的恢復、農業工具和牲畜

〔註140〕 The Ambassador in China (Stuart) to the Secretary of State, January. 21, 1947, *FRUS*, 1947, China, p.22.

〔註141〕 肯尼斯·雷、約翰·布魯爾：《被遺忘的大使：司徒雷登駐華報告 1946～1949》，尤存、牛軍譯，南京：江蘇人民出版社，1990 年，第 54 頁。

〔註142〕 Effect of Chinese military operations on United Nations Relief and Rehabilitation Administration Relief Program, August. 23, 1946, Office of Strategic Services (OSS)-State Department Intelligence and Research Reports, Part 03: China and India, 1941~1949, Folder: 002799-003-0019, p.2.

〔註143〕 Marilla Bliss Guptil. (1995). The United States and Foreign Relief: UNRRA in China, 1942~1947, Virginia: University of Virginia, 1995, p.173.

〔註144〕 侯全亮主編：《民國黃河史》，鄭州：黃河水利出版社，2009 年，第 241 頁。

〔註145〕 《行政院善後救濟總署業務總報告》，上海：行政院善後救濟總署，1948 年，第 208 頁。

的匱乏、返鄉難民的遷移等工作仍未落實解決，泛區農業生產水平仍然遠低於其潛在水平。〔註146〕慶典當日，蔣介石記錄：「十年來對於黃河南岸人民痛苦之遺憾，至此方得稍慰矣」。〔註147〕對蔣個人來說，其堵口復堤工程是對戰時自行決口，傷及無辜人民的虧欠彌補。他只強調「黃河南岸」，可從側面傳達出蔣介石對非已控制下「黃河北岸」民眾的漠視。

而反觀中共在黃河工程上的取向，其始終保持警惕，在物資匱乏和內戰交織的情形下，動員民眾復堤搶險，既兼顧黃泛區民眾的現實利益，又明確保護故道居民，獲得了國內廣大民眾的理解和擁護。中共審時度勢地調整外交政策，將反美反蔣的正面宣傳融入黃河工程的輿論鬥爭，著力揭破國民黨自恃強大，借黃河歸故和美援物資打擊中共的軍事意圖，助推國內群眾的反美情緒；又向聯總直接抗議國際救助物資的政治歧視，聯總亦有意避免救助物資直接捲入國共的內部紛爭。這在一定程度上迫使美國反思和審視其干預黃泛區重建的方式與援助國民黨內戰的行徑。

第六節　黃河工程的延續與美國監督援助

根據聯總協定，在援助國家工作不得超過兩年，其原定 1947 年 6 月結束在華工作，考慮物資未發放完畢，延至 1947 年 9 月底。〔註148〕3 月，花園口合龍後，聯總急於解決黃河故道居民救濟和堵口之後黃泛區土地復墾等兩項未竟事務。中共對聯總繼續在華工作持歡迎的態度，一方面，儘管國民政府陸續將 150 億元居民救濟費陸續撥付解放區，因通貨膨脹，此救濟費用已經貶值。〔註149〕另一方面，由於聯總的工作，加之中共對群眾的復堤動員有突出進展，已完成修堤 600 里，儘管國民黨加速堵口給解放區造成一定損失，但未形成大患。因此，中共積極通過聯總爭取救濟，與國民黨抗爭。1947 年 4 月，國民黨軍隊飛機對下游復堤員工施行轟炸，並三次掃射聯總運送中共救

〔註146〕穆盛博：《洪水與饑荒——1938 至 1950 年河南黃泛區的戰爭與生態》，亓民帥、林炫羽譯，北京：九州出版社，2021 年，第 224 頁。

〔註147〕《蔣介石日記》（手稿），1947 年 3 月 14 日，斯坦福大學胡佛研究所檔案館藏。

〔註148〕《行政院善後救濟總署工作報告》，殷夢霞、李強選編：《民國善後救濟史料彙編》第 2 冊，北京：國家圖書館出版社，2008 年，第 351 頁。

〔註149〕Kathryn Edgerton-Tarpley (2017), A River Runs through it, *Social Science History*, 41 (2), p.141~173.

濟物資的「萬善輪號」，造成船與貨物嚴重受損。中國解放區救濟總會代表伍雲甫向艾格頓抗議，「我們堅決請求聯總直接來中共工作，全部未動用之聯總物資應立即發給中共區人民，物資應由美國港口運交中共區人民，深望聯總中央委員會縝密考慮一切有效辦法，並力謀組阻止聯總政策及物資轉變成為一黨政府進行內戰之工具」。〔註150〕這引發聯總內部的關注與討論，美國代表紀培德認為，聯總在河南以及中共地區的救濟深受軍事衝突的影響，要求終止聯總在黃泛區的救濟。〔註151〕艾格頓不贊成紀培德意見，認為黃泛區遭遇的救濟困難在現時中國並無特殊性，堅持借美國向蔣介石施壓，要求獲得國民黨軍方的安全承諾。〔註152〕1947年4月，司徒雷登獲得國民黨軍方的明確承諾，陳誠命令不再使用飛機對黃河工人掃射。〔註153〕6月，克利夫蘭（Harlan Cleveland）在繼任為聯總駐華辦事處署長後致函國民政府，要求沿黃河河床全線兩側大堤各5英里劃為非軍事區，全力維修大堤，確保渡過7月洪峰，迫使國共再次為黃河工程談判。〔註154〕

　　7月7日，國、共、聯總在山東省東明縣召開會議。中共代表王化雲對所轄黃河北岸地段的修堤與險工十分樂觀，在險工方面，百姓日夜趕工，發起獻石運動，修好複堤絕無問題，願就國共接觸的複堤之處詳加討論。〔註155〕與中共不同，國民政府水利部代表閻振興、行總代表丁致中質疑劉伯承軍隊未能停戰，在魯西董口渡河，破壞復堤工程，強調復堤前提是先談軍事。〔註156〕聯總表示，應迴避軍事，將討論重點放在如何在內戰中完成復堤。會後，國民

〔註150〕《伍雲甫、林仲致羅克斯及聯總中央委員會電》（1947年4月8日），中共代表團駐滬辦事處紀念館編：《中國解放區救濟總會在上海》，上海：學林出版社，1996年，第96頁。

〔註151〕王德春：《聯合國善後救濟總署與中國（1945～1947）》，北京：人民出版社，2004年，第257～258頁。

〔註152〕王德春：《聯合國善後救濟總署與中國（1945～1947）》，北京：人民出版社，2004年，第259頁。

〔註153〕The Ambassador in China (Stuart) to the Secretary of State, April. 4, 1947, *FRUS*, 1947, China, pp.931.

〔註154〕王德春：《聯合國善後救濟總署與中國（1945～1947）》，北京：人民出版社，2004年，第263頁。

〔註155〕中國第二歷史檔案館編：《中華民國史檔案資料彙編》第5輯第3編，「政治」（2），南京：江蘇古籍出版社，1999年，第590～591頁。

〔註156〕葉健青編：《蔣中正總統檔案：事略稿本》第70輯，臺北：「國史館」，2012年，第213頁；中國第二歷史檔案館編：《中華民國史檔案資料彙編第5輯第3編》政治（2），南京：江蘇古籍出版社，1999年，第592頁。

政府拒絕聯總開放煙台、石臼所等港口輸送修堤物資的多項提議，東明談判以失敗告終。〔註157〕7月27日，晉冀魯豫野戰軍擊潰國民黨在山東西部的最後一支國民黨軍隊主力。8月17日，國民黨蘭封、開封、封丘三縣的游擊總指揮趙振寧部，過河在北岸扒開貫孟大堤，洪水撲向解放區長垣大車集以下的臨黃大堤，解放區軍民共同搶修，確保黃河歸故後的首次安瀾。而劉鄧大軍一舉突破黃河天險，向大別山勝利進軍，徹底宣告蔣介石黃河戰略的破產。〔註158〕11月20日和11月25日，冀魯豫和渤海解放區分別舉行了「安瀾」群眾大會，紀念人民和軍隊戰勝黃河回歸故道的第一個汛期。〔註159〕

　　與此同時，美蘇關係也牽動著黃河工程。1947年4月，美國「杜魯門主義」出籠，以遏制共產主義作為對外政策的指導思想，阻止蘇聯擴張。國民政府成為美國的冷戰盟友，中共被視為潛在敵對勢力。在美看來，中共很有可能在一年之內取得決定性的軍事勝利，國民政府卻面臨軍事、政治和經濟直落而下的形勢。對美國來說，國民黨統治的中國屬於美國的勢力範圍；共產黨如果得勝，中國就將進入蘇聯的勢力範圍。因此，必須支持國民黨反對共產黨。〔註160〕因此，美國僅打算從1948年擴大對華有限援助，亦表現於救災。

　　蘇聯給予中共支持，中共亦偏向蘇聯，實行反美政策，中共高度警惕美方利用聯總關懷中國災情爭取民心，利用機會在中蘇之間打下一個楔子。〔註161〕據聯總人員報告，聯總的物資常被災民當成是「蘇聯的禮物」。〔註162〕

　　美蘇爭奪的重點在歐洲，亞洲僅作為防守戰來對待。1947年1月21日，馬歇爾回國擔任美國國務卿，成立經濟合作署（Economic Cooperation Administration），考慮在援歐款項3.5億美元中，撥款3000萬美元援華，重點為食品救濟和小型醫療援助，作為聯總業務結束後的對華新救濟計劃（簡稱「新救濟

〔註157〕Kathryn Edgerton Tarpley. (2017). A River Runs Though It: The Yellow River and The Chinese Civil War, Social Science History, 41 (2), p.158.

〔註158〕王延榮：《黃河歸故——一場驚心動魄的鬥爭》，《北京黨史研究》，1998年第5期。

〔註159〕侯全亮主編：《民國黃河史》，鄭州：黃河水利出版社，2009年，第257頁。

〔註160〕資中筠：《追根溯源：戰後美國對華政策的緣起與發展（1945～1950）》，上海：上海人民出版社，2000年，第8～9頁。

〔註161〕《董必武選集》編輯組：《董必武選集》，北京：人民出版社，1985年，第283頁。

〔註162〕The Consul at Peiping (Freeman) to the Ambassador in China (Stuart), August. 4, 1947, FRUS, 1947, p.699.

計劃」）。〔註 163〕因為，對於美國來說，新救濟計劃在政治上最合時宜，可以有效避免直接捲入中國內戰，同時能夠一定程度維持國民政府的穩定。美國認為，有選擇的財政援助應在可能的情況下，防止通貨膨脹或貨幣膨脹；應加強自由派分子在中國政府中的參與；其規模或性質不應消除改革和和平解決中國內部衝突的經濟壓力。〔註 164〕

　　國民政府實行徹底的反共反蘇的親美政策，其以黃河工程為渠道，加緊爭取美國援助。早在 1946 年 12 月 26 日，中國駐美大使顧維鈞得知杜魯門承諾向國會撥款，用於聯總結束後的世界救濟，便致信美國國務卿詹姆斯・伯恩斯（James Byrnes），「聯總僅提供中國戰時申請計劃的四分之一，希望美國將中國列入受援國之列」。詹姆斯・伯恩斯採取靜觀政策，表示會仔細考慮。〔註 165〕

　　1947 年 3 月，國民政府召開六屆三中全會，初步完成政府改組，張群擔任行政院院長，在國民政府委員名額分配上，國民黨稱為中共與民盟留有餘地，形成多黨合作的印象，使美國有理由期待國民政府準備健全具體的改革。〔註 166〕有鑑於此，國民政府再次與美交涉，黃泛區被國民政府、美雙方頻繁提及，成為國民政府爭取美國對華直接救助的重要抓手。4 月 7 日，司徒雷登向馬歇爾轉呈外交部長王世杰的函電，「聯總即將結束，中國食糧匱乏。至1947 年年底，黃泛區若要實現農業復興，至少需要 16 萬噸糧食，聯總目前僅供 21000 噸。〔註 167〕王世杰請求美國政府在聯總計劃終止後仍支持對華賑災。司徒雷登認為：國民政府難以承擔大規模急賑的內部成本，黃泛區的急賑得調查後評估，新救濟計劃的內容必須由國民政府和美國進行非正式的磋商。〔註 168〕4 月 23 日，馬歇爾回應國民政府外交部，要求國民政府證明可以有效利用美國救助物資。

〔註 163〕Memorandum by the Assistant Commercial Attache in China (Boehringer), July. 23, 1947, *FRUS*, 1947, p.666.

〔註 164〕Memorandum by the Chief of the Division of Investment and Economic Development (Havlik) to the Director of the Office of Departmental Administration (Humelsine), April. 23, 1947, *FRUS*, 1947, China, p.1106.

〔註 165〕The Secretary of State to the Chinese Ambassador (Koo), February 27, 1947, *FRUS*, 1947, p.1297.

〔註 166〕劉大禹、王球雲：《抗戰勝利後國民政府行政改革述論（1945～1949）》,《民國檔案》，2022 年第 2 期。

〔註 167〕The Ambassador in China (Stuart) to the Secretary of State, April. 10, 1947, *FRUS*, 1947, pp.1302.

〔註 168〕The Ambassador in China (Stuart) to the Secretary of State, April. 12, 1947, *FRUS*, 1947, p.1304.

　　國民政府迅速作出回應，行總、農林部、財政部、聯總 57 名代表組成特派團，赴黃泛區考察西華、扶溝、鄢陵、尉氏等縣。隨後，行總署長霍寶樹批覆了一個為期三年的復興計劃綱要，第一年經費預算為 140 億元。〔註 169〕霍寶樹表示，黃泛區重建需要更密切的國際賑災合作。〔註 170〕霍寶樹將豫皖蘇三個分署的所有業務集中於黃泛區復興，成立黃汛區業務臨時執行委員會專責此事。〔註 171〕5 月 31 日，王世杰向司徒雷登提交一份新救濟計劃食品分發備忘錄，「中國交通運輸能力有限，無法建立配給制度，唯一辦法是採取急賑和黃泛區復墾，後者更為緊迫」。〔註 172〕6 月 19 日，在中美新救濟計劃的討論會議上，國民政府外交部向美國提交 2 份關於聯總退出後所需美國救濟物資的建議。國民政府初步估計應需經濟合作署採購 87 萬噸糧食和價值 2300 萬美元的物資。在糧食分配中，35 萬噸用於供洪水泛濫地區，22 萬噸用於饑荒地區，18 萬噸用於乾旱地區。在需要的物資中，國民政府認為應包括 130 萬美元用於種子、500 萬美元用於化肥、90 萬美元用於農藥、獸醫用品 150 萬美元，農業設備 135 萬美元、醫療物資 1200 萬元，還有石油和其他備件等。國民政府強調，上述物資主要用於黃泛區的農業恢復。〔註 173〕

　　然而，國民政府的經濟危機，增加了美國對華救濟計劃的憂慮，美國認為有 9 個方面不利因素，包括：

　　1. 國民政府對持續的經濟惡化優柔寡斷和無能。

　　2. 貿易逆差持續嚴重，在 1947 年前 4 個月達到約 1.058 億美元，幾乎是 1937 年同期逆差的 6 倍。

　　3. 華北地區煤炭短缺，嚴重影響上海等工業區的電力生產，使本已高額的工業生產和運輸成本趨於增加。

　　4. 工資穩步上漲，削弱了出口貿易和工業生產。

　　5. 稅種繁多，在向外國公司徵稅時存在歧視，阻礙貿易和工業

〔註 169〕"Rediversion of Yellow River Poses Many Big Reconstruction Problems," *The China weekly Review*, May. 17, 1947, p.319.

〔註 170〕"Trillion Dollar Project to Repay 5000000 Yellow River Victims," *The China Weekly Review*, April. 26, 1947, p.236.

〔註 171〕《兩年來的善後救濟》，殷夢霞、李強選編：《民國善後救濟史料彙編》第 2 冊，北京：國家圖書館出版社，2008 年，第 323 頁。

〔註 172〕The Ambassador in China (Stuart) to the Secretary of State, May. 31, 1947, *FRUS*, 1947, p.1309~1310.

〔註 173〕The Ambassador in China (Stuart) to the Secretary of State, June. 12, 1947, *FRUS*, 1947, pp.1313.

發展。

6. 中國堅持主權權利，作為拒絕外國船舶從事沿海和內河運輸的主要理由。

7. 國民黨爭奪權力，國民黨 CC 系在經濟領域成為潛在的主導群體，中國最能幹的政治系則黯然失色。

8. 中國政府將美國的貸款當作靈丹妙藥，治癒經濟病痛，除棉紡廠和廣漢鐵路以外，中國政府沒有採取真正的積極行動來振興工業和交通。

9. 管理不善的進口貿易導致中國人和外國人抱怨偏袒和歧視。
〔註 174〕

1946 至 1947 年，美國農業連年豐收，農產品大量過剩，國民政府的建議為美國消化過剩物資提供契機。然而，美國又擔心國民政府難以應對經濟惡化，過度依賴美援。7 月 11 日，杜魯門派魏德邁使華調查實情。魏德邁完成調查後，公開抨擊國民政府的弊政，並指出，官員貪污濫用救濟糧食，中國政府無力承擔配套救災措施。不過，魏德邁仍然力促美國有條件地援華。〔註 175〕美國國務院中國事務部主任石博思（Philip D. Sprouse）致信魏德邁，贊成他立場，我們向中國提供的任何援助應集中在那些在目前條件下最可行的實施領域以及對亞洲其他地區的影響最大的領域可能是明智的。〔註 176〕

如司徒雷登所言，美國救災援助必須做到四點，其一，比聯總協議要更加嚴格；其二，美國需要派出擁有特定否決權、廣泛協商、諮詢權及有實踐經驗的現場監督團體；其三，簡化計劃，限於食物和醫療；其四，採購和運輸由美國政府負責。〔註 177〕最終，1947 年 10 月 27 日，國民政府外交部政務次長劉師舜與美國駐華大使司徒雷登在南京簽署《關於美利堅合眾國救濟援助中國人民之協定》，簡稱《中美救濟協定》。〔註 178〕協定批准 4500 萬美元的救濟方

〔註 174〕 Memorandum by the Assistant Commercial Attache in China, July. 23, 1947, *FRUS*, 1947, China, pp.662~663.

〔註 175〕 劉大禹：《論魏德邁使華與戰後國民政府改革》，《民國檔案》，2019 年第 4 期。

〔註 176〕 Memorandum by Mr.Philip D. Sprouse to General Wedemeyer, Auguest. 23, 1947, *FRUS*, 1947, China, p.751.

〔註 177〕 The Ambassador in China (Stuart) to the Secretary of State, June. 12, 1947, *FRUS*, 1947, China, pp.1314~1316.

〔註 178〕 龔古今、惲修主編：《第一次世界大戰以來侵華文件選輯》，北京：三聯書店，1956 年，第 377～382 頁。

案。突出特點是強調美國更直接地控制援助的內容與使用，源於對聯總教訓的吸取和對國民政府經濟危機的悲觀態度。

需承認，截至 1947 年 7 月，約 36 萬難民返回河南省泛區，聯總初步完成了黃河工程的重要內容，黃泛區的農業工作也在積極推進。11 月 25 日，聯總撤銷。1947 年底，國民政府成立行政院黃泛區復興管理局，在豫、皖、蘇三省建立分局，接管聯總和行總，擔負泛區復興業務的實際工作。根據《中美救濟協定》，1948 年，經濟合作署專設中國救災派遣團（China Relief Mission）掌握資金，定期向國務院彙報黃泛區重建情形。還應指出，中國救災派遣團對黃泛區的重建有別於聯總，其掌控資金，對黃泛區復興局的復興議案有否決之權。6 月 21 日，該團代表露絲·列瓦內斯（Ruth W. Lieban）即駁斥黃泛區復興管理局皖分局提供食品和燃料的議案，理由是該區已有 42 個日間學校和營養站，無需供應。同時，她認為黃泛區復興管理局是前行總職員的庇護所，掛名獲取救濟資金。她向國務院提議，中國救災派遣團與救助者建立委員會取代黃泛區復興局。〔註 179〕可見，中國救災派遣團對黃泛區救災控制力度要遠大於聯總。不過，中國人民解放戰爭進展迅速，美國在黃泛區的復興計劃未能全面實施。

馬歇爾對黃河工程調處和推動的主要因素是為配合美國對華政策的一貫目標，美國作為聯總重要捐助國，為實踐「全球糧食復興」構想尋找切入點，促使國共達成和解，馬歇爾在黃河工程的啟動階段起了重要作用，借調解黃河工程凸顯美國作為戰後域外大國的特性。聯總將黃河物資給予隸屬於國民政府行政院的行總，只有監督和諮詢之權，國民政府有機會利用重建的物資配合軍事和政治行動。可以說，黃河工程在馬歇爾調處國共矛盾初期是被作為人道主義的外交工具，是美國實踐全球糧食戰略和對華政策的有用籌碼。隨著國際環境和國共內戰的變化，美國重估中國地緣戰略地位和國民政府軍事實力，與蘇聯博弈，變為對國民政府的監督援助，支持黃泛區重建又成為美國解決本國過剩糧食問題的海外援助手段和釋放對國民政府政權支持的信號，避免直接捲入中國內部的軍事衝突。美國既謀求遠東安全和經濟利益，又模糊支持蔣介石內戰，其在黃河工程上顯現出的對中國戰後重建事務的介入力度，延續了美

〔註 179〕Administrative Records.Flooded Area, August. 9, 1947~June. 21, 1948, The Economic Cooperation Administration's Relief Mission in Post War China, 1946~1948, National Archives of the United States.

國理想主義與現實主義對立統一的外交傳統。

國民政府同意實施黃河工程的主要原因是想借聯總物資改善黃河故道區域的水利情況，重建黃泛區，構建正面的政府形象。然而，國民政府有其自身弱點，突出表現在其 65%的國家財政需要用於軍費開支，通貨膨脹成為彌補財政赤字的經常性措施。而行總財政拮据，原定的黃河水利經費預算一再縮減。行總工作人員時常貪污業務經費，災民救濟效果大打折扣。花園口合龍後，蔣介石曾在日記寫下：「黃河工程為復員工作中重大之一，借外人助力之苦痛，與共匪之阻礙百出，有如此其難也」。〔註180〕蔣介石的「苦痛」實因行總經費匱乏，國民政府難以拿出與國際救災物資配套的人力物力，只能過度依賴外援。國民政府始終將政權利益、外交利益置於人民生計之上，並將中共視為死敵，一心發動內戰消滅中共，與聯總合作更多是為爭取美援，在黃河項目中，一再拖延救濟和堤工經費的發放，犧牲解放區黃河故道 50 萬民眾的利益，「難」也是因為蔣介石仍在延續花園口事件中「以空間換時間」的決策思路，「礙」並非來自中共，而在於國民黨自身。

中共在黃河工程實施初期已經意識到利弊兼具，同意黃河回歸故道，做出實質性讓步，表明了中共配合戰後重建、追求和平民主的誠意。中共也將軍事、談判與復堤並行的功效發揮到極致，靈活應對施工摩擦，努力爭取居民遷移救濟費和下游堤工安全，以不損害人民的基本利益為底限，在因應蔣介石下令提前堵口的新情況時，在輿論和宣傳上最大限度的爭取聯總對解放區的支持，獲得黃河安瀾，保護了人民的利益，使意識形態的力量下移到沿河民眾和社會的基層動員，塑造了農民的革命認同，真正以人為本，建構了政治合法性的資源。

〔註180〕《蔣介石日記》（手稿），1947 年 3 月 31 日，斯坦福大學胡佛研究所檔案館藏。

第五章　行總對國際救災物資的運用

第一節　黃泛區國際救災物資運用的效果

　　行總是戰後國民政府分配聯總國際救災物資的唯一合法機構。戰後黃泛區面臨水利、難民的救濟與復員、農地復耕與增產、泛區工業善後等問題。行總將分配蘇北的物資交由中共發放。本章重點研究行總安徽分署和河南分署在黃泛區的業務執行情況。

　　黃泛區難民接遣主要包括兩種，一種是針對西北各省歸耕泛區難民的救濟。第二種是黃泛區沿途的難民接遣。河南分署在開封、鄭州、洛陽、許昌、陝州、安陽、南陽、漯河、周口先後設立難民服務處。安徽分署在蚌埠設立辦事處，辦理難民接遣業務，成立臨淮關接遣站，為難民服務。每人發給麵粉 1 市斤半，副食費 50 元，遣送期間，每人發途中膳食代金 500 元，3 歲以下小口減半。河南分署自 1946 年至 1947 年共遣送泛區歸耕難民 269773 人。下表為 1946 年河南分署收遣難民統計表：

表 5-1　1946 年河南分署收遣難民統計表 [註 1]

難民處名稱	設立日期	收容人數	遣送人數	麵　粉	金　額
開封	1 月 17 日	大口 8441， 小口 1518	大口 8439， 小口 1518	91150.25 斤	15914040 元

[註 1]　《行總河南分署三十五年度業務概述》，殷夢霞、李強選編：《民國善後救濟史料彙編》第 6 冊，北京：國家圖書館出版社，2008 年，第 526 頁。

鄭州	2月11日	大口22515，小口5171	大口22508，小口5171	147267斤	56987140元
洛陽	3月18日	大口24235，小口5789	大口24232，小口5789	114924斤	47439950元
信陽	3月20日	大口4701，小口584	大口4700，小口584	29498斤	15934900元
許昌	4月1日	大口6470，小口1511	大口6468，小口1511	35914.5斤	12726550元
陝州	5月1日	大口25521，小口7376	大口23937，小口6800	67719斤	110327050元
安陽	10月1日	大口1177，小口246	大口1177，小口246	64035斤	3579400元
總計		大口93060，小口22195	大口91461，小口21639	49287625斤	262909030元

　　行總的直接救濟，包括協助難民食、衣、住和疾病醫療等各方面。糧食救濟是行總急賑的重要內容。下表為安徽分署和河南分署食糧分配及用途表。〔註2〕

表5-2　安徽分署和河南分署食糧分配及用途表

署區	配到貨物噸數	食物噸數	急賑食糧	特賑食糧	工賑食糧	其　　他
河南	113089	87051	18563.77	9496.55	40147.51	18843.17
安徽	76647	72382	21302	9476	41600	0

　　由此表可以看到，安徽分署食物分配占總物資比重達到94%，河南分署為77%，糧食是行總分配給河南和安徽兩分署物資的大宗。但是河南用於食物的分配比例要略低於安徽。就國際救災物資在全國分比重而言，河南的食物分配量位列全國第4，次於湖南、廣東、廣西等戰災大省，安徽位列全國第6。就糧食用途而言，河南和安徽皆用於急賑比例為大。在工賑項目中，黃河堵口復堤使用工糧達28000噸，佔據河南分署工賑食糧一半以上。

　　行總供給難民聯總糧食的形式也較為多樣。第一種是設立粥廠，行總選擇黃泛區難民彙集的地點，每日按時直接供應難民飯食。截至1946年底，河

〔註2〕《行總之食糧賑濟》，殷夢霞、李強選編：《民國善後救濟史料彙編》第3冊，北京：國家圖書館出版社，2008年，第648頁。

南分署共成立粥廠 35 處，泛區共 11 處，分布於西華、扶溝、尉氏、鄢陵、淮陽、沈邱、中牟等 7 縣。下表為豫分署在黃泛區設立粥廠發放物資及受惠人數統計表〔註3〕：

表 5-3　豫分署在黃泛區設立粥廠發放物資及受惠人數統計表

粥廠地點	廠數	麵粉（袋）	罐頭（磅）	豆粉（袋）	牛奶（磅）	奶粉（磅）	牛油（箱）	乾豆（袋）	包穀（包）	舊衣（包）	受惠人數
西華	2	1343	5580	3000	3696		10	188	94	40	390463
扶溝	2	2834	14592	780	5544	10000	30	752	80	80	672338
尉氏	1	1027	5580	450			10	188			363000
鄢陵	2	1042	5580	450	5544		10	236		40	42640
淮陽	1	1386	7236	776	3694		10	349		40	403300
沈邱	1	1208	5106	376			10	376	40	40	274180
中牟	2	1536	828	900			60	376	89	80	231846
總計	11	10376	44502	6732		10000	140	2465	394	320	2757767

　　第二種是設立多重形式的食宿機構，也就是特賑，帶有輔助社會福利事業的目的。此名較為廣泛，凡不屬於急賑與工賑者，概為特賑。河南分署和安徽分署有所不同，河南分署主要以設立平價食堂、活動廚車、免費牛奶供應站等為主。平價食堂主要針對貧民，餐費低廉，貧民按時入堂購證。安徽分署還成立避寒所、收容所、難童教養站等。下表為安徽分署設立食宿機構救濟難民概況表。〔註4〕

表 5-4　安徽分署設立食宿機構救濟難民概況表

業務名稱	舉辦日期	施賑對象	設置地點	主持機構名稱	受賑總人口
蚌埠庇寒所	1946 年 1 月至 3 月 31 日	流離津浦一帶的皖東北人民老弱婦孺	蚌埠	分署與蚌埠紅十字會合辦庇寒所	9288

〔註3〕 《黃泛區善後建設會議記錄》，殷夢霞、李強選編：《民國善後救濟史料彙編》
　　　　第 3 冊，北京：國家圖書館出版社，2008 年，第 323 頁。
〔註4〕 《黃泛區的損害與善後救濟》，殷夢霞、李強選編：《民國善後救濟史料彙編》
　　　　第 3 冊，北京：國家圖書館出版社，2008 年，第 169～170 頁。

殘老收容所	1946年7月	60歲以上無法生活的貧苦病廢之人	蚌埠	分署與蚌埠市政府合辦	140
難童教養站	1946年1月1日至12月底	14歲以下孤兒或貧苦兒童	蚌埠、盱眙、五河、天長、懷遠、鳳臺、蒙城、渦陽、亳縣、太和、阜陽、臨泉、潁上、壽縣、霍邱、靈璧、泗縣	分署與地方團體或其他慈善團體合辦	33788
營養站及湯粉站		增進中小學生、貧苦兒童或老弱餐費人民健康供應各種營養品	蚌埠、盱眙、五河、鳳陽、懷遠、鳳臺、蒙城、渦陽、亳縣、太和、阜陽、潁上、壽縣、霍邱、靈璧、泗縣	各縣營養站及湯粉站	133200
架設帳篷救濟			蚌埠、五河、懷遠、鳳臺、潁上、阜陽、霍邱		3472

　　從上表可以看到，安徽分署在特賑中最為重視難童教養站，實行日期最久，這也符合行總的規定，即國際救災物資使用時，將特賑的三分之二都用於兒童福利。

　　第三種是直接發放，大多給予急待賑濟而非救不活的難民。河南分署自1946年1月至1947年2月，先後急賑4次，共發放麵粉298750袋，麵粉代金330000000元、豆粉10000袋、包穀14600袋、小麥2000袋，受惠人數約1400000人。〔註5〕

　　此外，河南分署為救濟中共區災難民眾，與中共代表黃鎮等協商，達成以下辦法：第一，中共指定水冶、塔崗、焦作、滑縣四處為運輸中心點。第二，中共完全接受行總的發放辦法及蔣周協議，晉冀魯豫邊區政府儘量協助，絕不干涉。第三，保證在中共區內工作人員及物資的安全。第四，行總負責將賑品運至各中心地點後，再運往其他各地，物資的運輸工具由邊區政府負責辦理。〔註6〕河南分署自開辦以來，運往豫北中共區救濟物資，計賑粉13555袋，賑衣300包，春耕種籽肥料代金1800萬元，醫藥器材22箱，蔬菜種子

〔註5〕熊篤文：《八年災荒一年善救》，《河南善救分署週報》，1947年第63期。
〔註6〕《急賑概述》，《河南善救分署週報》，1947年第63期。

15 包。運往黃河下游菏澤中共區復堤救濟物資，共計麵粉 4803.5 噸，醫藥器材 52 種，7990 件及救護車 1 輛。

賑衣救濟主要有在難民中分發與接受貧民申請兩種方式。1946 年 7 月，安徽分署在黃泛區發放衣物，通過補助安徽各地慈善機構團體發放衣物 5901 包。1947 年 8 月至 10 月，河南分署通過泛區第一、第三、第四工作隊救濟貧苦難民，在扶溝、周口、西華等地配髮毛衣 5900 件。

工賑為國家或地方政府組織災民參加某項工程建設或生產活動，使他們由此獲得一定的現金或物資報酬，用以代替直接撥款或發放物資的救濟活動。〔註7〕以往國民政府所需的工賑經費或物資來源於政府或者民間救助，戰後中國開展工賑的經費或物資主要來源於聯總。行總工作之基本原則為「寓善後於救濟」，即「以工代賑」。行總《工賑計劃綱要》規定，黃泛區工賑善後包括黃河花園口堵口；修復黃河下段堤防危險部分；修復淮河及其支流河堤；泛濫區排水等五大工程。行總規定，由於所需工人甚多，除技術工人外，其他運輸及普通小工均可利用受災難民充任，以建築代救濟，移賑款為工資，難民除受賑之外，還可因此恢復舊業，重振家園。〔註8〕

黃泛區的工賑主要包括大型工賑和小型工賑兩種。對於河南分署而言，黃泛區的大型工賑即為黃河堵口復堤工賑項目以及橫貫三省的長堤工賑。黃河水利委員會在該工程開工以後，即派遣第一工作隊，分赴轄區為工人配發麵粉。發放標準分為三個階段，第一階段，1946 年 3 月 1 日至 1946 年 10 月，每人每天發放麵粉 2.5 市斤；第二階段，1946 年 11 月至 1947 年 2 月 25 日，每人每天發放麵粉減至 2 市斤；第三階段，1947 年 2 月 26 日至工程完工，根據工人要求，將發放標準恢復至第一階段。而安徽分署則與治淮委員會、皖省政府共同合作，修築淮河堤埝。修築淮堤，由導淮委員會負責設計及施工之責，皖省政府負責徵集民伕及管理，安徽分署負責工糧儲運，提供物資，分發驗收土方以及監發麵粉之責。〔註9〕下表為聯總供應黃水治水及淮運復堤物資表。

〔註7〕 王春龍：《1945～1947 年中國善後救濟事業研究》，北京：中國社會科學出版社，2020 年，第 293 頁。

〔註8〕 《善後救濟章則彙編》，殷夢霞、李強選編：《民國善後救濟史料彙編》第 2 冊，北京：國家圖書館出版社，2008 年，第 50 頁。

〔註9〕 《善後救濟總署安徽分署工作報告》，殷夢霞、李強選編：《民國善後救濟史料彙編》第 11 冊，北京：國家圖書館出版社，2008 年，第 382 頁。

表 5-5　聯總供應黃水治水、淮運復堤物資表〔註10〕

物資類別	黃河治水工程		淮河工程估計重量（噸）	運河工程估計重量（噸）	合計重量（噸）
	價值（美元）	重量（噸）			
統計（各項物資）	461902686	40821.93	863.86	445.24	42131.03
統計（水利器材）	107281686	9328.65	863.86	445.24	10637.75
辦公用具	645.72	3.05	－	－	3.05
汽車器材等公路運輸設備	158590.00	571.58	50.50	24.50	646.58
電料電燈	12644.21	56.18	29.28	5.30	90.76
食物	3546210.00	31493.28	－	－	31493.28
油料（汽油、柴油、機油）	68557.24	120886	200.31	89.87	1499.04
手工工具	74798.24	546.62	13.63	385	564.10
重型器材	172909.58	414.02	302.50	49.15	765.67
醫藥及福利	17946.10	42.46	－	－	42.46
灌溉器材	2531.82	11.95	227.00	－	238.95
金屬與非金屬	364135.55	4902.11	－	125.36	5027.47
準測器材	8557.46	3.66	0.06	－	3.72
工廠用具	47057.50	113.86	－	－	113.86
鐵道器材	42232.55	533.16	－	－	533.16
修理機器	8778.43	15.17	8.80	－	23.97
零件	950535	12.85	0.25	－	13.10
汽艇等水路運輸設備	76566	869.34	26.00	82.00	977.34
電焊器材	4116.54	20.89	－	－	20.89
開山機具	－	－	5.53	7.02	12.56
雜項	3244.56	2.89	－	58.18	61.07

　　行總也在黃泛區開展小型工賑。泛區分署為救濟災黎，以工代賑，寓救濟於建設，配發麵粉補助各縣舉辦小型工賑。包括：小型農田水利；修補道路橋樑以及其他必需之小型工程。小型工賑之設計實施由縣政府、縣參議會、縣黨部、三民主義青年團、社會團體、地方公正士紳會同組織工賑委員會會同

〔註10〕《黃泛區的損害與善後救濟》，殷夢霞、李強選編：《民國善後救濟史料彙編》第 3 冊，北京：國家圖書館出版社，2008 年，第 162 頁。

辦理。工賑儘量利用難民，每日工資麵粉不超過 2 市斤半。各縣配發麵粉以
1000 袋至 3000 袋為限制。河南分署則派工作隊巡迴督導各縣小型工賑，抽
查和驗收麵粉的發放以及各縣的小型工賑。〔註11〕

圖 5-1　聯總供應黃泛區巨型打樁機圖〔註12〕

豫、皖兩分署都在泛區興辦衛生工作。其方式有兩種，一種是派駐醫療
工作隊，巡邏辦理救濟防疫，直接為難民服務。根據分署組織法，各分署的
衛生組均設置醫療防治及衛生工程隊。另一種是假手現有機構為難民服務。
1946 年 7 月 1 日，中國紅十字會人員也被行總納入醫療工作隊中，以便更好
地醫治泛區人民疾病、防治泛區難民疫病與改善泛區的環境衛生。〔註13〕

醫療工作隊在分署的調遣下開展醫療防治。概括起來有：

第一，自設醫療機構診治。安徽分署分別於蚌埠和田家庵設立第三和第
四流動醫療隊，擔任醫防工作，救治貧民，一律免收醫藥費。而河南分署則成
立五個醫療防治隊，為泛區人民醫療疾病，擔任工地之醫防。

〔註11〕　《黃泛區善後建設會議記錄》，殷夢霞、李強選編：《民國善後救濟史料彙編》
　　　　　第 3 冊，北京：國家圖書館出版社，2008 年，第 307 頁。
〔註12〕　Oliver J Todd, UNRRA Chief Advisory Engineer for the Yellow River Project,
　　　　　supervises the loading of a giant pile driver which will sink sixty foot piles in the
　　　　　river's bed at the mile-long main break in the dykes at Chengchow, United Nations
　　　　　Archives. Folder: S-0801-0004-0001-00038.
〔註13〕　China Office Reports 3 thru 8, United Nations Archive, Folder: S-1121-0000-0234-
　　　　　00001.

表 5-6　豫皖分署自設醫療機構工作概況表〔註14〕

署名	自設機構名稱	駐地	工作地區	辦理經過日期	辦理情形	受診人數
河南分署	泛區第一醫防隊	西華、周口	周口、西華、商水、淮陽	1946 年 3 月成立，4 月 1 日工作	為泛區人民醫療疾病	196003 人
	泛區第二醫防隊	花園口、尉氏	通許、洧川、尉氏	1946 年 4 月成立	擔任工地醫防、協助分署辦理藥械分發予醫療難民	70651 人
	泛區第三醫防隊	開封、曹州、鄢陵	許昌、鄢陵	1946 年 6 月成立	擔任工地醫防、組織巡迴醫防隊及臨時霍亂醫院	60464 人
	泛區第四醫防隊	尉氏、扶溝	扶溝、太康	1946 年 6 月成立	協助辦理泛區民眾之醫防工作	61604 人
	泛區第五醫防隊	氾東、漯河	鄭州、漯河、西華雙廟鎮	1946 年 7 月	協助辦理工地工人醫防事宜及主辦耕耘難民醫防工作	121416 人
	黑熱病第一防治隊	開封	陳留、中牟、尉氏	1946 年 10 月成立	黑熱病醫療	2324 人
	黑熱病第二防治隊	陝縣、鄢陵	鄢陵、扶溝、洧川、許昌、臨潁、西華	1946 年 11 月成立	黑熱病醫療	1662 人
安徽分署	第三流動醫療防疫隊	蚌埠	擔任皖東北醫防工作	1946 年 3 月成立，1947 年 10 月結束	就診貧民	84967 人
	第四流動隊醫療防疫隊	田家庵	機動需要	1946 年 5 月成立，1947 年 10 月結束	就診貧民	44369 人

　　抗戰以後，黃泛區黑熱病最為嚴重，幾乎遍布河南全省，患者總數在 50 萬以上，皖北、蘇北地區也較為嚴峻。黑熱病是傳染病的一種，患者長期發熱，症狀以腹部腫脹為主。如前文所述，抗戰期間蘇北多見此病。河南分署特於 1946 年成立 2 個黑熱病防治所，下設防治隊二隊，第一隊駐紮開封，第二

〔註14〕《黃泛區的損害與善後救濟》，殷夢霞、李強選編：《民國善後救濟史料彙編》第 3 冊，北京：國家圖書館出版社，2008 年，第 181 頁。

隊駐滎郊縣，治療患者。

　　同時，行總也較為重視難民檢疫。河南分署擬定《難民醫療衛生工作須知》，規定：難民入站時經過滅虱後，須由該站醫生護士等進行衛生檢查。如若難民如出現下列傳染病，需要隔離。疾病包括：斑疹傷寒；白喉；天花；霍亂；鼠疫；流行性腦膜炎；脊髓灰白質炎；猩紅熱；麻疹；傷寒；頤顎腺炎；杆杆痢疾；傳染性黃膽症等 13 種。同時還規定，難民如發生鼠疫、霍亂、天花或斑疹、傷寒時，難民站應予隔離，但隔離期不得超過該病潛伏期。如若難民出現斑疹傷寒、霍亂、天花、傷寒、白喉等，應當實施預防接種。〔註15〕

　　第二，撥發轄區醫療機構器械藥材。河南分署為實施善後醫藥救濟及促進醫藥衛生機關復員，特設置衛生委員會，委員由河南省政府衛生處、河南省國際救濟委員會、聯總駐豫辦事處、河南大學醫學院、美國紅十字會駐豫辦事處、河南分署等代表構成。〔註16〕豫分署與委員會商討，將國際救災物資分配給各醫藥救濟單位，包括省級衛生機構、各縣衛生院、教會衛生機構以及中共區的衛生機構四類。

　　河南省的小型工業以紡織、絲綢、榨油、磨面等類發展素著聲譽。但是，泛區產業在戰後面臨極為困難情形，「一個居住百餘戶的村莊，竟然找不到 10 頭牲口，一個村莊只有 6 具鐵鋤」。行總注重將泛區農業和工業復興相互結合，先在小區域內試行，繼而推廣整個區域，尉氏縣就是典型案例。1946 年 6 月，河南開封區域辦事處的外籍專家蒂爾扎‧布林頓（Tirzah Bullington）專門制定小型工業計劃，救濟後方來豫失業的有技術特長的災民和復興泛區工業，他們選定一個名為 Loa LungLu 的村莊試行復興項目，此村莊住戶約為 30 個家庭，村莊因黃水滿是泥濘，雖有歸來的技工人員，卻無法工作。正如布林頓說「我們接納這些情緒低落，有能力並且願意接受挑戰的人。我們給他們機會，當他們賺到利潤，就會把錢還給我們」。〔註17〕之後，行總又在尉氏縣舉辦小型工業生產合作社，貸放資金 5778200 元，棉花 5601 斤，煤 2500 斤，鐵 141 斤，振衣 150 包，縫紉生產合作社貸放資金 30000000 元，縫紉機 7 部，衣扣三箱，振衣 12 包，9 月中旬委託中國工業合作社協會在汴鄭兩地組設工業

〔註15〕《行政院善後救濟總署河南分署章則輯要》，殷夢霞、李強選編：《民國善後救濟史料彙編》第 7 冊，北京：國家圖書館出版社，2008 年，第 75～78 頁。

〔註16〕《本署衛生委員會組織規程》，《河南善救分署週報》，1947 年第 66 期。

〔註17〕Particulars of UNRRA in China, United Nations Archives, Folder: S-1940-0002-0005-00001.

生產合作社，貸放資金 14320000 元，鐵 20 噸，縫紉機四部。受惠者達 14044
人。〔註18〕

圖 5-2　黃泛區紡紗女童圖〔註19〕

　　治蝗行動。1946 年，皖北和河南泛區一帶，普遍發生蝗災，行總與河南
省政府建設廳商議，由建設廳組織人力，以行總名義治蝗，並組織河南大學
農學院高年級學生，採用「挖掘圍打」和「撒噴毒餌」兩種方法消滅蝗蟲。
〔註20〕同時，也獎勵農民捕蝗，採用「以粉易蝗」辦法，即農民以蝗蝻 1 斤換
取麵粉 1 斤，發動治蝗農民達 65 萬人左右，用去麵粉 1000 噸，殺去蝗蝻 300
萬斤以上，受益的田畝達 760 萬畝以上。1947 年 3 月，河南西華、淮陽一帶
再次發現跳蝻，行總又立即發動當地學生及農民 15000 人捕捉，減除跳蝻 45
萬斤，受益田畝達到 200 萬畝。〔註21〕

　　實施機械耕種。為使泛區戰爭荒廢的田畝迅速復耕，行總較為重視農業
機械一項，戰爭造成大量耕牛損失，河南泛區急需農耕機械。農業機械物資
包括四類，即曳引機、抽水機、鑿井機、小型農具四種。農業善後工作最具

〔註18〕《行總河南分署三十五年度業務概述》，殷夢霞、李強選編：《民國善後救濟史
　　　　料彙編》第 6 冊，北京：國家圖書館出版社，2008 年，第 551 頁。
〔註19〕《黃泛區工業訓練班：童工整織布紗》，《中國青年（重慶）》，1947 年第 5 期。
〔註20〕中國人民政治協商會議河南省開封市委員會文史資料研究委員會：《記黃泛區
　　　　第一次治蝗工作》，《河南文史資料》第 47 輯，1993 年，第 198 頁。
〔註21〕《兩年來的善後救濟》，殷夢霞、李強選編：《民國善後救濟史料彙編》第 2 冊，
　　　　北京：國家圖書館出版社，2008 年，第 299～300 頁。

永久意義且為全國矚目的是曳引機訓練及代耕。自 1946 年 2 月，行總與農林部合作在上海設班訓練。4 月，一部分裝備完畢的曳引機率先被運往河南尉氏縣，曳引機的荒地墾殖效果在河南最為顯著，計分樊家和聯寺兩個複耕區，共有 5 萬畝荒地得以重新複耕。〔註 22〕而花園口合龍以後，下游地區變成廣大平原，曳引機的使用將提高土地利用效率。因此，聯總和行總專門在黃泛區運營合作曳引機復墾工程（The CNRRA-UNRRA relief plowing and tractor training project），該工程主要為增加河南省內部糧食生產和防止饑荒。聯總的官方報告中記載了河南農民興奮的話語：「你們的機器 1 小時能完成我用 3 頭牛 1 周才能完成的工作，但是我現在沒有犁，也沒有牛」。〔註 23〕下面兩圖為聯總農業器械在黃泛區的運用圖。

<table>
<tr><td align="center">圖 5-3
曳引機在黃泛區墾田工作圖〔註 24〕</td><td align="center">圖 5-4　聯總供應中國第一臺收割機
在河南投入使用圖〔註 25〕</td></tr>
</table>

　　河南分署開設兩期訓練班，第一期訓練大學生 27 名，於 1946 年 7 月底結束，第二期招高中學生 30 名，派往樊家場急需馴良。〔註 26〕農墾隊在河南

〔註 22〕《兩年來的善後救濟》，殷夢霞、李強選編：《民國善後救濟史料彙編》第 2 冊，北京：國家圖書館出版社，2008 年，第 303 頁。

〔註 23〕Particulars of UNRRA in China, United Nations Archives, Folder: S-1940-0002-0005-00001.

〔註 24〕Massey-Harris tractor at work in the reclaimed fields of the former flood areas of the Yellow River, United Nations Archives. Folder: S-0801-0005-0001-00042.

〔註 25〕While villagers watch, the first UNRRA combine in operation in China, a self-propelled Massey-Harris which threshes wheat in a single operation, goes into action in Honan Province, United Nations Archives. Folder: S-0801-0005-0001-00050.

〔註 26〕《黃泛區善後建設會議記錄》，殷夢霞、李強選編：《民國善後救濟史料彙編》第 3 冊，北京：國家圖書館出版社，2008 年，第 306 頁。

招收三期訓練班，第一期學員多係大學畢業，會英語，由聯總美籍人員培養，後來分別擔任復墾工作隊的隊長。第二期學員為技術員，第三期學員為駕駛員，先後在尉氏縣樊家、鄭崗、萬寺訓練。〔註27〕河南分署成立 3 個復墾工作隊，辦理曳引機復墾業務，貫徹「工化農業」的目標。農墾隊發放麵粉、大米、罐頭、種籽、化肥、鐵銑等物資，以解決歸耕難民生活、生產的困難，並以工代賑，組織勞力從事修路、修橋、挖渠、捕蝗以及修蓋公用房屋等公益勞動。〔註28〕下表為曳引機泛區工作成效統計表〔註29〕：

表 5-7　聯總曳引機在泛區工作成效統計表

隊　別	復墾工作第一隊	復墾工作第二隊	復墾工作第三隊	總　計
時間	1946 年 6 月至 1947 年 9 月 20 日	1946 年 10 月至 1947 年 9 月 20 日	1947 年 6 月至 1947 年 9 月 20 日	
工作地區	尉氏樊家、西華王牌坊邵巒樓王營、淮陽李方鄉等地	扶溝練寺、鄭橋、晉橋、秦嶺、大蒲村等地	西華護墻城、宋崗、柳城、田樓等地	
耕地面積	70938 畝	239847.7 畝	43155 畝	353940.7 畝
耙地面積	70560 畝	29065 畝	24480 畝	124096 畝
播種面積	43363 畝	1659 畝	18540 畝	63562 畝
除草面積		2900 畝		2900 畝

鑿井。河南自黃流南侵以來，舊有的水井概被淹沒，不但無井可資灌溉，更缺乏飲用之水。豫、皖分署為救濟難民，提倡井泉灌溉，協助地方鑿井。鑿井需有專門技術人員為之指導，河南分署成立鑿井班，共完成井數 1606 口。〔註30〕安徽分署完成 182 口。

總體來說，行總利用聯總的國際救災物資取得不俗的成績，下表即為河南泛區復建成效統計表。〔註31〕

〔註27〕任復禮：《農業機械墾荒隊在黃泛區》，河南扶溝縣委員會文史資料室編：《扶溝縣文史資料》第 1 輯，1989 年，第 173 頁。

〔註28〕任復禮：《農業機械墾荒隊在黃泛區》，河南扶溝縣委員會文史資料室編：《扶溝縣文史資料》第 1 輯，1989 年，第 175 頁。

〔註29〕《曳引機泛區工作成效統計表》，《河南善救分署週報》，1947 年第 92 期。

〔註30〕《行政院善後救濟總署河南分署業務報告》，殷夢霞、李強選編：《民國善後救濟史料彙編》第 8 冊，北京：國家圖書館出版社，2008 年，第 555 頁。

〔註31〕《全部業務扼要估計數字》，《河南善救分署週報》，1947 年第 100 期。

表 5-8　河南泛區復建成效統計表

項　目	數　量	地　區	說　明
修建房屋	1813 間		
挖掘舊井	1606 眼	泛區 17 縣	以工賑辦法辦理
修築公路	650 公里	開許段、許扶段、西華逍遙段、扶周段、周淮段	以工賑辦法辦理
發放農具	202744 件	中牟、尉氏、西華、淮陽	受益戶數 101374 戶
發放麥種	9863913 市斤	淮陽、商水、太康、中牟、尉氏、鄢陵、西華、扶溝	87919600 市斤
發放肥料	438 噸	西華、中牟、尉氏、鄢陵、西華、扶溝、淮陽	施肥 80000 畝
發放菜籽	126400 磅	中牟、尉氏、鄢陵、扶溝、淮陽	播種 42131 畝
造林育苗	3804979	中牟、開封	
辦理合作農場	79 處	扶溝、西華	
防治蝗蟲	捕殺 2424852 市斤	西華、扶溝、商水、淮陽	蝗蝻面積 18400 平方里
疏濬河流	120 公里	內潁河 20 公里	潁河現已完成全部工程的 40%，計 20 公里
修建橋樑	33 座	西華、扶溝	其餘各縣尚未具報
修建學校	56 所	泛區各縣	

第二節　行總運用國際救災物資的困境與異化

　　行總完全為了統籌利用聯總供應的善後救濟物資和服務而設立。中國無償得到善後救濟物資，享受國際組織在華援助的好處，應當秉承聯總的國際性和超然性。但是，行總的業務時期很短，戰後中國的複雜困境使得行總在黃泛區救災倍加艱難，實踐中不免受阻。正如 1947 年底，聯總署長魯斯克函蔣介石稱：「中國之善後救濟為聯總在各國所推行善後工作中最為複雜者」。〔註 32〕總結起來，聯總在黃泛區的運用國際救災物資的困境大致表現在以下幾個方面：

〔註 32〕葉健青編：《蔣中正總統檔案：事略稿本》（第 71 輯），臺北：「國史館」，2012年，第 737 頁。

首先，由於國民政府財政拮据，原定的黃河水利經費預算一再縮減。國民政府 65%的財政需要用於內戰的軍費開支，通貨膨脹已經成為彌補財政赤字的經常措施。

聯總和行總間在財政上的最大分歧要數行總出售物資。問題癥結在於聯總和行總對於出售物資的政策有著不能融洽的矛盾。根據基本協定，中國政府得出售一部分聯總供應的物資，作為善後救濟事業所需的經費。在行總方面，為減輕國庫負擔起見，行政費除由國庫負擔外，一切業務費用，以變賣物資所得價款為主體的政策。在中國財政早已收支不平衡的情況下，若出售物資能運用得宜，可達到抑平物價的功效。

但聯總認為，被援助的國民政府負有撥支適量業務費用而辦理善後救濟的義務和責任。救濟物資應以直接發放給最後使用者為原則，而出售物資的收益，只可視作輔助性質，決不能完全當做業務經費的主要來源。況且國民政府在戰時提交的善後救濟計劃中業已定有戰前幣值 27 億元的國內經費。〔註33〕據聯總官方數據顯示，「聯總在華項目的內部融資總成本相對沒有意義。按美元計算，這一數字約為 1.91 億美元，約占聯總為中國採購物資支出的 35%至 40%。根據現有估計數，內部經費中有五分之二來自出售聯總用品和特別捐款，其餘部分來自政府撥款」。〔註34〕

中國政府在 1946 年度設置 4320 億元的善後救濟基金，該基金預算由行總編制，但實際支用卻歸行政院有關部會。作為配合聯總供應物資的費用，行總可得到的僅是辦理前振濟委員會所掌管的臨時緊急救濟的賑款，善後救濟基金與行總毫無關係。行總幾乎完全仰賴銀行貸款及出售聯總物資之收入。行總常通過出售聯總麵粉以解決行政經費難題，蔣廷黻表示，「從上海運 1 噸糧食到河南或湖南，運輸費竟需 10 萬元。這些款項哪裏來，完全靠出賣物資來彌補」。〔註35〕1946 年，河南開封發生糧荒。河南分署為維持市民非常時期之生活，乃接受各界請求，轉請行總核准，並商得聯總駐豫辦事處魏斯德代表同意，復經審議會決議，從權配售麵粉一部分，藉以解決汴市糧荒而維民食。但是為避免套購，豫分署出售的麵粉不能較市價過低，端在解救糧

〔註33〕徐義生：《善後救濟工作的行政制度》，殷夢霞、李強選編：《民國善後救濟史料彙編》第 2 冊，北京：國家圖書館出版社，2008 年，第 178 頁。

〔註34〕*UNRRA in China, 1945~1947.* Washington, D. C: United Nations Relief and Rehabilitation Administration. 1948, p.14.

〔註35〕《蔣廷黻談行總》，《大公報》（上海版），1946 年 5 月 9 日，第 4 版。

荒，並非平價拋售。〔註36〕這不僅引起聯總不滿，中共也堅決反對行總出售物資。

　　行總還面臨職責與機構地位不相匹配的問題。善後救濟業務範圍之廣，職司之繁並非行總規模可獨任其責者。行總處處都需要與其他機構合作與協助，而國民政府並未全力支持行總工作。因此，行總使用國際救災物資還要受行政院內部其他部會的掣肘。1946 年 7 月，蔣廷黻在與中共會談黃河工程協議時說，「行總取得工料款項必須經過合法程序，可能遭到某種羈延，數目可能被行政院核減。以確定數目約束中央政府，非彼等力所能及之事」。〔註37〕在地方上，豫分署的救濟與地方政府配合得也不夠密切，工作和信譽有不少損失。由於地方政府人員待遇要比行總低很多。「行總的一個低級職員是 10 萬元左右，而地方縣政府的一個主任秘書僅有 5 萬元。」這容易使一方有優越感，一方有不平之氣，「在做同一件事的時候雙方不容易合作」。〔註38〕

　　行總經費匱乏的直接後果是國民政府難以拿出與國際救災物資配套的資金與人力、物力，物資分配逐漸被動。工作人員的貪污、業務經費的挪用更使行總的財政雪上加霜。〔註39〕例如，1946 年，聯總用於救濟杞縣災民的棉花數萬斤被縣議長范景新據有，在縣城中山北街開設店鋪，公開出售而盈利累萬。縣救濟院也將聯總捐贈給該院孤兒的衣服、麵粉、豆粉、紅蘿蔔罐頭等物或低價收買，或竟自私分，結果給該院數 10 名孤兒每人發土布藝一身了事。〔註40〕

　　其次，國共雙方的軍事衝突對國際救災物資運用產生阻礙。第一，國共軍事衝突直接影響難民救濟業務和黃河工程的實施。內戰本身就是兵災，給河南帶來巨大負擔。除了例行賦稅外，仍有加無已。河南境內經常駐軍 70 至 80 萬人，除了撥發的徵糧以外，其餘給養、伏食、馬幹、住房、什物，均由地方籌辦供給。而黃河堵口的埽料磚石，均按保甲攤派。全國徵兵，河南一省獨佔四

〔註36〕 《馬署長赴京參加行總全國各分署業務檢討會議行前招待汴新聞記者報告署務近況並徵詢意見》，《河南善救分署週報》第 35 期。
〔註37〕 《協定備忘錄》，王傳忠、丁龍嘉主編：《黃河歸故鬥爭資料選》，濟南：山東大學出版社，1987 年，第 54 頁。
〔註38〕 《河南的善後救濟》，《大公報》（上海版），1946 年 7 月 2 日，第 2 版。
〔註39〕 李勝茂：《積重難返：從「行總舞弊案」看戰後國民黨的反腐》，《民國檔案》，2008 年第 2 期。
〔註40〕 杞縣地方史志編纂委員會編：《杞縣志》，鄭州：中州古籍出版社，1998 年版，第 653～654 頁。

分之一，配額達 117000 人。〔註41〕據《密勒氏評論報》記者實地調研所稱，「駐守河南開封和鄭州的國民黨軍隊令當地人痛恨，士兵不僅佔領他們的房屋，沒收他們的食物，甚至焚燒他們的家具當做柴火」。〔註42〕

　　國共衝突頻繁導致國、共佔領區域的不斷變動。就 1947 年 4 月至 5 月各占領區占泛區的比例情況來說，在安徽泛區，國民黨軍占 65%，共軍占 5%，戰事流動區域占 35%；在河南泛區，國民黨軍控制 5%，共軍控制 70%，雙方爭奪區域占 20%，江蘇泛區各縣在抗戰勝利以前完全為中共蘇皖邊區控制，自 1946 年 11 月份起經國民黨軍推進，中共佔領城市全部收復，但共軍仍盤踞鄉村。〔註43〕這給國際救災物資的運輸帶來麻煩。

　　在國共衝突背景下，軍隊扣留物資、飛機轟炸設施、運輸船隻被轟擊之事屢屢發生。同時，水利工程進度也因軍事衝突耽擱。行政院多次與國防部、交通部會商國民黨軍範圍內堤防修築中遇到的困難，「工人上立，即遭射擊」。〔註44〕下列為 1947 年國民政府工程單位所呈的軍事衝突影響工程電文。〔註45〕

表 5-9　1947 年國民政府工程單位所呈軍事衝突影響工程電文表

時　　間	來電機關	上達機構	電文事由
1947 年 2 月 25 日	河北修防處	水利委員會	中共在董口至江蘇壩間增修迎水壩，不無攔河阻水之嫌，函知國防部並飭隨時注意防範並查報。
1947 年 4 月 30 日	河北修防處	水利委員會	北岸大堤全被共軍佔據，一部分員工下落不明。
1947 年 5 月 29 日	水利部	行政院	沁河工程總段逼近匪區，無相當兵力維護工作，前途實受影響。
1947 年 8 月 13 日	水利部	行政院	貫臺東合龍處發生漏洞沖刷成口，近有共軍盤踞，無法搶護。
1947 年 8 月 18 日	水利部	行政院	共軍竄擾沁河總段五車口工地，損失家具清冊案

〔註41〕狄超白編：《中國經濟年鑒：1947》中編，香港：太平洋經濟研究社，1947 年，第 136 頁。

〔註42〕"Constant Fear of Death, Tyranny Cause Honan Farmers to Flee," *The China Weekly Review*, April. 12, 1947, p.186.

〔註43〕《黃泛區的損害與善後救濟》，殷夢霞、李強選編：《民國善後救濟史料彙編》第 3 冊，北京：國家圖書館出版社，2008 年，第 120～121 頁。

〔註44〕《黃河堵口復堤工程案一》，行政院檔案，臺北「國史館」藏，014000009528A。

〔註45〕《黃河堵口復堤工程案六》，行政院檔案，臺北「國史館」藏，014000009533A。

第二，國、共相互猜忌，在聯總物資使用中有分歧，彼此控訴。在軍事衝突背景下，中共對國民黨軍分配國際救災物資的比例一直存疑和攻訐，國共雙方對此各執一詞。中共認為國民政府沒有遵循非歧視原則，公平合理分配物資。1946 年 4 月，解總髮表書面談話，稱行總 1946 年工作計劃所載，全國難民 4200 萬人，解放區急待救濟難民人數為 2600 萬，若按照難民人口比例分配，解放區應獲得國際救災物資的五分之三。但截至到 1946 年 4 月，各解放區所得共約 800 噸，以占五分之三的難民僅得到千分之三的救濟。〔註 46〕同時，中共聲稱豫北獲得的麵粉為四等黑面，麩秕甚多，這些違反聯總章程規定的原則，也違背 1946 年 1 月簽署的蔣周協議。

行總對於中共控訴的國際救災物資分配不均問題作出如下解釋：行總是按照區域需要、物資存量與運力斟酌分配，且決定分配的最高機構是行總與聯總的聯席會議。行總認為，國際物資分發的大宗是糧食、舊衣和藥品，共區所得物資在比例上比較少，是因為共區佔領區多為農村，其糧食問題絕不會像湖南、廣西、廣東等省嚴重。行總強調，黃泛區下游復堤區域同時期內分配數字較鄰近區域為多。同時，運往共區物資除去行總自備車輛與船隻外，決無其他工具可以應用，也是該區物資分配較少的原因。行總還認為，共區所稱的難民數字純係編造。〔註 47〕

中共則駁斥行總上述言論的欺騙性質，中共表示，行總所謂「中共區域為產糧之地，收成尚佳」的藉口是因為解放區「優良的政治制度、高度的工作效率與人民努力的成效」，但並不等於解放區沒有困難和災荒。而行總描述的「交通不便，運送物資極為不易」情形不合事實，是國民黨當局的多方留難，甚至扣留。例如，「濟南當局沒收了黃河復堤人員器材」。〔註 48〕由於，國民黨軍軍事破壞救濟物資的事件屢屢發生，中共認為蔣介石將國際救濟物資作為內戰資本和政治工具，延長和擴大內戰。而聯總則仰承美帝國主義意旨，聯總和行總是為美國金融資本在中國的發展作進一步的布置。〔註 49〕

〔註 46〕　《要求公平救濟》，《人民日報》，1946 年 6 月 11 日，第 1 版。

〔註 47〕　《行政院善後救濟總署工作報告》，殷夢霞、李強選編：《民國善後救濟史料彙編》第 2 冊，北京：國家圖書館出版社，2008 年，第 410 頁。

〔註 48〕　《解放區救委會發言人駁蔣廷黻撒謊》，《人民日報》，1946 年 7 月 20 日，第 2 版。

〔註 49〕　《魯克斯假借聯總救濟為名，來華發展美經濟勢力》，《人民日報》，1947 年 10 月 28 日，第 1 版。

　　平心而論，國民政府的解釋有些牽強。1946 年 10 月 2 日，國民政府職員對河南分署運輸中共物資即有所指謫。國民參政員旅汴聯誼會燕化棠等電控河南分署署長馬傑，稱「其公開任用共黨分子，掩護共黨活動，已有黨政軍各方面報告，請予撤職」。〔註 50〕這其實是豫分署因黃河工程業務需要與中共方面保持的正常接觸，亦可從側面反映出軍事衝突下國民政府官員對中共控制區救災物資使用的疑慮和敏感。聯總官方也認為，截止到 1948 年，有略多於 55000 噸的聯總物資通過軍事線路運送到了中共控制區的人民手中，但該數量遠遠沒有達到與該地區的需求相稱的比例。根據先前商定的不歧視原則，努力促使參與內戰的國民政府向「敵方」領土轉移物資，總得來說沒有成功。〔註 51〕

　　再者，聯總和行總關於黃河工程的紛爭根源是兩者基於不同理念，聯總的在華重救濟而輕善後，行總強調「寓救濟於善後」，甚至要做到「善後重於救濟」。〔註 52〕1946 年 5 月，行總河南分署署長就河南善後問題，提出「工化農業」，目的是要在河南這塊肥沃平原上，實現「耕作機械化」「農業產品工業化」和「水利建設」三大目標。〔註 53〕行總忽視了戰後中國惡劣的環境根本不適用於善後。

　　行總和聯總駐華辦事處的合作最初原本較為融洽，定期舉行聯席會議，隨時接洽商討各種問題。隨著業務的全面展開，聯總人員對於行總各種違背原則的措施不斷提出詰難與抗議。在物資分配方面，聯總人員疑慮國民政府未完全遵守聯總所決定的政策，嚴格執行。而行總認為聯總所供應的物資，未能依照所申請的類別和數量運華，特別是辦理救濟最需的善後物資，如交通運輸器材等，特別缺少。〔註 54〕二者關係時有僵持，卻無法解決。只因聯總沒有獨立決策權，只是諮詢和監督機構；行總也為臨時機構，最終國際救災物資的控制者是國民政府。儘管聯總駐華辦事處常常收到許多來自河南的報告，大意為國民黨軍侵佔平民糧食，沒收行總的糧食庫存，干擾聯總和行總的活動並拒絕為救

〔註 50〕《中央機關公務員違法瀆職二》，國民政府檔案，臺北「國史館」藏，0010000
　　　　06562A。
〔註 51〕*UNRRA in China, 1945~1947*. Washington, D. C: United Nations Relief and
　　　　Rehabilitation Administration, 1948, p.10.
〔註 52〕霍寶樹：《一年來的國內善救工作》，《行總週報》，1947 年第 38 期。
〔註 53〕《工化農業第一聲：第一批曳引機到汴》，《河南善救分署週報》，1946 年第 20
　　　　期。
〔註 54〕《善後救濟工作的行政制度》，殷夢霞、李強選編：《民國善後救濟史料彙編》
　　　　第 2 冊，北京：國家圖書館出版社，2008 年，第 175 頁。

濟提供非軍事用途的設備等。〔註 55〕它採取的抗議方式最多只是威脅撤出技術人員，向最高級別施加壓力，努力爭取國民政府的合作。正如有記者調查河南善後救濟工作後用一句話來概括，即「太重理想，太注意永久性的救濟，太當學者的氣息」。〔註 56〕

最後，戰時交通破壞影響了黃泛區救濟物資的運輸。1946 年 9 月 25 日，蔣廷黻在行總善後救濟工作檢討會議上談到，聯總運來的物資通常需要由海港轉運至災區各省交通中心，再由各省交通中心分別轉運至各縣鄉村。聯總物資抵達的總站上海港口的吞吐能力較戰前減少百分之四十，卸貨駁船極為缺乏，戰前上海有 2000 只卸貨船，現在只有 600 只，行總已經租去 400 只。國內的鐵路戰時已經破壞，戰後全國鐵路也時時切斷，沿海及內河航運至今未恢復戰前狀態。經費和運輸工具的嚴重缺乏是行總難以擴大救助覆蓋面的重要原因。〔註 57〕

以河南泛區儲運工作為例，其交通路線，北有隴海，西有平漢，南有沙河。其中沙河一線穿過泛區，物資可以直接運輸。隴海及平漢兩路運輸，則需分運，分運以商邱、開封、鄭州、許昌、漯河及周口為根據地，向泛區轉運。以下是 1947 年河南泛區公路路況表。〔註 58〕

表 5-10 1947 年河南泛區公路路況表

起點	終點	公里	路面	附 注
商邱	淮陽	125	無路面	經柘城
開封	淮陽	140	無路面	
開封	周家口	160		經尉氏、鄢陵、扶溝、西華、開封段現為河道所隔，無法通行
漯河	淮陽	120	無路面	經周家口
許昌	扶溝	60	無路面	經鄢陵
周家口	界首	90	有路面	經王城集槐店

〔註 55〕 Office of Voluntary and International Agency Liaison (China), United Nations Archives, Folder: S-1266-0016-00002.
〔註 56〕 《河南的善後救濟》，《大公報》（上海版），1946 年 7 月 2 日，第 2 版。
〔註 57〕 《蔣署長開幕訓詞》，殷夢霞、李強選編：《民國善後救濟史料彙編》第 2 冊，北京：國家圖書館出版社，2008 年，第 431 頁。
〔註 58〕 《泛區儲運業務近況》，《河南善救分署週報》第 73～74 期。

開封	許昌	120	無路面	經尉氏、鄢陵，現為河道，無法通行，繞道鄭州花園口
周家口	駐馬店	210	無路面	經商水項城新蔡汝南
開封	鄭縣	120	無路面	
鄭縣	許昌	95	無路面	經郭店新鄉和尚橋
許昌	漯河	85	無路面	經大石橋頭鎮

如上表所示，泛區以內，黃沙遍地，汽車運輸最為必須。泛區內公路橋樑於戰時完全破壞，路面狀況極差，至 1947 年都尚未恢復。不僅如此，就行總分配給河南分署的物資而言，「平均每 3 日可有一列車到豫，本分署各地倉庫容積狹小，實難容納此大量物資，另找房屋，問題特多。即原經地方政府指撥本署之庫址，如漯河信陽等地，又為其他部分所佔用，屢經交涉，迄無結果，常使救濟物資，暴露車上，起卸費時，延誤路局車輛周轉，減少輸量，深為遺憾。〔註 59〕

上述困境自然導致行總在黃泛區救災物資運用上的某種異化。如前文所述，行總所做已盡其最大努力，利用國際救災物資。以下為河南泛區主要損失與復興成效比較表。

表 5-11　河南泛區抗戰時期主要損失與戰後復興成效比較表〔註 60〕

損失項目	損失數量	復建項目	復建數量	成　效
逃亡人數	1172687 人	歸耕人數	463369 人	39.51%
涸出待耕畝數	2667178 畝	復墾畝數	1618276 畝	60.67%
損毀房舍	1464066 間	修建房屋	1813 間	0.12%
損失農具	1794958 件	發放農具	202744 件	11.85%
牲畜損失	526455 頭	補充牲畜	131 頭	0.02%
衣服損失	2801221 件	發放衣著	2566584 長噸	
食糧損失	17719104987 長噸	發放食糧	311054761 長噸	1.19%

由上表可知，泛區復興成績表現最為突出的是田畝復墾，達到恢復原有一半以上的效果，主要得益於二：一是花園口缺口的堵復，原下游泛區轉變成大片可供開墾的農田區域；二是聯總投入河南泛區大量西方先進農業器械。不

〔註 59〕《物資源源運到，缺乏庫房儲存》，《河南善救分署週報》，1946 年第 7 期。
〔註 60〕《全部業務扼要估計數字》，《河南善救分署週報》，1947 年第 100 期。

過，行總在黃泛區的農業機械分配上僅考慮河南泛區；至 1946 年 9 月，安徽分署在善後救濟總署第一次檢討會議上方提出「請總署配發曳引機，並訓練使用人員以利復耕案」與「請總署向聯總訂購大量抽水機，配發各分署，以為興修水利之用案」。〔註61〕

　　難民的安插與復耕是行總取得第二項成績。事實上，返回黃泛區的豫籍難民安插違背了聯總在華救濟的初衷。聯總強調「西安豫籍難民之安插，應積極協助原籍有地可耕或歸後生活可以較優者優先返鄉，否則希望其仍留西安」。實行中仍常出現「偶有搶先歸來，無以為加，復行西去者，實以黃河堵口復堤尚未成功，黃泛繼續為災所致」的現象。〔註62〕也就是說，原泛區難民必須待黃河堵復工程完成，地可復耕後，返會故里。花園口合龍以後，成為人民陸續歸來的高潮期，僅陝西境內就有 30 萬難民準備東返，「但泛區荒漠一片，沒有住的和吃的，加以地方治安的不穩定，難民的生活更加難以維持」。下面便是時人繪製的一幅黃水災民寫生圖。

圖 5-5　黃泛區的活僵屍圖〔註63〕

〔註61〕《善後救濟總署第一次工作檢討會議記錄》，殷夢霞、李強選編：《民國善後救濟史料彙編》第 2 冊，北京：國家圖書館出版社，2008 年，第 552～553 頁。

〔註62〕《馬署長赴京參加行總全國分署業務檢討會議行前招待汴新聞記者報告署務近況並徵詢意見》，《河南善救分署週報》，1946 年第 35 期。

〔註63〕《黃泛區的活僵屍》，《大觀園週報》，1946 年第 27 期。

除此之外，從表中修建房屋、補充牲畜等兩項來看竟不超過原有 1%，而前文所述的行總撥發最大的食糧一項，也只是達到原有食糧損失的 1.19%。如果再從行總食糧賑濟和政府大量徵糧的對照，又可見行總在各災區辦理食糧救濟時的最顯著矛盾。

表 5-12　行總食糧賑濟和政府徵糧對照表

省　份	1946 年徵實徵購徵借合計（長噸）	行總救濟食糧分配量
河南	113695	87051
安徽	151057	72382

由上可知，國民黨軍所徵糧食遠大於行總救濟之糧。如鄢陵、西華、扶溝、泰康等縣災情慘重，各縣地方政府及保甲人員辦事迂緩，造難民冊不能迅速編設，且有不實行為。行總急賑按照分組查放的辦法，如河南分署按照全省 12 個行政區，共分 8 組。但各縣的急賑發放深受交通不變的影響，一些距離鐵道較遠、公路路面較差的縣份獲得急賑數目由此變少。〔註64〕行總在共區的急賑物資發放也遇到不少困難：工作人員及物資通過國共兩軍防線時，雙方軍隊，頻加盤查；放賑人員與共區人民接近機會較少，未能明瞭實際災情；豫東、豫北各縣因國共軍事衝突，秩序不佳，工作人員及物資時有損失等。

黃泛區的工賑就地徵用民伕及收購材料在所不免，出現諸多問題，概括起來有 5 個方面：

其一，工人不滿，逃亡甚多。黃泛區黃河工程由黃河水利委員會負責，行總負責提供工賑食糧。黃河決口的堵復最高時日需用 7 萬人。花園口僅是一個荒涼的小鎮，河南政府向附近各縣徵工。據調查，鄭縣人口 18 萬人，徵工額為 16000 人，時值春耕催徵緊急，每家甚至攤派徵工費千元，這在一定程度上脫離了賑濟的性質。〔註65〕附近各縣徵完，又向偏遠各縣徵工。例如，河南臨汝縣距許昌車站較遠，民工在召集之初，關於工具準備、麵粉發放以及路費乘車諸問題，均未於事前規定，「經電請又遲遲不復，而催人到工則急如星火」

〔註64〕《急賑概述》，《河南善救分署週報》，1947 年第 63 期。
〔註65〕《行總之食糧賑濟》，殷夢霞、李強選編：《民國善後救濟史料彙編》第 3 冊，北京：國家圖書館出版社，2008 年，第 658 頁。

致使各縣民工出現無所遵循、集而復散的現象。而到工工人需要擔負額外糜費，住宿燒柴也感困難，麵粉多未按時照數發放，「使千萬壯夫同驅餓鄉，典衣瓷器不獲一飽，自有不堪。其苦逃亡還鄉者，復經文電交加，縱而補徵，信仰已失，更使催辦不易」。〔註66〕如臨汝縣原代招工人 2400 名，結果實際送到人數僅 10 名。還有許多泛區縣份，因路遠並無工人參加堵口，不能實受工賑之惠。

其二，行政院對黃河工程物資撥款總是不足，各縣購料賠累不堪。1946年 3 月 11 日，河南省政府、行總河南分署、黃河水利委員會電呈行總，豫境黃河堵口及整修泛區第一期急要工程約共需工 12 萬人，日需麵粉總約 10050噸，但是「由滬運面來汴之運輸月僅 2000 噸，供求相差懸殊，誠恐有誤」。〔註67〕而派工徵料、地方負擔太重，因而怨言蜂起。1946 年 7 月，豫災呼籲團參政員馬乘風，代表豫民向行政院院長宋子文提出請求：豫省黃河北岸中共區 25 縣及黃泛區 20 餘縣，本年度請免徵實，因中共區為中央行政力量難以達到，而黃泛區人民確無力納賦。豫境 80 萬大軍軍糧，請由中央直接補給，切勿由當地徵購。〔註68〕豫災呼籲團代表強調，救災不如減免，黃泛區工程進行數月，動員民工達 11 萬，自民間徵工徵料所值當在四五百億，毫無成效，勞民傷財，怨聲載道，外傳工程進行順利之說，全係騙人的話，人民身受其害。〔註69〕其就地收購的物資如下表：

表 5-13　花園口堵口工程就地收購物資統計表〔註70〕

類　　別	重　　量
柳枝	140000000 斤
楷秸	50000000 斤
大小木樁	240000 根
葦子	460000 斤

〔註66〕《黃河堵口復堤工程案五》，行政院檔案，臺北「國史館」藏，014000009532A。
〔註67〕《黃河堵口復堤工程案一》，行政院檔案，臺北「國史館」藏，014000009528A。
〔註68〕《豫災哭訴團到京請願》，《大公報》（上海版），1946 年 7 月 12 日，第 2 版。
〔註69〕《黃河堵口工程失敗，勞民傷財，怨聲載道》，《大公報》（上海版），1946 年 7 月 19 日，第 2 版。
〔註70〕《黃泛區的損害與善後救濟》，殷夢霞、李強選編：《民國善後救濟史料彙編》第 3 冊，北京：國家圖書館出版社，2008 年，第 155 頁。

蔴皮及輕繩	1500000 只
鐵錨	705 斤
鉛線	100000 斤
草繩	1670000 斤
黃料	1300000 斤
開採石片	200000 公方

其三，工賑招工方式異化，人事管理混亂。黃泛區辦理工賑的方式分為直接辦理和間接辦理兩種。直接辦理主要由行總分署成立工作隊及供應站，與地方政府人員合組工賑委員會。間接辦理是行總或將工糧交予主持工程的市、縣組織機關或請求撥助的工糧機關負責工賑工資的發放，分署負責查核；或將工糧配給工頭或工程包工者發放。原則上行總支持直接辦理，不太主張包工，因簡接辦理經過層層剝削，工人受惠較少。然而，為遷就工程進展，行總不得不借地方力量徵難民做工，這種方法非常不理想。如花園口堵口工程因為時間緊迫，行總在前期曾採用包工制，災民缺少工程修築必備的技能，行總給工賑難民的工糧標準定得很低，以不同方式找來的工人待遇千差萬別。例如，在花園口東西兩壩參加工作的工人，包工的自願工，每日麵粉 2 斤半，國幣 1350元；公司之包工，麵粉 2 斤半，國幣 1000 元；政府徵集之民工麵粉亦為 2 斤半，國幣 200 元。而打樁工人係由上海某建築公司招來，他們的待遇較優，每日 10 萬元，供給來往旅費，還有麵粉。〔註71〕

其四，泛區重建的人力缺失。1947 年 3 月，河南分署在扶溝縣採取抽樣調查，作了 94 家泛區民眾家庭的走訪。這 94 戶人家，共計 404 人，以 4 口之家為多。以下為此次調查的人口性別分配表和人口年齡分配表。〔註72〕

表 5-14　扶溝縣人口性別分配表

性　　別	人　　數	百分比
男	194	48%
女	210	52%
合計	404	100%

〔註71〕《黃河的堵口與復堤》，《大公報》（上海版），1946 年 6 月 30 日，第 2 版。
〔註72〕汪克檢：《黃泛區人民生活的一般》，《河南善救分署週報》，1947 年第 65 期。

表 5-15　扶溝縣人口年齡分配表

年　齡	人　數	百分比
5 歲以下	18	4.45%
5～14 歲	86	21.25%
15～24 歲	63	15.58%
25～34 歲	55	13.62%
35～44 歲	47	11.65%
45～54 歲	46	11.40%
55～64 歲	56	13.85%
65～74 歲	24	5.95%
74 歲以上	9	2.25%
合計	404	100

　　由上述可以看到，關於性別分配，男子較女子占全人數比例為少，在年齡分配中，如果視 15 歲至 44 歲為壯年人，在 94 個家庭中，壯年占 40.85%，老幼則占 59.2%。可見，在重建黃泛區時，壯年人缺乏也成問題。

　　黃河工程也影響黃泛區的其他救濟分配。據河南分署規劃，原定 1946 年 1 月至 9 月偏重救濟，9 月以後注重善後。如前章所言，國民政府原計劃黃河堵口於 7 月以前完成，所以，行總將聯總運豫物資大部分用於黃河工程。但是黃河工程堵口比原定計劃完成時間推遲了半年之久，不免消耗物資。此外，行總忽視了安徽泛區的水利工作。例如，1947 年 8 月 8 日，安徽省參議員聯名電呈中央導淮委員會，「花園口潰口雖然完全堵復，但本省災情與河南不相上下，又照常擔負納糧服兵役之義務」。參議員強調，河南省已經獲得中央撥發的大量款物，辦理泛區工程。請求中央賜撥物資辦理安徽省泛區各項水利工程，理應「救濟淮域災黎，繁榮淮域農村」。〔註 73〕

第三節　行總與其他國際人士、國際組織的合作

　　與行總合作的跨國救災人士大致包括兩種類型，第一種為聯總向行總派遣的外籍專家，前文已有相關述及，即蔣廷黻所稱的「外卿」。為黃泛區救災

〔註 73〕《黃河堵口復堤工程案六》，行政院檔案，臺北「國史館」藏，014000009533A。

作出突出貢獻的外籍人士還受到國民政府的特別嘉獎。以下即為黃河堵口合龍外籍授勳人員勳績事實表。

表 5-16　黃河花園口堵口合龍外籍授勳人員勳績表〔註74〕

序號	國籍	職　別	姓名	事　績	擬授各等勳章
1	美	駐華辦事處處長	艾格頓	協助我國推動艱巨之善後救濟工作，以超越之智慧與毅力，對其任務獲得偉大之成功。如各省區救濟業務之廣泛推展，交通、農、漁供應業之積極復興以及八年來潰泛成災之黃河得以堵口復堤。	大綬景星勳章一座
2	美	駐華辦事處處長	凱石	促使聯總速運物資及派遣專家來華協助，日夜勤勞，不遺餘力，對我救濟工作貢獻良多。	五等景星勳章
3	美	聯總第一任署長	李門	其在該署創立時即出任署長，在職兩年，對我國深表親善，襄助甚力。去秋，聯總在倫敦舉行大會，渠即倡議聯總供應我國善後救濟物資，總值達九億美元，在聯總供應總額上，已屬巨大數字，而後繼者尚無以達成其對我災情瞭解之透徹及同情之深切，尤堪感念，有功我國。	一等景星勳章
4	美	聯總第三任署長	魯克斯	自接長聯總以來對我國善後救濟事業熱忱贊助，如加緊來華物資之運輸協助，完成各種善後救濟計劃等，其有功我國事蹟昭彰。	一等景星勳章
5	澳	駐華辦事處副處長	裴德范	對堵口工程供應器材，提撥公糧協助極為盡力	三等景星勳章
6	美	副主任	畢范理	對黃河堵口復堤工程供應器材，購買公糧，協助極為盡力。	三等景星勳章
7	美	副主任	葛林	對黃河堵口復堤工程供應器材，購買公糧，協助極為盡力。	三等景星勳章
8	美	農林部水利組組長	白立格	熱心協助不遺餘力	三等景星勳章

〔註74〕參見《頒贈聯合國機構人員景星勳章》，外交部檔案，臺北「國史館」藏，020000006150A；《頒贈外員勳章（十三）》，外交部檔案，臺北「國史館」藏，001000003672A。

9	美	駐工外籍工程顧問	塔德	協助工程進行不遺餘力，數度進入中共區查勘督促，不避艱險	特種領受景星勳章（四等）
10	美	器材供應者	洪彌登	熱心協助供應器材異常盡力	特種領受景星勳章（四等）
11	美	器材供應者	何立德	熱心協助供應器材異常盡力	特種領受景星勳章（四等）
12	加拿大	駐外籍行政聯絡者	范銘德	協助工程進行並進入中共區聯絡，不避艱險	特種領受景星勳章（五等）
13	美	工程師	夏漢	器材登記，對堵口工程熱心協助	六等景星勳章
14	美	工程師	吉飛龍	熱心協助不遺餘力	六等景星勳章
15	美	重工具駕駛員	駕爾	任工程駕駛員對工程盡力頗多	八等景星勳章
16	美	挖泥機駕駛員	白勃	任挖泥駕駛對工程頗盡力	八等景星勳章

　　第二種類型為戰後各類跨國救災組織中的個人，依託跨國救災機構實現個人抱負。抗日戰爭將近結束時，跨國對華救災機構主要與中國機構清算委員會（The China Agency Clearing Committee）合作救災。1944 年，加拿大紅十字會（Canadian Red Cross）的艾倫（Stewart Allen）推動在重慶成立國際委員會，這是協調關注中國福利的國際救災團體工作的重要一步。它主要由下列國際組織代表組成：

表 5-17　中國機構清算委員會表〔註 75〕

美國志願服務機構	美國紅十字會（American Red Cross）
	美國援華救濟聯合會（United China Relief）
英國志願服務機構	英國紅十字會（British Red Cross Society）
	英國聯合援華救濟基金（British United Aid to China Fund）
加拿大志願服務機構	加拿大紅十字會（Canadian Red Cross）
	加拿大賑濟華人基金（Chinese Relief Funds of Canada）

　　該機構沒有資金，主要功能是收集信息，有助於在中國從事救災的國際機構保持密切聯繫。為此，它大約每月開兩次會。〔註 76〕

〔註 75〕Office of Voluntary and International Agency Liaison (China), United Nations Archives, Folder: S-1266-0000-0016-00002.

〔註 76〕Office of Voluntary and International Agency Liaison (China), United Nations Archives, Folder: S-1266-0000-0016-00002.

　　抗戰勝利後，行總替代中國機構清算委員會的工作。這些在華國際救災組織需與聯總、行總協調，也有所側重，聯總偏向於直接救濟，前述機構更關注社會福利，行總和各國際志願團體合作主要著力於醫療衛生、教育、兒童培養等善後事業。

　　美聯會在抗戰勝利以後更名為美服會（United Service to China）繼續參與中國的救濟工作。例如，1947 年河南分署資助美服會在周口設立托兒所，收容泛區兒童 200 名。〔註77〕美服會的成員機構本身也有所擴展，選擇留守中國服務。例如，1944 年，美國教會對華救濟會擴展為亞洲教會救濟會（The Church Committee for Relief in Asia），負責戰後亞洲的救濟和重建，中國的持續救濟成為其工作之一。在抗戰期間，亞洲教會救濟會已經在各地建立區域委員會，成員由基督教、天主教團體人員、地方商界人士、政府代表構成，這與行總分署的救濟工作相互契合。亞洲教會救濟會在河南設立 5 處區域辦事處，配合行總工作，以下是河南省 5 處辦事人員表。

表 5-18　　亞洲教會救濟會河南區域辦事處人員表〔註78〕

地區	負責人	所屬團體
鄭州	辛普森牧師（Rev. W. H. Simpson）	加拿大聖公會（Canadian Church Mission）
	阿什克拉夫特牧師（Rev. E. P. Ashcraft）	循理會（Free Methodist）
許昌	羅素·納爾遜牧師（Rev. Russel E. Nelson）	路德會（Augustana Lutheran）
洛陽	托馬斯·梅根主教（Bishop. Thomas M. Megan）	羅馬天主教會（Roman Catholic）
魯山	安德烈亞斯·波牧師（Rev. Andreas Bo）	協力公會（Norwegian Mission）
鄲城	阿瑟·肯尼迪牧師（Rev. Arthur R. Kennedy）	中國內地會（China Inland Mission）

　　由上表可以看到，這些救濟人員分屬不同教會，而行總選擇與教會人員合作救災，不外乎出於五點考慮：第一，這些人員工資由所屬團體機構提供，他們的人力服務是免費的；第二，他們在中國的教會學校和醫院建築可以為政府救濟提供方便，無需支付租金；第三，這些傳教人員已經接受過相關的訓練，對當地風俗和人情較為瞭解；第四，傳教人員中專業廣泛，適用於難民復

〔註77〕《資助美國援華會設立周口托兒所》，《河南善救分署週報》，1947 年第 87 期。
〔註78〕Church Committee on Overseas Relief and Reconstruction-China, United Nations Archives, Folder: S-1267-0000-0102-0001.

員與醫療救濟，包括醫生、護士、牧師、教師、義工等；第五，這些教會因長期在中國有救濟基礎，已經形成規範的資金轉帳、記帳和審計流程，行總委以救濟資金使用的信息，可向公眾明示，確保廉潔管理。〔註79〕

　　豫皖兩分署在泛區承辦小型工業時都會與國際在華教會團體合作。例如，1947年，河南分署專門向聯總請撥50架縫紉機交由中華基督教青年會設班訓練。而安徽分署則請行總撥配137架縫紉機與泛區天主堂、福音堂合辦縫紉機培訓，專門收容無生計婦女，授以職業技能，共收容婦女3033人，製成衣服1206107套。〔註80〕國民政府有時會將物資交由有威望的外籍牧師輸送安徽分署運送共區物資兩次，1946年4月間第一次配撥安徽泛區麵粉5000袋，即交由泗縣牧師Peter Gerhares Stephen Zloop運送至共區施賑，計配發盱眙600袋，靈璧500袋，雙溝牛城龍集1600袋，泗先劉坊1500袋，五河共區800袋。〔註81〕

　　聯總還從其他外國本土救災組織中調遣人員，協助行總服務黃泛區工作。美國弟兄服務委員會（the Brethren Service Committee）便是其中之一，由於黃泛區的機械復墾項目已經輸送2000輛農業器械，缺少人手，聯總與弟兄服務委員會聯繫派遣50人前往黃泛區擔任農業機械使用示範員，幫助土地盡快復耕生產糧食，以緩解饑荒。事實上，這50人並非專業人士，在來中國前，由聯總和弟兄服務委員會合作安排在美國本土農業機械公司接受6周的培訓，這些機構包括芝加哥的國際機械公司（The International plant at Chicago）、密爾沃基的艾麗斯查默斯機械製造公司（the Allis-Chalmers plant at Milwaukee）以及底特律的福特森工廠（the Fordson plant in Detroit），集訓這50人掌握必需的機械技能，為向黃泛區中國人操作農業機械示範做準備。這些跨國服務者由弟兄服務委員會提供交通和日常生活費用，每人每月還可獲得10美元。〔註82〕同時，行總還與上海聖約翰大學合作，開設曳引機培訓及維修課程，〔註83〕邀

〔註79〕Church Committee on Overseas Relief and Reconstruction-China, United Nations Archives, Folder: S-1267-0000-0102-0001.

〔註80〕《黃泛區的損害與善後救濟》，殷夢霞、李強選編：《民國善後救濟史料彙編》第3冊，北京：國家圖書館出版社，2008年，第176～177頁。

〔註81〕《黃泛區的損害與善後救濟》，殷夢霞、李強選編：《民國善後救濟史料彙編》第3冊，北京：國家圖書館出版社，2008年，第209～210頁。

〔註82〕Brethren Service Committee Public Information File, United Nations Archives, Folder: S-1268-0000-0038-00001.

〔註83〕China office-reports 3 thus 8, United Nations Archives, Folder: S-1121-0000-0232-00001.

請加拿大導演格蘭特‧麥卡恩（Grant Mclean）製作《黃河工程》紀錄片及兩部河南泛區機械農業作工的新聞短片。〔註84〕

　　需要強調的是，友人救護隊（The Friend Ambulance Unite）是戰後在黃泛區活動較為積極的跨國救災組織。其 1941 年開始在華救災工作，這是一項由 100 名左右的英國、美國和中國人員共同努力的國際救災合作，也是美聯會的一個重要參與機構，主要在中國西部大後方和南部從事醫療救助，特別是緬甸至雲南一帶，包括為前線輸送奎寧藥品、為宋慶齡贊助的國際和平醫院、中國紅十字會等採購醫療物資等。1945 年，友人救護隊成立兩個醫療分隊，每個分隊通常由 8 名男性和 2 名女性組成，須保證至少 3 名人員是醫生。其中一個醫療分隊在河南黃泛區扶溝縣治療麻風病人，救治斑疹。〔註85〕

　　抗戰勝利後，友人救護隊共有 800 名成員，有 121 名仍選擇留在中國救護，其中 54 名來自英國，27 名來自美國，14 名來自加拿大，10 名來自新西蘭，10 名來自中國各地，由美聯會、美國之友服務委員會（American Friend Committee）和加拿大的中國戰爭救濟基金贊助，分發的醫療和救濟物資是美國紅十字會和美國陸軍以捐贈或剩餘庫存的形式提供。河南因為災情嚴重成為友人救護隊的工作領域，友人救滬隊甚至將總部由重慶遷往鄭州。活動區域以黃泛區為主，並延展到河南省衛輝縣和安陽地區。〔註86〕友人救護隊與行總的合作方式重點為醫療衛生。該組織向河南 15 家醫院提供援助，協助安裝和維修 X 光機、發電機、自動擋片、電線、救護車和卡車等設備，並開設一所醫療器械學校，從各醫院和合作社挑選了 15 名學生，培訓這些人能夠照看乃至製造簡易醫療設備。除此以外，行總在中牟縣提供牛奶、衣物等物資，友人救護隊幫助村莊重建，組織合作社，建立診所和學校。〔註87〕

　　外籍醫療人員的借派是友人救護隊與行總合作的方式之一，以友人救護隊派遣輔助行總工作的英國籍護士伊麗莎白‧修斯（Elizabeth Hughes）和美國籍護士瑪格麗特‧斯坦利（Margaret Stanley）為例，可窺探外籍人士在跨國救

〔註84〕China office-reports 3 thus 8, United Nations Archives, Folder: S-1121-0000-0234-00001.

〔註85〕Friends Ambulance Unit- Great Britain, United Nations Archives. Folder: S-1267-0000-0166-00001.

〔註86〕"FAU Closing Down Next March After 6 Years of Relief Work," *The China Weekly Review*, January. 11, 1947, p.167.

〔註87〕"FAU Closing Down Next March After 6 Years of Relief Work," *The China Weekly Review*, January. 11, 1947, p.167.

災合作中的處境和特徵，亦可說明跨國人道主義活動中外籍人士並非西方現代性科學救助知識的代理人，更是文化、性別等與國際救災事業相互碰撞的結果。

　　兩人被友誼救護隊選派到中國的考量有所不同。伊麗莎白・修斯突出顯現在獨特的海外護理經驗和婚姻背景。伊麗莎白・修斯出生於英國中產階級家庭，1944 年，她在英國伯明翰伊麗莎白女王學院完成學制四年的護理課程，主修外科。同年，她加入友人救護隊。她認為海外救援工作比醫院護理更冒險，嚮往分配到中國。但事與願違，其因性格測試，被聘任到環境稍好的地中海東部工作。最終，她憑藉與友人救護隊的工作同事，也是丈夫埃里克（Eric）的結婚證書得以來到中國，隨從埃里克服務中國。中國戰後的環境使得跨國救災組織在審議外籍女性的服役資格時要更為嚴謹，安全的考慮是重要因素，且要求必須為性格成熟、適應性強且有專業能力。倫敦友誼救護隊總部主要看重其是否能「勝任社區生活」，嚴格審查伊麗莎白・修斯的服役經驗和個人品質，最終批准了伊麗莎白・修斯服役中國的請求。而瑪格麗特・斯坦利畢業於美國凱斯西儲大學醫學專業，其得以來到中國服務，得益於正統的宗教信仰，其出生於美國貴格會（Quaker）宗教家庭，而友誼救護隊正是貴格會人員創立的國際組織。〔註 88〕

　　在黃泛區服役的兩名外籍人員的境遇觀感大體一致。1946 年 3 月 16 日，兩名護士抵達行總扶持的醫療救助機構——鄭州華美醫院，一方面，戰後黃泛區惡劣的公共衛生環境超出了兩名外籍人員原本「異國浪漫護理」的想像，中國戰後社會的困難給外籍護士的西方護理觀念帶來巨大衝擊，他們需要作出適應性的努力。由此，他們的工作更加複雜。第一，沉重的救護負擔需要他們保持工作上夜以繼日，隨叫隨到。第二，他們需要學習新的護理知識包括脊髓麻醉等，還有日常醫院行政和管理，甚至要求他們跟中國本土護士學習如何通過氣味甄別霍亂疾病，接受中國的語言訓練等。同時，兩名護士必須與中國員工建立個人和職業的聯繫，這對於跨國救災來到不熟悉環境顯得尤為重要，且與當地人的兼容性也是友誼救護隊較為看重的人員品質。另一方面，他們服務地點也常常變更。1946 年 5 月，兩名護士從鄭州調往衛輝縣加拿大教會醫院服務，1947 年 3 月，他們又來到中共轄區延安國際和平醫院繼續護理

〔註 88〕Sweet, Helen, and Sue Hawkins. (2015). *Colonial Caring: A History of Colonial and Post-Colonial Nursing*. Manchester: Manchester University Press, pp.208~227.

工作。〔註 89〕

在中共控制的國際和平醫院，兩名外籍護士再次被中國本土的護理知識所改變。西方的護理知識講究以衛生和效率觀念為基礎，強調嚴格的醫院日常工作以及對病人的觀察和記錄，西方科學的護理標準是其跨國服務的基本內容。一方面，延安窯洞的醫護生活挑戰了西方強調安全、稱職、合乎道德的護理理念。延安窯洞醫院簡陋的條件、藥物的極度缺乏、游擊戰的傷亡人員眾多的護理現實都給外籍護理人員帶來挑戰。同時，中共護理員工對政治運動的興趣超越醫療工作，延安所倡導的「自力更生」進取精神以及中共與美國關係的惡化使得其本土員工不輕易接受國外護士的授課，他們更希望中國的醫生授課，拒絕接受西方員工改進技術的建議，這也讓外籍護理人員倍加受挫。反過來，中共在農村的「赤腳醫生運動」也給跨國服務的護士帶來衝擊，這與西方強調「封閉的護理社區為中心」截然相反。〔註 90〕

〔註 89〕 Sweet, Helen, and Sue Hawkins. (2015). *Colonial Caring: A History of Colonial and Post-Colonial Nursing*. Manchester: Manchester University Press, pp.208~227.
〔註 90〕 Sweet, Helen, and Sue Hawkins. (2015). *Colonial Caring: A History of Colonial and Post-Colonial Nursing*. Manchester: Manchester University Press, pp.208~227.

結　論

　　本書認為國民政府在黃泛區災害產生、災害應對和災害治理的這一動態過程中扮演非常重要的主體作用，是國民政府面對日本的侵略和長期佔領以及戰爭結束政治格局的變動，採取一系列措施，攪動整個中外互動方式發生變化，且具有較強的功利性。

　　諸多學者從軍事史視角認為花園口事件有可取之處，但是從國民政府釀災和宣災來看，這種「以水代兵」策略本身十分惡劣。花園口決口為國民政府所為，不能為其辯護，即蔣介石「以空間換時間」的思想在戰爭中的運用。在蔣介石看來，為了整體的利益完全可以犧牲局部的利益，這局部的利益可大可小，一大片區域上百萬的中國民眾都可以犧牲，這完全肆意剝奪了豫、皖、蘇三省人民的生存權益，該做法與殘忍的日本侵略造成的損失相比併無本質區別。國民政府釀災後，把控國內媒體，利用中央通訊社的輿論壓制性，統一口徑以掩人耳目，不對災民的求助深度報導，操縱花園口災害成為展現日本侵華的展覽品，發揮災害的「有用性」，博取國際同情。國民政府災前不去預防，災中未保護人民，災後十餘天才緩慢落實急賑行動，這不過是國民政府擔心造災為人所知，喪失政權合法性，以達到穩固其政治，獲得外界認可的目的。在 1942 年至 1943 年黃泛區發生的特大旱災中，國民政府仍然加強媒體救災輿論的管控，即對內強調「犧牲」「苦難」與「民族主義」關係話語的國內宣傳與動員，對外以烘托中國正面形象、求得國際援助為目的掩災與宣傳，蔣介石要求地方官員對外注意言行、掩飾災荒、代埋屍體的連番手令操作莫不說明其對中國國際形象的重視與維護，這仍然需要批判。在災後重建階段，國民政府不顧中共所轄黃河故道從事耕種的 50 萬居民的生存利益，試圖配合國共

內戰進度，將黃河回歸故道，號稱遣返原泛區 500 萬民眾返籍，卻沒有及時給故道居民妥善的安置，這實質仍然是蔣介石「以空間換時間」思路在救災中的某種表徵。

在黃泛區的救災和重建過程中，國際合作是其突出的特徵。國民政府積極參與，將黃泛區的救災作為對外交涉的主題，呈現以下特點。

其一，國民政府努力追求在國際救災合作中的主導地位。在地區層面，戰爭的緊急情況使得國民政府與在華國際救災團體達成某種和諧的狀態，形成以聯繫上海等地國際救災團體跨區域外埠救濟、牽頭協助中外人士，在黃泛區成立臨時性國際救災團體、依靠仍然留守黃泛區的國際公教組織賑災等三種政府委託型救災合作模式。在全球層面，國民政府首先試圖向國聯尋求技術援助，太平洋戰爭爆發以後，國民政府又與美聯會展開民間救災外交活動。之後，國民政府又與聯總合作，制定詳細的黃泛區善後救濟計劃，並依靠美國政府援華項目，為黃泛區戰後復興和重建訓練人才。在與國際性組織的互動過程中，國民政府利用黃泛區的困難，對外展示災荒困境和政府救災的實力，獲得對外的政權合法性，取得國際上的關注、幫助和承認，以樹立良好的政府形象。國民政府從最初向國聯求助的不成熟到向國外展示自身救災的實力、抗戰的能力和追求國際承認，在與美聯會的國際合作中注重宣傳中美的相似性，在向聯總的救災申請中，抓住黃泛區獲得戰後人道援助的意義，也迎合了美國戰後對華外交戰略，成為國內本土國際救災組織的出資方以及美聯會和與聯總的實質合作者，更成為戰後黃泛區災害治理的實際主導者。

其二，由於國民政府的擾動，國際和國內各方力量在不同階段被迫捲入黃泛區救災合作中，呈現不同的形式。

在災害產生階段，英、美、日等國的捲入的主要是一場災害信息輿論戰。英、美、日都對花園口事件關注和討論，這亦反映了花園口事件的國際影響。中外關係和國家利益也決定英國、美國、日本等國發布和刊載花園口災害信息的重心和取捨，呈現不同的面向。就英國來說，其對花園口事件採取綏靖政策和謹慎報導態度，以所謂的「公正無私」呈現中日雙方災害真相指謫。英日關係的短暫回溫使得英國主流媒體較為關注日方的態度和措施。同時，其遠東利益也影響英國關於災害產生的後續報導。對於美方而言，花園口事件可以視為中國對外宣揚自身抵抗日本決心，反對日本武力改變和挑戰美國主導華盛頓體系秩序的一場造災應對，也是推動美國政府變更對華援助政策的一

環。因此，美國政府和媒體在報導花園口事件時，明顯傾向國民政府。一方面，美媒在花園口災害產生前已明確傳遞真相，肯定國民政府的釀災策略。另一方面，其著眼於花園口災害與美國利益的關係，為美國民間援華救災活動發起動員。同時，因民國以來美國形成的現代水利科學和工程技術的無上威力來減輕中國的苦難的信念也影響了以塔德為代表的美國工程師的認知及其與國民政府外交部的互動。日本外務省情報部較為注重收集各國關於花園口災害反響的新聞，兼與日本陸軍省新聞班和同盟通訊社等日方國際宣傳機構配合，同國民政府圍繞花園口事件展開輿論交鋒。日媒以宣揚日本持久戰爭的能力、揭露蔣介石製造災害與爭取國際援助的矛盾點、譴責國民政府對人民造成的災情損失、宣傳日方對中國災民的援助等內容駁斥國民政府。但是，日媒呈現的部分災害應對內容卻與事實真相差距甚遠。

在災害應對階段，圍繞政權合法性競爭，國、共、日三方政權在抗戰時期以「自身政權合法性競爭」為主題所採取的兩項重點救災措施，即應急型的築新堤與針對泛濫及其他衍生災難採取的救助措施。鑒於新黃河對日占區的重要性，日本陸軍參謀本部與滿鐵成立聯合研究會，擬定應對的方針和對策，日本興亞院動員和組織眾多技術專家參與新黃河研究。日偽配合汴新鐵路構築，著重修固黃泛東堤，屏障洪水。日偽亦強化救災宣傳，本質是為籠絡民心，滿足對淪陷區的治安維持。上述過程反映了日偽對黃泛區災害的利用與日本侵華政策的演變過程相輔相成，具有較強的欺騙性。

花園口事件後，國民政府以「防水阻敵」為旨，採取築堤措施，在黃泛區沿用傳統性的荒政思路，表徵於國防、賑救和宣傳，其實踐中亂象反覆上演，陷入統治危機。溯其根源，因其未能處理好軍需與賑務的矛盾，缺乏對災民的安撫、安置和關懷。而中共則將發展生產、改造生產視為戰時救災的基礎，實行新型社會動員機制下的救災舉措，抓住了豫皖蘇革命根據地的成長契機。

在災後重建階段，黃河工程是抗戰勝利以後，聯合國善後救濟總署實施的世界範圍內最大的河流入海工程項目，關係國民政府、中共、美國的利益。啟動階段，馬歇爾利用軍調部解決軍事衝突和交通安全、化解潞王墳事件、幕後協調工程談判，基本富有成效。推行階段，馬歇爾促成上海談判，國、共與聯總直接溝通，很少依靠美方斡旋。尾聲階段，中共與聯總鬥爭，動員復堤；國民政府外交部借助黃河工程與美交涉雙邊援助。上述過程展現了美國對華救災政策的演變，亦反映出戰後中美關係、美蘇關係變化對國共關係、中國

外交、美國對華援助的影響。在戰後黃河工程合作中，國民政府始終將政權利益、外交利益置於人民生計之上，而中共以人為本，獲得黃河安瀾，保護了人民的利益。

其三，國、共雙方戰時和戰後對待國際救災合作的態度，也可審視政權在中國社會重建中看待中西關係及解決民生的方式。行總作為國民政府對接國際救災物資的機構，利用國際各種跨國組織和個人的合作，在難民救濟、醫療衛生、產業復興等方面發揮了一定的作用，獲得國際的賑災實惠，這也是國民政府把控主權下的「國際合作」。但是，國民政府對國際社會的救災物資和技術過度依賴，致使戰後複雜環境下的救災收效甚微，失去民心。而中共則更強調人民力量，積極尋求西方外援的同時，以自力更生剋服救災困難，善於動員民眾力量，其創造出的群眾性生產自救的模式也為中華人民共和國成立以後的救災建設奠定了基礎。

參考文獻

一、史料類

（一）檔案

1. 臺北「國史館」館藏檔案
2. 臺北中研院近代史研究所檔案館館藏檔案
3. 國際聯盟檔案
4. 聯合國檔案館館藏檔案
5. 美聯社檔案
6. 美國中央情報局海外情報檔案
7. 日本亞洲歷史資料中心線上檔案
8. 英國 FO 對華檔案
9. 鄭州黃河水利委員會檔案館館藏檔案
10. 中國第二歷史檔案館館藏檔案

（二）報紙期刊

1. 《河南善救分署週報》
2. 《新河南日報》
3. 《行總週報》
4. 《申報》（漢口版）
5. 《申報》（香港版）
6. 《大公報》（漢口版）

7.《大公報》（上海版）

8.《大公報》（天津版）

9.《大公報》（重慶版）

10.《社會建設》（重慶版）

11.《民治》

12.《新聞報》

13.《大觀園週報》

14.《解放日報》

15.《消息》

16.《國際編譯》

17.《文匯週報》

18.《河南民國日報》

19.《工業合作月刊》

20.《新華日報》

21.《中國紅十字會月刊》

22.《西風》

23.《晶報》

24.《黃河堵口復堤工程局月刊》

25.《紐約時報》（New York Times）

26.《泰晤士報》（The Times）

27.《基督教科學箴言報》（The Christian Science Monitor）

28.《南華早報》（South China Morning Post）

29.《電訊晚快報》（Evening Telegraph）

30.《華盛頓郵報》（The Washington Post）

31.《美國援華救濟聯合會新聞》（News of United China Relief）

32.《北華捷報》（The North-China Herald and Supreme Court & Consular Gazette）

33.《戰時中國》（China At War）

34.《密勒氏評論報》（The China Weekly Review）

35.《大陸報》（The China Press）

36.《赫爾每日郵報》（Hull Daily Mail）

37.《格洛斯特郡回聲報》（Gloucestershire Echo）

38.《西部日報》（Western Daily Press）

39.《阿伯丁日報》（Aberdeen Journal）

40.《笨拙週刊》（Punch）

41.《丹地信使報》（Dundee Courier）

（三）文獻彙編

1. 安徽大學蘇聯問題研究所：《蘇聯〈真理報〉有關中國革命的文獻資料選編 1937 年 7 月～1949 年》，四川社會科學院出版社，1988 年。

2.《八一三救濟徵信錄》，世界紅卍字會中華東南各會聯合總辦事處，1939 年。

3. 陳禾章：《中國戰時經濟志》，世界書局，1947 年。

4. 丁文治：《聯總物資與戰後中國經濟》，行政院善後救濟總署，1948 年。

5. 狄超白編：《中國經濟年鑒：1947》中編，太平洋經濟研究社，1947 年。

6. 第二歷史檔案館主編：《中華民國史檔案資料彙編》第 5 輯第 2 編（外交），江蘇古籍出版社，1997 年。

7. 第二歷史檔案館主編：《中華民國史檔案資料彙編》第 5 輯第 3 編（政治），江蘇古籍出版社，1999 年。

8. 復旦大學歷史系日本史組編譯：《日本帝國主義對外侵略史料選編 1931～1945》，上海人民出版社，1985 年。

9. FRUS, Washington, D. C: Government Printing Office, 1956.

10. 馮文綱：《彭雪楓年譜》，河南人民出版社，2000 年。

11. 龔古今、惲修主編：《第一次世界大戰以來侵華文件選輯》，三聯書店，1956 年。

12. 韓啟桐、南鍾萬：《黃泛區的損害與善後救濟》，行政院善後救濟總署，1948 年。

13. 韓信夫、姜克夫主編：《中華民國史大事記》，中華書局，2011 年。

14. 軍事科學院：《劉伯承軍事文選》，軍事科學出版社，2012 年。

15. 李忠傑、段東升主編：《中共共產黨第二次全國代表大會檔案文獻選編》，中共黨史出版社，2014 年。

16. 任白濤：《國際通訊的機構及其作用》，商務印書館，1939 年。

17. 河南扶溝縣委員會文史資料室編：《扶溝縣文史資料》第 1 輯，中國人民政治協商會議河南省新鄉委員傳經文史資料研究委員，1989 年。

18. 河南省地方史志編纂委員會：《豫皖蘇邊文獻資料選編》，河南人民出版社，1985 年。

19. 馬歇爾：《馬歇爾使華──美國特使馬歇爾出使中國報告書》，中國社會科學院近代史研究所翻譯室譯，中華書局，1981 年。

20. 肯尼斯·雷、約翰·布魯爾編：《被遺忘的大使──司徒雷登駐華報告 1946～1949》，尤存、牛軍譯，江蘇人民出版社，1990 年。

21. 《行政院善後救濟總署業務總報告》，行政院善後救濟總署，1948 年。

22. 日本防衛廳戰史室編，天津市政協編譯委員會譯：《日本軍國主義侵華資料長編──大本營陸軍部摘譯》，四川人民出版社，1987 年。

23. 日本防衛廳防衛研究所戰史室著，田琪之譯：《中國事變陸軍作戰史》第 2 卷第 1 分冊，中華書局，1979 年。

24. 秦孝儀主編：《革命文獻：抗戰前國家建設史料水利建設二第 82 輯》，中央文物供應社，1980 年。

25. 秦孝儀主編：《中華民國重要史料初編──對日抗戰時期第七編，戰後中國》，中央文物供應社，1981 年。

26. 全國政協文史資料委員會編：《文史資料存稿選編 6 抗日戰爭上》，中國文史出版社，2002 年。

27. 榮夢源主編：《中國國民黨歷次代表大會及中央全會資料》，光明日報出版社，1987 年。

28. 《蘇北慘災簡報》，世界紅卍字會江北辦事處，1938 年。

29. United Nations Relief and Rehabilitation Administration, UNRRA in China, 1945~1947, Washington, D. C. 1948.

30. 萬仁元、方慶秋主編：《中華民國史史料長編》，南京大學出版社，1993 年。

31. 王傳忠、丁龍嘉主編：《黃河歸故鬥爭資料選》，山東大學出版社，1987 年。

32. 葉健青編：《蔣中正總統檔案：事略稿本》，臺北「國史館」，2012 年。

33. 殷夢霞、李強選編：《民國善後救濟史料彙編》，國家圖書館出版社，2008 年。

34. 豫皖蘇魯邊區黨史辦公室，安徽檔案館編：《淮北抗日根據地史料選輯》第 2 輯第 1 冊，滁州報社，1985 年。

35. 黃河水利委員會編:《民國黃河大事記》,黃河水利出版社,2004 年。

36. 《中美關係資料彙編》第 1 輯,世界知識出版社,1957 年。

37. 中共中央檔案館編:《中共中央文件選集》,中共中央黨校出版社,1991 年。

38. 中華民國外交問題研究會編:《盧溝橋事變前後的中日外交關係》,中國國民黨中央委員會黨史委員會,1966 年。

39. 中國人民政治協商會議全國委員會文史資料研究委員會編:《文史資料選輯》第 54 輯,中國文史出版社,1962 年。

40. 中共河南省黨史研究室編:《中共河南黨史大事記上》,河南人民出版社,2000 年。

41. 中央統戰部、中央檔案編:《中共中央解放戰爭時期統一戰線檔選編》,檔案出版社,1988 年。

42. 中央檔案館,中國第二歷史檔案館,吉林省社會科學院編:《日本帝國主義侵華檔案資料選編──華北經濟掠奪》,中華書局,2004 年。

43. 中共代表團駐滬辦事處紀念館編:《中共解放區救濟總會在上海》,學林出版社,1996 年。

44. 中共中央文獻研究室、中央檔案館編:《建黨以來重要文獻選編 1921～1949》,中央文獻出版社,2011 年。

45. 中國人民政治協商會議河南省開封市委員會文史資料研究委員會:《河南文史資料》第 47 輯,1993 年。

46. 中國人民政治協商會議山東省委員會,文史資料研究委員會編:《山東文史資料選輯》第 23 輯,山東人民出版社,1987 年。

47. 中國人民政治協商會議河南省開封市委員會文史資料研究委員會:《開封文史資料》第 5 輯,1987 年。

48. 中國人民政治協商會議河南省開封市委員會文史資料研究委員會:《開封文史資料》第 4 輯,1986 年。

49. 中國人民政治協商會議河南省鄭州市委員會文史資料研究委員會:《鄭州文史資料》第 6 輯,1989 年。

50. 中國人民政治協商會議河南省開封市委員會文史資料研究委員會:《河南文史資料》第 13 輯,1986 年。

51. 中國人民政治協商會議周口市委員會文史資料委員會:《周口文史資料》第 9 輯,1992 年。

52. 中共中央文獻研究室，中共南京市委員會編：《周恩來 1946 年談判文選》，中央文獻出版社，1996 年。

53. 中國人民政治協商會議河南省鄭州市委員會文史資料研究委員會：《鄭州文史資料》第 2 輯，1986 年。

54. 中國人民解放軍歷史資料叢書編審委員會：《新四軍‧文獻》（1），解放軍出版社，1988 年。

55. 中共阜陽地委黨史工作委員會等編：《皖北烽火》，中央文獻出版社，1995 年。

56. 中共河南省委黨史工作委員會編：《抗戰時期的河南省委 2》，河南人民出版社，1988 年。

57. 中共永城縣委黨史資料徵編辦公室編：《中共永城縣黨史資料選編》第 2 冊，中共永城縣委黨史資料徵編辦公室，1988 年。

58. 中國人民解放軍歷史資料叢書編審委員會編：《八路軍‧文獻》，解放軍出版社，1994 年。

59. 中共河南省委黨史研究室：《中國共產黨河南歷史 1921～1949》第 1 卷，中共黨史出版社，2021 年。

60. 中共河南省委黨史資料徵集編纂委員會：《豫皖蘇抗日根據地》（1），河南人民出版社，1985 年。

61. 中共河南省委黨史資料徵集編纂委員會：《豫皖蘇抗日根據地》（2），河南人民出版社，1986 年。

（四）文集、年譜、回憶錄、日記

1. 白修德：《白修德筆下的中國抗日戰爭》，馬清槐、方生譯，三聯書店，1987 年。

2. 白修德、賈安娜：《中國的驚雷》，端納譯，新華出版社，1988 年。

3. 《董必武選集》編輯組：《董必武選集》，人民出版社，1985 年。

4. 格蘭姆‧貝克：《一個美國人看舊中國》，朱啟明、趙叔翼譯，三聯書店，1987 年。

5. 顧維鈞：《顧維鈞回憶錄》，中國社會科學院近代史研究所譯，中華書局，1993 年。

6. 李培棠：《戰鬥在豫皖蘇邊區：李培棠回憶錄》，香港天馬圖書有限公司，2006 年。

7. 《蔣介石日記》，美國斯坦福大學胡佛檔案館藏。

8. 邢漢三：《日偽統治河南見聞錄》，河南大學出版社，1986 年。

9. 中共中央文獻研究室編：《周恩來年譜 1898～1949》，中央文獻出版社，1989 年。

（五）地方志

1. 通許縣地方志編纂委員會編：《通許縣志》，中州古籍出版社，1995 年。

2. 鄢陵縣地方志編纂委員會編：《鄢陵縣志》，南開大學出版社，1989 年。

3. 杞縣地方史志編纂委員會編：《杞縣志》，中州古籍出版社，1998 年。

4. 尉氏縣志編纂委員會：《尉氏縣志》，中州古籍出版社，1993 年。

5. 開封縣志編纂委員會：《開封縣志》，中州古籍出版社，1992 年。

6. 漣水縣地方志編纂委員會：《漣水縣志》，江蘇古籍出版社，1997 年。

7. 柘城縣志編纂委員會：《柘城縣志》，中州古籍出版社，1991 年。

8. 鳳陽縣地方志編纂委員會編：《鳳陽縣志》，方志出版社，1999 年。

9. 睢寧縣地方志編纂委員會編：《睢寧縣志》，中國社會科學出版社，1994 年。

10. 宿遷市地方志編纂委員會編：《宿遷市志》，江蘇人民出版社，1996 年。

11. 鹽城市郊區地方志編纂委員會：《鹽城縣志》江蘇人民出版社，1993 年。

12. 西華縣史志編纂委員會：《西華縣志》，中州古籍出版社，1993 年。

13. 鹿邑縣地方志編纂委員會：《鹿邑縣志》，中州古籍出版社，1992 年。

14. 江蘇省沛縣地方志編纂委員會：《沛縣志》，中華書局，1995 年。

15. 泗陽縣志編纂委員會編：《泗陽縣志》，江蘇人民出版社，1995 年。

二、研究論著類

（一）著作

1. 卞杏英、楊元華等著：《上海抗戰與國際援助》，上海人民出版社，2001 年。

2. 蔡勤禹：《民間組織與災荒救治──民國華洋義賑會研究》，商務印書館，2005 年。

3. 陳之邁：《蔣廷黻的志事與平生》，傳記文學出版社，1967 年。

4. 鄧拓：《中國救荒史》，武漢大學出版社，2012 年。

5. 馮伊湄著，司徒喬繪：《劫後行──一九四六年五省災情紀實》，文物出版社，2016 年。

6. 馮伊湄：《未完成的畫》，人民文學出版社，1978 年。

7. 郭曉東：《重塑價值之維——西方政治合法性理論研究》，華東師範大學出版社，2007 年。

8. 黃文德：《非政府組織與國際合作在中國——華洋義賑會之研究》，秀威信息科技股份有限公司，2006 年。

9. 李文海等：《中國近代十大災荒》，上海人民出版社，1994 年。

10. 穆盛博：《洪水與饑荒——1938 至 1950 年的河南黃泛區的戰爭與生態》，亢民帥、林炫羽譯，九州出版社，2021 年。

11. 孔華潤：《美國對中國的反應》，復旦大學出版社，1989 年。

12. 福爾曼：《中國解放區見聞（1898～1978）》，朱進譯，上海科學技術文獻出版社，2015 年。

13. 埃謝里克：《在中國失掉的機會美國前駐華外交官約翰·S·謝偉思第二次世界大戰時期的報告》，羅清、趙仲強譯，國際文化出版公司，1989 年。

14. 任東來：《爭吵不休的夥伴——美援與中美抗日同盟》，廣西師範大學出版社，1995 年。

15. 羅伯特·傑克曼：《不需暴力的權力——民族國家的政治能力》，歐陽景根譯，天津人民出版社，2005 年。

16. 陶涵：《蔣介石與現代中國》，中信出版社，2012 年。

17. 周錫瑞、李皓天主編：《1943 中國在十字路口》，陳驍譯，社會科學文獻出版社，2016 年。

18. 齊武：《一個革命根據地的成長——抗日戰爭和解放戰爭時期的晉冀魯豫邊區概況》，北京人民出版社，1957 年。

19. 石島紀之：《抗日戰爭時期的中國民眾：飢餓、社會改革和民族主義》，中國社會科學出版社，2016 年。

20. 日本防衛廳防衛研究所戰史室：《中國事變陸軍作戰史》，中華書局，1919 年。

21. 宋致新：《1942：河南大饑荒》，湖北人民出版社，2005 年。

22. 沈慶林：《中國抗戰時期的國際援助》，上海人民出版社，2000 年。

23. 陶文釗、王建朗、楊奎松：《抗日戰爭時期中國對外關係》，中共黨史出版社，1995 年。

24. 王德春：《聯合國善後救濟總署與中國（1945～1947）》，人民出版社，2004 年。

25. 閻明：《中國社會學史：一門學科與一個時代》，清華大學出版社，2010 年。

26. 夏明方：《民國時期自然災害與鄉村社會》，中華書局，2000 年。

27. 楊雨青：《美援為何無效？戰時中國經濟危機與中美應對之策》，人民出版社，2011 年。

28. 楊天石：《找尋真實的蔣介石──蔣介石日記解讀 2》，華文出版社，2010 年。

29. 楊天石、侯中軍主編：《戰時國際關係》，社會科學文獻出版社，2011 年。

30. 朱滸：《地方性流動及其超越──晚清義賑與近代中國的新陳代謝》，中國人民大學出版社，2006 年。

31. 朱滸：《民胞物與：中國近代義賑（1876～1912）》，人民出版社，2012 年。

32. 朱正業：《近代中原地區水患與荒政研究》，科學出版社，2020 年。

33. 資中筠：《散財之道　美國現代公益基金會述評》，上海人民出版社，2003 年。

34. 中國福利會：《保衛中國同盟年報 1943》，中國中福會出版社，2015 年。

35. 中國社會科學院近代史研究所民國史研究室：《民國政治史研究》，中國社會科學出版社，2018 年。

36. 章開沅、馬敏主編：《基督教與中國文化叢刊》第 3 輯，湖北教育出版社，2000 年。

（二）期刊論文

1. 鮑夢隱：《抗戰勝利後國民政府黃河堵口中的工賑》，《民國檔案》，2011 年第 3 期。

2. 鮑夢隱：《抗戰勝利後黃河堵口工程中的現代化因素》，《史學月刊》，2012 年第 1 期。

3. 蔡勤禹、姜志浩：《民國時期慈善組織的聯合與互動》，《安徽史學》，2020 年第 6 期。

4. 曹書林：《日偽對河南淪陷區宗教的控制》，《日本侵華南京大屠殺研究》，2020 年第 1 期。

5. 曾磊磊：《動員與效能：1946～1947 年中共黃河復堤運動》，《青海社會科學》，2016 年第 6 期。

6. 曾磊磊：《抗戰時期日偽對黃河決堤的政治因應和軍事利用》，《軍事歷史研究》，2021 年第 2 期。

7. 曾磊磊：《試論 1938～1947 年黃泛區災民的生產活動》，《蘭州學刊》，
   2018 年第 12 期。

8. 陳傳海、楊自然：《1942 和 1943 年的河南嚴重災荒》，《鄭州大學學報》，
   1991 年第 1 期。

9. 陳傳海、丁福利：《花園口掘堤事件再評價》，《商丘師專學報》，1987 年
   第 4 期。

10. 程朝雲：《抗戰初期的難民內遷》，《抗日戰爭研究》，2000 年第 2 期。

11. 崔家田：《全面抗戰時期中原地區紅十字組織的社會救助——以會刊為中
    心》，《理論月刊》，2016 年第 1 期。

12. 馮兵、段文健：《中國共產黨抗災救災百年學術史回顧與思考》，《蘭州學
    刊》，2021 年第 2 期。

13. 馮文綱、王宗虞：《堅定的革命立場，靈活的鬥爭藝術——周恩來同志領導
    的反對黃河「堵口復故」陰謀的鬥爭》，《中州學刊》，1981 年第 2 期。

14. 付燕鴻：《1940 年代「中原大災荒」中的民變研究》，《福建論壇（人文社
    會科學版）》，2016 年第 4 期。

15. 高冬梅：《抗日根據地救災工作述論》，《抗日戰爭研究》，2002 年第 3 期。

16. 高冬梅：《陝甘寧邊區難民救濟問題初探》，《河北師範大學學報》，2002
    年第 2 期。

17. 龔喜林：《論抗戰勝利後收復區的救濟與善後》，《求索》，2009 年第 7 期。

18. 郭常英、賈萌萌：《1942～1943 年河南特大災荒時期的賑災義演》，《中州
    學刊》，2021 年第 7 期。

19. 郭寧：《在河南與蘇北之間：中共豫皖蘇根據地的建立與變遷（1938～
    1941）》，《中共黨史研究》，2022 年第 3 期。

20. 郝平：《從歷史中的災荒到災荒中的歷史——從社會史角度推進災荒史研
    究》，《山西大學學報（哲學社會科學版)》，2010 年第 1 期。

21. 胡中升：《試論國民政府黃委會在抗戰時期的「以黃制敵」》，《民國研究》，
    2015 年第 2 期。

22. 黃孝燮、汪安球：《黃泛區土壤地理》，《地理學報》，1954 年第 3 期。

23. 汪志國：《抗戰時期花園口決堤對皖北黃泛區生態環境的影響》，《安徽史
    學》，2013 年第 3 期。

24. 賈豔敏、朱進：《國內學者「大饑荒」問題研究述評》，《江蘇大學學報（社

會科學版)》，2015 年第 2 期。

25. 江沛、遲曉靜：《國內抗戰時期社會史研究的回顧與展望》，《抗日戰爭研究》，2008 年第 2 期。

26. 江沛：《「哀鳴四野痛災黎」：1942～1943 年河南旱災述論》，《河南大學學報（社會科學版）》，2014 年第 3 期。

27. 蔣曉濤：《解放戰爭初期關於黃河堵口復堤的鬥爭情況》，《歷史教學》，1986 年第 6 期

28. 井園園：《國家政策與社會衰變：20 世紀二三十年代豫北農村危機的形成》，《中國農史》，2021 年第 2 期。

29. 孔祥成、劉芳：《從 1942 年河南賑災看抗戰時期中央與地方政府關係博弈》，《中國社會經濟史研究》，2017 年第 3 期。

30. 孔祥成、劉芳：《災荒視角下的國民政府合法性危機及其應對》，《黨史研究與教學》，2014 年第 6 期。

31. 李里峰：《中國革命中的鄉村動員：一項政治史的考察》，《江蘇社會科學》，2015 年第 3 期

32. 李雷波：《黃泛區與游擊戰：豫東新四軍的區域發展困境與因應策略》，《中共黨史研究》，2023 年第 4 期。

33. 李春霞：《花園口掘堤事件與南京國民政府黃泛區方略再認識》，《鄭州大學學報》，2016 年第 1 期。

34. 李風華：《民國時期河南災荒的義賑救濟探析》，《中州學刊》，2013 年第 1 期。

35. 李風華：《民國時期河南災民考察》，《中州學刊》，2012 年第 3 期。

36. 李華文：《瘋癲與文明：抗戰時期的災民心態探析──以 1942～1943 年河南大災荒為中心的考察》，《河南科技大學學報（社會科學版）》，2016 年第 4 期。

37. 李豔紅：《1941～1947 年豫東黃泛區的蝗災》，《防災科技學院學報》，2007 年第 1 期。

38. 李卓鈞、李國平：《1942 年河南大災中的〈大公報〉》，《新聞與傳播評論》，2007 年第 1 輯。

39. 林觀海：《1938 年黃河決口的真相》，《鄭州大學學報（哲學社會科學版）》，1998 年第 3 期。

40. 林屹：《花園口決堤事件》，《歷史教學》，1993 年第 8 期。

41. 陸發春、軒豔青：《新四軍在黃淮平原對「抗日溝」的運用與發展》，《福建論壇》，2022 年第 10 期。

42. 劉剛：《1942 年河南大災荒再認識》，《農業考古》，2015 年第 6 期。

43. 劉森：《20 世紀 40 年代河南災荒國民政府賑濟不力原因分析》，《湖北社會科學》，2014 年第 7 期。

44. 梁馨蕾：《從淪陷區、統戰區到機動區：中共皖東北抗日根據地的初創》，《中共黨史研究》，202 年第 6 期。

45. 盧徐明、石濤：《戰爭與饑荒交織下的鄰省糧食調劑——以 1942～1943 年河南災荒中陝西對豫為中心》，《歷史教學（下半月刊）》，2017 年第 9 期。

46. 羅來興：《1938～1947 年間的黃河南泛》，《地理學報》，1953 年第 2 期。

47. 馬維強、鄧宏琴：《回顧與展望：社會史視野下的中國蝗災史研究》，《中國歷史地理論叢》，2008 年第 1 期。

48. 馬克鋒：《抗戰時期中國的「四強」地位及其影響》，《河北學刊》，2014 年第 1 期。

49. 馬仲廉：《花園口決堤的軍事意義》，《抗日戰爭研究》，1999 年第 4 期。

50. 滿永：《從觀念走向生活：生產救災中的革命地方化——以 1940 年代末的皖西北地區為中心》，《黨史研究與教學》，2011 年第 2 期。

51. 莫子剛：《略論 1927～1937 年國民政府的救災政策》，《四川師範大學學報（社會科學版）》，2000 年第 1 期。

52. 渠長根、賀豔秋：《論共產黨領導下的黃泛區抗戰——以豫東地區為中心》，《中州學刊》，2005 年第 5 期。

53. 渠長根：《1938 年花園口決堤的決策過程述評》，《江海學刊》，2005 年第 3 期。

54. 渠長根：《近代黃泛之源——1938 年花園口決堤原因探索》，《華北水利水電學院學報》，2003 年第 1 期。

55. 渠長根：《炸堤還是掘堤——1938 年花園口決堤史實考》，《歷史教學問題》，2003 年第 3 期。

56. 渠長根：《炸堤還是掘堤——1938 年花園口決堤史實考》，《歷史教學問題》，2003 年第 3 期。

57. 渠長根：《築堤阻敵，以黃制敵──論 1938～1945 年間國民黨在黃泛區的抗戰策略》，《軍事歷史研究》，2004 年第 3 期。

58. 渠長根：《阻敵自衛，功過任評說──1938 年花園口事件研究概覽》，《軍事歷史研究》，2003 年第 2 期。

59. 史行洋：《1938 年黃河南岸大堤決口新探》，《中國歷史地理論叢》，2021 年第 2 期。

60. 蘇全有、李風華：《民國時期河南災荒史研究述評》，《南華大學學報（社會科學版）》，2005 年第 1 期。

61. 蘇全有、王宏英：《民初我國救災的資金問題述評》，《防災科技學院學報》，2012 年第 1 期。

62. 蘇新留：《抗戰時期的新聞出版物與河南大災荒》，《中國出版》，2011 年第 15 期。

63. 蘇新留：《抗戰時期黃河花園口決堤對河南鄉村生態環境影響研究》，《中州學刊》，2012 年第 4 期。

64. 孫豔魁：《抗戰時期難民人口傷亡芻議》，《民國檔案》，2012 年第 3 期。

65. 孫豔魁：《試論抗戰時期國民政府的難民救濟工作》，《抗日戰爭研究》，1993 年第 1 期。

66. 孫語聖：《近代中原災荒與荒政史研究的新開拓──〈近代中原地區水患與荒政研究〉評介》，《近代史學刊》，2021 年第 2 期。

67. 田照林：《正面戰場作戰史料的選用──兼論花園口決堤對抗日戰爭的影響》，《軍事歷史研究》，1998 年第 1 期。

68. 王春龍：《略論抗戰勝利後「行總」遣送難民的活動》，《歷史教學（下半月刊）》，2012 年第 9 期。

69. 王德春：《聯總援助與我國鐵路交通善後》，《史學月刊》，2003 年第 3 期。

70. 王瑞芳、范刻心：《蓄水還是排水：新中國治水思想的新突破──以淮河治理為例》，《安徽史學》，2020 年第 3 期。

71. 王鑫宏：《全面抗戰時期中國共產黨的輿論救災動員──以〈新華日報（重慶版）〉對 1942～1943 年河南災荒的宣傳為中心》，《農業考古》，2021 年第 3 期。

72. 王延榮：《黃河歸故──一場驚心動魄的鬥爭》，《北京黨史研究》，1998 年第 5 期。

73. 王延榮：《試析中共在黃河歸故鬥爭中的策略》，《華北水利水電學院學報》，1994 年第 1 期。

74. 王正華：《清至民國河南歸德府蝗災與蝗神信仰變遷》，《學術界》，2019 年第 1 期。

75. 文姚麗：《中國共產黨在民主革命時期的救災政策及其實踐》，《華中師範大學學報（人文社會科學版）》，2012 年第 2 期。

76. 沃德·沃姆丹姆，謝超：《中國外援的自由國際主義性質》，《國際政治科學》，2013 年第 2 期。

77. 武豔敏：《近代化的視窗：國民政府時期（1927～1937）救災信息傳遞之考察》，《山東師範大學學報（人文社會科學版）》，2010 年第 1 期。

78. 武豔敏：《抗戰前十年國民政府救災資金分配問題研究——以河南為中心》，《史學月刊》，2013 年第 7 期。

79. 武豔敏：《南京國民政府前期（1927～1937 年）救災人員素質之考察》，《河北師範大學學報（哲學社會科學版）》，2013 年第 6 期。

80. 武豔敏：《五十年來民國救災史研究的回顧與展望》，《鄭州大學學報（哲學社會科學版）》，2007 年第 3 期。

81. 武豔敏：《現狀與實效：國民政府時期救災監督方式與效果研究——限於 1927～1937 年的考察》，《山東師範大學學報（人文社會科學版）》，2011 年第 3 期。

82. 郗萬富：《戰後河南國際善後衛生救濟中的利益博弈》，《中州學刊》，2018 年第 9 期。

83. 奚慶慶：《抗戰時期黃河南泛與豫東黃泛區生態環境的變遷》，《河南大學學報》，2011 年第 2 期。

84. 席承藩：《黃泛區衝擊土的層次排列與土壤生產力的關係》，《中國土壤學會會志》，1950 年第 2 期。

85. 夏明方：《1942～1943 年的中原大饑荒》，《縱橫》，1998 年第 5 期。

86. 夏明方：《抗戰時期中國的災荒與人口遷移》，《抗日戰爭研究》，2000 年第 2 期。

87. 夏明方：《繼往開來：新時代中國災害敘事的範式轉換芻議》，《史學集刊》，2021 年第 2 期。

88. 謝曉鵬：《抗戰時期河南淪陷區研究的回顧與展望》，《河南大學學報（社

會科學版）》，2016 年第 4 期。

89. 徐有禮、朱蘭蘭：《略論花園口決堤與泛區生態環境的惡化》，《抗日戰爭研究》，2005 年第 2 期。

90. 楊雨青：《再議馬歇爾調處與國共東北停戰》，《中共黨史研究》，2018 年第 10 期。

91. 楊雨青：《美國戰時生產顧問團在中國》，《史學月刊》，2012 年第 8 期。

92. 楊雨青：《宋子文與中國國防供應公司》，《抗日戰爭研究》，2006 年第 4 期。

93. 安特利亞·揚庫：《國際人道主義在中國：從 20 世紀初的災賑談起》，《史學月刊》，2014 年第 4 期。

94. 蘇新留：《報刊與 1942 年河南大旱荒》，《史學月刊》，2009 年第 10 期。

95. 岳謙厚、楊曦：《傳教士安定遠與抗戰後晉東南解放區善後救濟》，《河北學刊》，2018 年第 3 期。

96. 朱滸：《中國災害史研究的歷程、取向及走向》，《北京大學學報（哲學社會科學版）》，2018 年第 6 期。

97. 朱滸：《「範式危機」凸顯的認識誤區——對柯文式「中國中心觀」的實踐性反思》，《社會科學研究》，2011 年第 4 期。

98. 朱滸、楊念群：《現代國家理念與地方性實踐交互影響下的醫療行為——中國紅十字會起源的雙重歷史淵源》，《浙江社會科學》，2004 年第 5 期。

99. 張殿興：《黃河花園口掘堤事件》，《歷史教學》，1996 年第 4 期。

100. 張根福：《戰禍、自然災害與難民遷移——抗戰時期安徽省個案研究》，《民國檔案》，2004 年第 4 期。

101. 張堂會：《作為方法的「災害文學」——百年來中國災害文學的內涵、表徵與特質》，《江海學刊》，2021 年第 2 期。

102. 張同樂：《抗戰時期晉冀魯豫邊區蝗災救治述論》，《晉陽學刊》，2016 年第 2 期。

103. 張威、文飛：《媒體的尷尬——花園口決堤虛假報導 68 週年回眸》，《國際新聞界》，2006 年第 6 期。

104. 張留學、郭德欣：《豫皖蘇抗日根據地的創建發展及其歷史經驗》，《鄭州大學學報》（哲學社會科學版），1991 年第 3 期。

105. 張喜順、方清雲：《散雜居區災害文化研究——基於民國以來河南災民的

群體記憶》，《貴州民族研究》，2020 年第 5 期。

106. 張喜順：《比較中審視：豫皖蘇黃泛區問題研究現狀與展望》，《防災科技學院學報》，2009 年第 11 期。

107. 張志永：《抗戰勝利後國民黨收復區善後救濟工作述評》，《歷史教學問題》，2002 年第 3 期。

108. 趙朝峰：《抗日民主根據地的災荒救治工作述論》，《湘潭大學學報（哲學社會科學版）》，2010 年第 1 期。

109. 趙剛印：《1945 年～1947 年行政院善後救濟總署述》，《黨史研究與教學》，1999 年第 3 期。

110. 趙慶寺：《試論國共內戰背景下的解放區戰後善後救濟》，《史學月刊》，2013 年第 5 期。

111. 趙慶寺：《外援與重建：中國戰後善後救濟簡評》，《史林》，2006 年第 5 期。

112. 周惠：《災荒圖與地域志：河南現當代作家的災害書寫》，《新文學評論》，2020 年第 9 期。

113. 周楠：《20 世紀 40 年代豫東黃泛區蝗災述論》，《中州學刊》，2009 年第 2 期。

114. 周秋光、王猛：《近代中國慈善組織：轉型背景下的運作機制及其內外關係與作用》，《求索》，2014 年第 1 期。

115. 朱葉、劉星：《1942 年「豫災」報導中的中國共產黨救災宣傳動員研究——以《解放日報》《新華日報》為中心的考察》，《新聞春秋》，2021 年第 4 期。

116. 朱正業：《近代中原地區水患與荒政研究》，北京：科學出版社，2020 年。

（三）學位論文

1. 黃敏：《我國災害救助中政府與非政府組織協作機制研究》，北京交通大學 2011 年碩士學位論文。

2. 侯歡歡：《華北地區抗日根據地水利建設研究》，鄭州大學 2016 年碩士學位論文。

3. 胡中升：《國民政府黃河水利委員會研究》，南京大學 2014 年博士學位論文。

4. 管慧雯：《民國時期河南地區自然災害與社會應對研究》，安徽師範大學

2010 年碩士學位論文。

5. 李濤:《抗戰時期豫籍難民遷陝研究》,西北大學 2015 年碩士學位論文。

6. 李冰:《「中原大饑荒」與鄉村社會》,安徽師範大學 2011 年碩士學位論文。

7. 李思祥:《河南善後救濟分署研究(1946～1947)》,河南大學 2007 年碩士學位論文。

8. 梁桂軍:《歷史記憶與視覺政治:中國抗日戰爭紀實影像研究》,蘇州大學 2017 年博士學位論文。

9. 梁坤蓮:《戰時中華慈幼協會研究(1937～1945)》,湖南師範大學 2020 年博士學位論文。

10. 劉冬:《北洋政府時期(1912～1927)荒政研究》,南京農業大學 2006 年碩士學位論文。

11. 路強:《睢杞太抗日根據地的災荒與救濟》,中共中央黨校 2015 年碩士學位論文。

12. 馬苗苗:《1941～1943 年河南難民入陝問題研究》,西北大學 2015 年碩士學位論文。

13. 歐賀然:《近代中國的國際紅十字記憶》,蘇州大學 2017 年碩士學位論文。

14. 潘燕紅:《抗戰勝利後南京國民政府難民善後救濟問題研究》,東北師範大學 2009 年碩士學位論文。

15. 石松:《20 世紀美國康奈爾大學對外農業援助發展歷程研究》,南京農業大學 2017 年博士學位論文。

16. 田中初:《當代中國災難新聞研究》,復旦大學 2005 年博士學位論文。

17. 孫曉潔:《抗戰時期河南災荒和救濟研究》,西北師範大學 2014 年碩士學位論文。

18. 滕朋:《從組織傳播到大眾傳播》,華中科技大學 2007 年博士學位論文。

19. 渠長根:《功罪千秋──花園口事件研究》,華東師範大學 2003 年博士學位論文。

20. 蔣勇軍:《國民政府時期的工賑研究(1927～1949)》,湖南師範大學 2015 年博士學位論文。

21. 冀豔芬:《南京國民政府前期河南慈善機構研究(1927～1937)》,河南大

學 2009 年碩士學位論文。

22. 王春龍：《蔣廷黻與善後救濟》，復旦大學 2010 年博士學位論文。

23. 王冰：《1942～1943 年河南大災荒的歷史記憶研究》，廣西師範大學 2012 年博士學位論文。

24. 王超：《論抗戰時期國民政府社會部的社會救濟》，華中師範大學 2011 年碩士學位論文。

25. 王淼：《華北淪陷區基督教會研究》，華中師範大學 2013 年博士學位論文。

26. 王小靜：《1942～1943 年河南災荒研究》，山東師範大學 2006 年碩士學位論文。

27. 王興飛：《政治還是民生？——偽政權黃河堵口研究（1938～1945）》，南京大學 2012 年碩士學位論文。

28. 夏林陽：《河南省振濟會研究（1938～1945）》，鄭州大學 2019 年碩士學位論文。

29. 徐尚平：《衝突與呼應：美國理想主義與中國民族主義》，武漢大學 2014 年博士學位論文。

30. 陳鋼：《晉冀魯豫抗日根據地抗災救災工作述論》，河北師範大學 2007 年碩士學位論文。

31. 陳朝暉：《我國傳媒災難性報導的話語控制研究》，武漢大學 2014 年博士學位論文。

32. 馮佳：《1942～1943 年中原大災荒與中國共產黨的應對》，中共中央黨校 2019 年博士學位論文。

33. 王志浩：《中共冀魯豫邊區救災事業研究》，山東師範大學 2010 年碩士學位論文。

34. 肖銘：《論 1938～1945 年豫東黃泛區的社會救助》，鄭州大學 2004 年碩士學位論文。

35. 肖倩倩：《豫東黃泛區災荒救助研究（1938～1947）》，鄭州大學 2019 年碩士學位論文。

36. 苑書聳：《華北抗日根據地的災荒與救濟研究》，山東師範大學 2006 年碩士學位論文。

37. 張鬱慧：《中國對外援助研究》，中共中央黨校 2006 年博士學位論文。

38. 趙燕：《抗戰時期河南的難民問題與難民救濟》，華中師範大學 2007 年碩士學位論文。

39. 趙婕：《中國國際救濟委員會研究（1937～1951）》，蘇州大學 2018 年博士學位論文。

40. 朱琳琳：《華北抗日根據地的救災運動》，鄭州大學 2006 年碩士學位論文。

（四）外文成果

1. A. F. M. Shamsur Rahman, *United States economic and military assistance policy toward China during World War II and its immediate aftermath*, University of Kansas, 1986.

2. Cohen, Warren I, *America's Response to China: A History of Sino-American Relations*, Columbia University Press, 2010.

3. David Mayers, Destruction Repaired and Destruction Anticipated: United Nations Relief and Rehabilitation Administration, the Atomic Bomb, and US Policy 1944~1946, *The International History Review*, 2016, 38 (5).

4. Edgerton-Tarpley, K. A, River Runs through it: The Yellow River and The Chinese Civil War, 1946~1947. *Social Science History*, 2017, 41 (2).

5. Micah S. Muscolino, *The Ecology of War in China: Henan Province, the Yellow River, and Beyond, 1938~1950*, Cambridge University Press, 2015.

6. Mitter, Rana, State-Building after Disaster: Jiang Ting fu and the Reconstruction of Post-World War II China, 1943~1949, *Comparative Studies in Society & History*, 2019, 61 (1).

7. Odoric Y. K. Wou. (2007). Food Shortage and Japanese Grain extraction in Henan.In Stephen R. Mackinnon, Diana Lary & Ezra F. Vogel (Eds.), *China at war: Regions of China, 1937~1945*. California: Stanford University Press.

8. Sweet, Helen, and Sue Hawkins, *Colonial Caring: A History of Colonial and Post-Colonial Nursing*, Manchester University Press, 2015.

9. Sharpe CWJ. *The Origins of the United Nations Relief and Rehabilitation Administration, 1939~1945*, University of Pennsylvania, 2012.